毛泽东说:“通过实践而发现真理,又通过实践而证实真理和发展真理。从感性认识而能动地发展到理性认识,又从理性认识而能动地指导革命实践,改造主观世界和客观世界。实践、认识、再实践、再认识,这种形式,循环往复以至无穷,而实践和认识之每一循环的内容,都比较地进到了高一级的程度。这就是辩证唯物论的全部认识论,这就是辩证唯物论的知行统一观。”

毛泽东智慧

战争事典

横扫千军如卷席

柴宇球◎著

红旗出版社

红旗出版社
RED FLAG PRESS
推动进步的力量

图书在版编目（CIP）数据

毛泽东智慧战争事典：横扫千军如卷席/柴宇球编著．
—北京：红旗出版社，2013.6
ISBN 978－7－5051－2739－5
Ⅰ．①毛…　Ⅱ．①柴…　Ⅲ．①毛泽东军事思想－研究　Ⅳ．①A841.65
中国版本图书馆CIP数据核字（2013）第114263号

书　　名　毛泽东智慧战争事典——横扫千军如卷席
编　　著　柴宇球

出 品 人　唐中祥　　　　责任编辑　张明林
总 监 制　褚定华　　　　封面设计　于　是

出版发行　红旗出版社　　　　地　　址　北京市沙滩北街2号
邮政编码　100727　　　　编 辑 部　010－57274597
E－mail　hongqi1608@126.com
发 行 部　010－57270296
印　　刷　北京欣睿虹彩印刷有限公司
开　　本　710毫米×1000毫米　　1/16
字　　数　198千字　　　　印　　张　17
版　　次　2013年8月北京第1版　　2019年10月北京第2次印刷
ISBN 978－7－5051－2739－5　　定　　价　39.80元

欢迎品牌畅销图书项目合作　联系电话：010－57270270
凡购本书，如有缺页、倒页、脱页，本社发行部负责调换

总 序

我们党从诞生开始，历尽艰辛磨难战胜无数艰难险阻走过了漫长的历史征程。回顾这一历史进程，我们不难发现一个规律，我党在一些紧要历史关头面临严峻挑战或生存危机时，必然出现新的战略机遇和重大转机，获得绝处逢生，从而进一步发展和壮大自己。这难道是历史的巧合和必然吗？答案是否定的。这是由于毛泽东和他领导的共产党拥有敏锐的洞察力和高超的政治智慧，能够全面正确把握时局，科学分析和判断形势，善于利用和转化矛盾的结果。正是由于毛泽东同志的英明领导和超人的政治智慧，才使我们的党、军队和国家能够在夹缝中生存，在逆境中发展并获得不断成长壮大的机会。

毛泽东之所以智慧出众、胆识超群，不仅是因为他个人具有突出的聪明才智和意志品质，更重要的是他找到了获得智慧的正确方法。毛泽东曾说："凡是忧愁没有办法的时候，就去调查研究。""我是靠总结经验吃饭的。"这便是毛泽东提出的一个重要方法，也是他的经验之谈。调查研究、总结经验，这八个字看似简单浅显，实则奥妙无穷，它从方法论的高度解决了主观与客观、理论与实践、感性与理性、个人与群众、历史与现实的关系问题。有了这个方法，毛泽东就突破了个人才智、阅历的局限，而步入一个无限广阔的天地。在这个天地里，他向实践寻求答案，向群众寻求方法，向历史寻求借鉴，开掘了无穷无尽、永不枯竭的智慧源泉。

毛泽东的伟大之处，在于他能够比别人更深刻地看清事物的本质，创造性地找到解决问题的方法。在革命战争中，毛泽东和他的战友们运用马克思主义基本原理，立足中国革命的具体国情，创造性地提出了建立农村根据地，以农村包围城市，最后夺取城市的战略思想，开创了武装夺取政权的新的革命道路。没有杰出的智慧、过人的胆识，这是不可能做到的。具备出类拔萃的聪明才智和意志品质，找到获取智慧的正确方法，投身波澜壮阔的革命斗争实践，毛泽东就是这样成为杰出的战略家和策略家。这对于后人，是激励，更是教益。

毛泽东是一位伟大的战略家，他改变了中国历史乃至影响了世界历史。

毛泽东既是一位伟大的战略实践家，同时也是一位伟大的战略理论家。在世界的战略历史上，能够将战略实践与战略理论集于一身的战略家，只有中国的孙子和毛泽东。

陈坛老酒千年酿就，今朝品尝，越香越饮，甘醇难以忘怀。《毛泽东大智典》系列丛书，一代伟人恢宏智谋重读鉴赏，愈看愈迷，感叹留在心间。全书内容丰富、语言生动、文笔流畅，具有较高的文学性与艺术性，是一本非常值得阅读、收藏的政治军事历史教科书。

由于编写时间仓促，本书难免存在个别遗漏或者不足之处，希望广大读者在阅读使用过程中不吝提出批评指正意见，以便再版时进一步修订。

作者

2013 年 5 月于北京沙滩红楼

目 录

第一章　毛泽东军事谋略形成的历史文化背景

毛泽东军事谋略是以毛泽东为代表的老一辈无产阶级革命家，在长期的革命实践中批判吸收马克思主义军事理论和中国传统军事谋略思想，而逐步形成的关于中国革命战争的指导方略与作战方法。毛泽东军事谋略的形成，绝非偶然和巧合，而是历史与时代相互交融的必然产物。

一、毛泽东军事谋略形成的时代背景

19 世纪末期，整个世界正笼罩在风云变幻、五洲震荡的氛围之中。主要资本主义国家已由初期的自由资本主义阶段发展到垄断资本主义阶段，即帝国主义阶段。它正张着血淋淋的大口吞噬着殖民地、半殖民地人民的血汗。由于帝国主义国家内部和它们之间的政治、经济、社会矛盾日益激化，为了满足日益膨胀的私欲，帝国主义国家掀起了一股瓜分世界的狂潮，世界大战的阴云愈积愈浓，各国工人运动和民族解放运动风起云涌，世界进入了帝国主义和无产阶级革命时代。

在帝国主义加紧对外扩张侵略的时候，中国，这个东方大国，却由于落后贫弱，成为帝国主义列强鱼肉瓜分的对象。1840 年第一次鸦片战争后，帝国主义国家便对中国采取“四管齐下”的侵略政策：军事上，帝国主义用坚船利炮攻破了清政府有国无防的国门，强迫清政府签订了一个又一个丧权辱国的不平等条约；经济上，把中国当作原料产地和商品倾销地，在中国土地上开矿山、办工厂、建银行，进行着殖民主义的疯狂掠夺；政治上，封疆割地，肆意瓜分我大片国土；文化上，通过传教、办医院、办学校、办报纸和吸引留学生等，宣传奴化思想，造就服从它们的知识人员和愚弄广大的中国人民，从事文化侵略。外国列强的掠夺、中国政府的腐败，使中国人民生活在水深火热之中。

以湖南为典型代表的中国内陆省份，在殖民者侵略下，成为外国洋货的倾销地。帝国主义的经济入侵和掠夺，破坏了中国农村自给自足的自然经济，广大农民和手工业者被迫离开他们的家园，加入了逃难者的行列。帝国主义的疯狂入侵、封建统治者的残暴无能，使广大农村劳苦人民的生活困苦不堪。为了求生存、要活命，许多省份各地先后爆发了多次农民暴动和起义。

这是个四海翻腾云水怒的时代，这是个民族受辱、国土沦陷、军阀混战的大动荡、大分化、大变革的时代。时势造英雄，乱世出奇谋。“三座大山”压在中国人民头上的旧中国，急需一个能带领人民翻身解放的思想武器。毛泽东军事谋略就是在这样一个大的时代背景下不断孕育和发展起来的。

二、毛泽东军事谋略形成的文化背景

毛泽东军事谋略的形成，是中国传统文化特别是传统军事谋略、马克思主义军事理论与湖南特殊的人文环境相互作用的结果。

（一）中国传统文化的熏陶

中国传统文化博大精深，对毛泽东军事谋略的形成产生重要影响的主要是四个方面。

道家始祖老子

一是中国古代的哲学思想。中国古代哲学思想蕴含着极为丰富的营养。年轻的毛泽东对中国古代哲学思想有着浓厚的兴趣。群经之首的《周易》认为，世间万事万物都是由阴阳对立统一、生发演化而来，阴阳互依，阴阳互寓，阴阳互化，其精华是朴素辩证法思想。如果读一读毛泽东的哲学经典著作《矛盾论》，就会很自然地想到它与《周易》的思想渊源关系。毛泽东还曾精研过诸子百家的思想，对其精华能够运用自如。在抗日战争中，针对国民党掀起的反共逆流，毛泽东在采取对策时说了三句话：第一句是："不敢为天下先"；第二句是："退避三舍"；第三句是："来而无往非礼也"。第一句话出自老子的《道德经》，第二句话是晋文公说的，第三句话出自孔夫子之曰。这里，毛泽东先礼后兵、刚柔相济、后发制人的谋略思考，与先贤的哲学思考之间密切而天然的联系不言而喻。其他方面，如老子所说的“祸兮福所倚，福兮祸所伏”，孔子所说的“逝者如斯夫，不舍昼夜”，列子所说的“愚公”、“智叟”等等，毛泽东也都曾进行过研究，并对其中的思想养料加以汲取，在他的文稿和所作的讲演中，我们常常看到古圣先贤的语句。

二是中国的传统谋略思想。毛泽东和我党老一辈无产阶级革命家、军事家、谋略家，十分重视对我国古代军事谋略，特别是以《孙子兵法》为代表的古代兵法的研究。一方面，汲取其至今仍为科学真理的军事谋略，用于指导革命斗争；另一方面，注重改造其不完善不科学的部分，或汲取反面的教训，创造出新的军事谋略。毛泽东对中国古代兵学思想尤其是军事谋略的批判与继承是多方面的，就其作战方面而言，如关于以兵争天下的慎战思想；关于战可知、胜可知的思想；关于知彼知己的思想；关于预有准备、不打无把握之战的思想；关于以弱胜强的思想；关于集中兵力、各个歼敌的思想；关于重点守备、重点设防的思想；关于以谋胜敌的思想；关于力争主动、力避被动的思想；关于谋势造势的思想；关于灵活应变的思想；关于因敌制胜的思想；关于以战养战的思想；关于优待俘虏、瓦解敌军的思想等等，都可以从古代的兵书战策中找到其思想渊源和实例。过去曾有人说毛泽东打仗一靠《孙子兵法》，二靠《三国演义》，其中贬低之意自可不必理会，但这些话也的确从一个方面反映出毛泽东受中国传统文化影响很深。

三是古代的历史特别是战争史。毛泽东酷爱读史，一生中批阅

17 遍《资治通鉴》。像《左传》、《汉书》、《后汉书》、《三国志》等等史籍，甚至包括一些野史、地方志，他都广泛涉猎，有的还研究得很深。毛泽东读史，研究历史，主要是从历代兴亡中寻觅其规律，吸取历史的经验与教训。其中对战争指导规律的认识最有心得。他在《中国革命战争的战略问题》等文章中如数家珍地列举了中国历史上许多著名的战例，对齐鲁长勺之战还作了精辟的分析。1944 年 3 月，郭沫若在重庆《新华日报》发表著名的史论著作《甲申三百年祭》，文中叙述了明末李自成农民起义军在攻入北京推翻明王朝之后，若干将领腐化堕落并发生宗派斗争，以致陷入失败的过程。毛泽东十分重视这段历史，他在 1944 年 4 月 12 日延安高级干部会议上说："近日我们印了郭沫若论李自成的文章，也是叫同志们引以鉴戒，不要重犯胜利时骄傲的错误。"善于以史为鉴，善于从古人的经验和教训中研究和总结革命战争的指导方略，是我军一次次度过难关的重要法宝，是我军以劣胜优、以弱胜强的一条重要经验。

四是古典文学。毛泽东一生喜爱文学，尤其喜爱中国古典文学，对闯王李自成于诗词曲赋、散文小说，无不熟悉。如对《红楼梦》、《水浒传》等古典名著都有精辟的评论。毛泽东研究文学是和指导革命斗争的实际紧密结合起来的，从文学作品中吸收有益的思想营养用于指导实践。比如，他从青少年时代就熟读《三国演义》、《水浒传》、《封神榜》、《西游记》等古典名著。斯诺在《西行漫记》披露，毛泽东在回忆此事时说："我相信这些书对于我后来的影响很大，因为这些都是记忆力强盛的年纪里读的。"从毛泽东在文章、演说和谈话中大量引用小说里的人物、故事和思想也可以看出，他是非常注意从这些文学作品中广泛吸收营养以灌溉其谋略思想之花的。例如，在讲到弱小军队对强大军队作战必须先让一步后发制人时，举了《水浒传》里林冲一脚踢翻洪教头的故事；在讲到了解情况对运筹决策的重要性，举了三打祝家庄的故事；在讲到包围和反包围、内线作战和外线作战时，举了《西游记》里如来佛降服孙悟空的故事；在讲到实行精兵简政以对付敌人的庞大战争机器时，举了孙行者智取铁扇公主的故事，等等。1939 年 7 月 7 日，纪念抗战两周年时，毛泽东出席了华北联合大学成立大会并作了重要讲演，他用当年姜子牙下昆仑山的故事勉励同学们上前线，“当年姜子牙下昆仑山，元始天尊赠了他杏黄旗、四不像、打神鞭等三样法宝，现在你们出发上前线，我也赠你们三样法宝，这就是统一战线、武装斗争、党的建设”。这些例子散见于毛泽东的著作和有关他的革命回忆录里。乍看都是信手拈来的，然而都反映出毛泽东从中国古典文学作品中得益之多。毛泽东对历代散文，尤其是政论、策论方面的文章研究很深，如李斯的《谏逐客书》、贾谊的《治安策》、丘迟的《与陈伯之书》等。对这些他都能融会贯通，娴熟地运用于斗争实践，我们今天已很难觅见其神龙之首尾了。

（二）马列主义军事理论的滋润

20 世纪上半叶的中国，最显著、最具有划时代意义的大事件，就是马列主义在中国广泛传播。年轻时的毛泽东此时接触了马列主义，这对改变中国革命的历史进程产生重大影响。

毛泽东等老一辈无产阶级革命家、军事家创造性地运用马列主义的基本原理，批判地吸取了中国古代谋略思想，结合中国革命的具体实践，进行了伟大的理论创造，给古老的东方谋略思想赋予了新时代的活力。

古代的谋略理论虽然闪烁着哲学思想的光辉，但由于时代的局限，还只是朴素的、不完备的，没有也不可能形成科学的体系，且大都夹杂有唯心主义、形而上学和宗教迷信的思想糟粕。例如《易经》中包含有自发的朴素的辩证法思想，在那个时代是难能可贵的，但它所说的变化，不是向前、向上发展，而是周而复始的循环重复，用有限的模式概括世界上千差万别的事物，因而《易经》的辩证法是装在形而上学筐子里的辩证法。战国时期庄子的思想中包含有朴素辩证法因素，但又夹杂着相对主义的宿命论；惠子的朴素辩证思想中则含有相对主义的诡辩论《庄子·秋水》载：庄子与惠子游于濠梁之上，庄子曰："鯈鱼出游从容，是鱼之乐也。"惠子曰："子非鱼，安知鱼之乐？"庄子曰："子非我，安知我不知鱼之乐？"惠子曰："我非子，固不知子矣；子固非鱼矣，子之不知鱼之乐全矣。"现代辩论视其为经典。墨子的朴素唯物主义思想中带有宗教迷信成分，等等。因此，那个时代的谋略也就不可避免地染上神秘、虚幻、迷信的色彩。

毛泽东既是伟大的马克思主义者，又精通中国古典哲学思想和兵法战策；既是学识渊博的理论家，又是经验丰富的实践家。他善于用马列主义的科学思想方法，把大量的实践经验总结、概括、升华为深邃的谋略思想。在他无数谋略艺术杰作中，以农村包围城市、武装夺取政权的宏谋大略为其代表作。他的谋略思考很别致、很奇特、很深邃，最富于马克思主义辩证法的神韵：在以城市为中心的近代社会中搞革命，却把主战场放在农村；以无产阶级为主导、以社会主义为前途的革命，却以农民作为主力军。一位著名理论家在论及这一点时不由赞叹："这就叫创造，这就叫惊世骇俗。"

庄子像

正因为毛泽东在各个方面的伟大成就和对中国革命战争的突出贡献，因而被全党全军和全国人民发自内心地公认为革命的领袖。因此，将老一辈无产阶级革命家集体智慧的结晶称之为"毛泽东军事谋略"，也就不足为奇了。

（三）湖南人文环境的影响

毛泽东之所以能成为中国大地生长出的巨人、老一辈无产阶级革命家最为杰出的代表，湖南的人文环境也是很重要的因素。

湖南人文环境对他的影响主要表现在两个方面：一是湖南当地的湘学士风对养成他实事求是的思想方法和重视实效的用兵特点影响很大；二是湖南人敢于斗争的精神对养成他敢于斗争、敢于胜利的革命气概具有重要的推动意义。

1. 湖南的湘学士风

毛泽东军事谋略的形成，在一定程度上得益于明清时期著名哲学家王夫之的"实学"思想。王夫之是湖南人，早年就读于岳麓书院，晚年隐居于石船山，世称“王船山”。他一生著述宏富，在学术上强调“经世致用”，主张“理依于气”、实用为本，重视实践在认识过程中的重要作用。“王船山”对湖南的湘学士风有很大影响。

湖南学子大多关心世事，热衷于政治运动，涌现了一大批有影响的政治家、军事家、思想家和革命家，使湖南成为近代以来最有朝气的省份之一。曾国藩就出在湖南。此外，胡林翼、左宗棠、罗泽兰等，都受教于岳麓书院，他们一方面执守重内圣之道的理学，同时又师承王夫之重外王之术的实学。曾国藩曾着力传刻《船山遗书》，糅合理性和实学，因此贯通内圣外王之道。在镇压太平天国运动时打着“保卫名教”的旗号，又严格整军治政，还是早期洋务运动的代表人物，对后世的影响很大。毛泽东就曾说过：“余于近人，独服曾文正。”（转引自金冲及主编：《毛泽东传（1893～1949）》，中央文献出版社1996年版，第23页。）在毛泽东的《讲堂录》中，收抄了许多曾国藩的话，如“涤生日记，言要转移世风，当重二义：日厚日实。厚者勿忌人；实则不说大话，不好虚名，不行架空之事，不谈过高之理”等。毛泽东的岳父杨昌济也是岳麓书院的毕业生。在他的倡导下，湖南第一师范学校一直具有研究王船山的实学思想的风气，年轻时的毛泽东自然深受影响。

重视经世致用的湘学士风，表现在思想方法上，就是实事求是。1916年，岳麓书院把这几个字刻成一个大匾挂在书院的讲堂正门。后来毛泽东两次到岳麓书院寄读，这块“实事求是”的横匾自然给他留下深刻印象，他后来还对这四个字做出了新的解释。

2. 湖南人的斗争精神

湖南人历来具有为国捐躯的斗争精神。曾国藩剿灭“长毛”（太平军）之后，“无湘不成军”便传遍了全国。湘潭人杨度曾预言，中国若是德意志，湖南便是普鲁士，意思是救中国者湖南也。如果说杨度本人是湖南人有自吹自擂之嫌的话，安徽人陈独秀的话则是有说服力的，他说：“湖南人底精神是什么？‘若道中华民族果亡，除非湖南人尽死。’……几十年前曾国藩、罗泽南等人是何等‘扎硬寨’、‘打死战’的书生；黄克强历尽艰难，在汉阳抵挡大队清军人马；蔡松坡带着病亲领子弹不足的两千云南兵和十万袁军打死战！他们是何等坚忍不拔的军人！”他大声疾呼：“欢迎湖南人的精神！”（转引自胡哲峰著：《毛泽东武略》，人民出版社 2001 年版，第 6 页。）毛泽东出生在这样一个环境中，对于养成他不畏强暴、敢于斗争的性格，无疑起到了重要的推动作用。

第二章　毛泽东军事谋略的哲学基础

哲学是人类一切科学知识的升华和结晶，是谋略的思维工具和理论基础，是人们思考和解决问题的方法论。一种先进的科学的哲学理论，就像是智慧的燧石，当人类在黑暗的未知世界摸索徘徊时，它能迸发出希望之光。

哲学思想指导着谋略活动，谋略活动又丰富了哲学思想的内容。作为人类斗智活动的谋略运筹，特别是带有激烈对抗性质的谋略，是一种在充满不确实性的暗礁险滩中，寻求胜利之途的复杂思维活动。战争指导者要在变幻莫测的竞技场上游刃有余而不致误入迷津，这就更离不开哲学的指导。反过来说，谋略运筹又是一种创造性思维活动，一切成功的谋略设计，总是这样那样地反映了客观世界的规律，开拓了人类的思维空间，启迪人们的智慧，因而也就或多或少地丰富和发展了哲学思想。正是这种双向的互补关系，使历史上的谋略大师们，总是兼备这两种素养，相得益彰。历史上许多谋略名著，不仅带有某种程度的哲学性质，甚至就是其时代哲学思想的精华。兵学圣典《孙子》之所以传诵百世、垂范千古，就是因为它通篇渗透着熠熠生辉的朴素的唯物论和辩证法。“知彼知己，百战不殆”，既是兵家圭臬，又是哲学警言。在国外，古希腊的哲学、欧洲文艺复兴时期的人文主义哲学和德国古典哲学，都对西方军事思想，特别是谋略思想产生过巨大而深远的影响。近代著名军事理论家克劳塞维茨，曾潜心钻研过黑格尔的方法论，因而他的军事佳作《战争论》具有浓厚的哲学气息。恩格斯赞赏这本书“用哲理推究的方法是奇特的”（《马克思恩格斯军事文选》第3卷，第583页。）列宁称他是“非常有名的战争哲学家和战争史的著作家”。（《列宁文选》第3卷，第71页。）南宋抗金名将岳飞，不仅在治军作战上有辉煌成就，而且在军事思想上有独到见解。他说，“阵而后战，兵法之常，运用之妙，存乎一心”。这里就包含着理论和实践、一般和特殊、绝对和相对的辩证关系。毛泽东非常欣赏这个思想，在《论持久战》中还加以引用和发挥，论证灵活用兵的重要性。戴高乐说过：“根本没有任何名将对人类思想传统毫无兴趣，在亚历山大的胜利根源里，我们经常发现亚里士多德。”

不过，有一点需要注意，哲学和谋略之间的互相联结和渗透，在前人那里常常是比较零散和朦胧的。这或者是受古代哲学的朴素性所限，或者是被唯心主义、形而上学的哲学杂质束缚，我们不能苛求古人。在毛泽东那里，哲学思维和谋略运筹就自觉地、有机地联系在一起了。哲学成了谋略创造的思想指针，而谋略则充当了哲学思维改造世界的重要中介。这种特色从根本上说是由马克思主义哲学的本质决定的，同时也和毛泽东个人的卓越才华相关联。

在革命战争时代，毛泽东巧妙地把马克思主义哲学思想和无产阶级的革命策略紧密结合起来，自如地根据马克思主义的立场、观点、方法，深刻分析中国的特殊国情和错综复杂的社会矛盾，发现其内在的规律性，并据此运筹设计，出谋划策，找出解决矛盾的方法，把伟大的中国人民的革命事业一步一步引向胜利。在他的许多名著如《井冈山的斗争》、《星星之火，可以燎原》、《中国革命战争的战略问题》、《论持久战》、《论反对日本帝国主义的策略》、《论政策》等中，深邃的哲理和高超的战略策略犹如水乳交融，相映生辉。既是宏图大略的谋略杰作，也是发人深思的哲学珍品，读来常能令人醍醐灌顶，茅塞顿开。如果我们学习研究毛泽东军事谋略时，注意探究贯穿其中的马克思主义的哲学，那就不仅可以学到设计用谋的原理和方法、悟出克敌制胜的奥秘，而且可以领悟更具普遍指导意义的科学世界观和方法论。这就好像思维领域中的能级跃迁，会极大地增加人们的智慧能量。

岳飞像

一、世界观基础

马克思主义哲学的产生，是人类思想史上的根本性变革。马克思、恩格斯综合了人类认识历史的积极成果，批判地汲取了德国古典哲学的合理内核，创立了辩证唯物主义和历史唯物主义，它正确地反映了自然界、人类社会和思维运动的普遍规律，成为无产阶级的世界观、方法论。马克思说："哲学把无产阶级当作自己的物质武器，同样地无产阶级也把哲学当作自己的精神武器。"（《马克思恩格斯全集》第1卷，第467页。）列宁则指出："马克思是严格根据他的辩证唯物主义世界观的一切前提，确定无产阶级的策略和基本任务的。"（《列宁全集》第21卷，第55页。）由此，无产阶级获得了认识世界和改造世界的锐利的思想武器。科学的辩证唯物主义和历史唯物主义，为无产阶级政党制定正确的革命路线、方针、政策和一切谋略运筹奠定了科学的世界观和方法论基础。而毛泽东与一切非无产阶级的谋略家的根本分野，正在于他们的世界观不同。

谋略家的世界观，对谋略家的谋略思想和谋略活动具有决定性的意义。其世界观越科学，谋略思想就越先进，谋略活动也就越成功；反之则落后，则失败。古今中外的谋略史反复地证明了这一点。一般说来，站在社会进步势力一边，顺应历史发展潮流的人，大都以本时代的积极思想成果即相对先进的世界观为基础，所以视野比较开阔远大，总是能够运筹或采纳高明的谋略，取得极大成功。那些开历史倒车的人，往往以落后的甚至腐朽的世界观为基础，所以不但自己想不出什么良谋善策，就是别人代为筹划的奇计妙策也采纳不了，最后落得一败涂地。典型事例就是秦末的楚汉之争。项羽在这场斗争的初期，无论实力还是声望，都远远超过刘邦，但经过四五年的争战，双方力量对比完全逆转，项羽最后兵败垓下，自刎乌江。他在临死前还怨天尤人，说是天亡我，非战之罪也。其实不怪天，不怪地，只能怪他自己。项羽是楚国贵族后裔，他站在六国旧贵族立场上起兵反秦，目的是为了恢复秦代以前的诸侯割据局面，完全违背了要求建立统一的封建国家的历史大趋势。这比之“汉袭秦制”谋求国家统一的刘邦，在政治上就输了一着。他还以贵族老爷态度待人接物，用人讲究身份地位。韩信因为出身微贱，虽有奇才，却始终不予重用，结果把一个人杰拱手送给了刘邦。范增足智多谋，给项羽出过许多好主意，但他常常搁置不用，最后还中了刘邦的反间计，把这个唯一的智囊也逼走了。他股肱尽失，一意孤行，纵有拔山扛鼎之力，又何济于事，焉能不亡？

汉高祖刘邦为什么而谋，即设谋者的立场问题，决定谋略的性质和功能。这个道理古人也有所了解。孔子说过：“君子谋道不谋食。”这就明确区分了两种对立的出发点。孔子是中国古代的思想家，他所说的“道”不过是统治阶级的治国安邦之道，是维护少数剥削分子的共同利益的。但是，它和专谋个别剥削者一己私利的“食”是有区别的。他还说过：“道不同不相为谋。”这就明白显示了利益和目的上的冲突决定了谋略性质的对立。不同性质的谋略，它的功能、效果当然也大不相同。《左传》上有一个曹刿论战的故事：“十年春，齐师伐我。公将战。曹刿请见。其乡人曰：肉食者谋之，又何间焉？刿曰：肉食者鄙，未能远谋。乃入见……”在强敌压境的严重形势下，那些思想境界卑下，只知道谋个人权势利禄的官老爷们，是出不了什么好主意的。而来自乡间以国家利益为重的曹刿，却为鲁庄公筹划了后发制人的妙计，结果以弱胜强，大败齐军，使鲁国转危为安。

世界观对其谋略活动的影响，常常反映在谋略家的阶级立场上。剥削阶级的谋略家，往往为名缰利锁、物欲私心所束缚，因而常常心智迷蒙，闭目塞聪，不能正确地认识客观事物的本来面目，甚至故意歪曲事实或肆意诡辩，陷入唯心主义形而上学的泥潭而不能自拔。无产阶级的谋略家具有彻底的革命精神，毛泽东常说："彻底的唯物主义者是无所畏惧的。"坚定的无产阶级立场，彻底的革命精神，同样也是毛泽东运筹谋略的世界观基础。全心全意为人民服务，为改造中国和世界而谋，是毛泽东一切谋略活动的出发点。

应当指出的是，一些为人称颂的谋略杰作，不仅显示了出色的智慧，而且表现了非凡的胆略。历史上的一些奇计，常常又是险计。背水之战如果遇到劲敌，就可能全军覆没；空城计万一露馅，下场就是当俘虏。没有过人的胆识和沉着的心理，断然不敢设想和使用。毛泽东军事谋略令人叹为观止，其原因除了他的观点、方法正确和知识渊博精深之处，还在于他有为无产阶级和中华民族彻底解放献身的伟大精神。这一点在 1945 年抗日战争胜利后的重庆谈判中表现得尤为突出。重庆谈判作为中国共产党人的谋略杰作光耀千古，而这一谋略杰作的最强闪光点，则是毛泽东将个人生死置之度外，勇赴龙潭虎穴的雄伟胆略。在这里，毛泽东彻底的唯物主义者的世界观，是支撑整个谋略活动的最重要的基石。

二、认识论基础

从中国的实际出发，实事求是地研究和指导中国革命，使主观和客观相统一，这是毛泽东军事谋略的一个显著特征，也是毛泽东军事谋略的精髓所在。毛泽东把主观指导和客观实际，看作是谋略运筹过程中的一对基本矛盾，并把这一矛盾的正确解决作为谋略成功的关键。他指出，多打胜仗的关键“就在于把主观和客观二者之间好好地符合起来”。他认为，研究和指导中国革命和建设，必须采取客观的观点和全面的观点。要着眼其特点，着眼其发展，要经过实践、认识、再实践、再认识的循环往复的过程。这就从认识论的高度，解决了谋略运筹的根本问题。它既是毛泽东军事谋略的一个基本方面，也是毛泽东全部谋略活动的认识论基础。

（一）坚持知行统一

马克思主义的哲学家们十分强调实践的观点，毛泽东曾在抗日战争初期写下了《实践论》这篇光辉的哲学论著，毛泽东当时写这篇文章是有感而发的。在共产党内，曾经有一部分教条主义者长期拒绝中国革命的经验，否认“马克思主义不是教条而是行动的指南”这个真理，而只生吞活剥马克思主义书籍中的只言片语，去吓唬人。还有另一部分经验主义者长期拘泥于自身的片面经验，不了解理论对于革命实践的重要性，看不见全局，虽然是辛苦地但却是盲目地在工作。这两种错误思想，特别是教条主义思想，曾经在 1931 年至 1934 年使中国革命蒙受了极大的损失。从认识论的角度来看，主要是理论与实践相脱节，主观与客观相分离，由此而产生的一切政策与纲领、谋划与指导都归于失败。毛泽东有鉴于此，以极大的精力和智慧，进行了马克思主义理论的再创造，在全党进行了广泛、深入、持久而有效的马克思主义教育，从认识路线这个根本上解决问题。许多人在研究国共两党兴衰存亡的历史教训时，都承认共产党的战略政略高国民党一筹，而且共产党军队的各级指挥员往往也都在谋略上高国民党军官一筹，但人们感到迷惑的是共产党军队指挥员的文化水平都普遍比国民党军官的文化水平低。这其中的奥妙就在于毛泽东通过提倡全党学哲学，比较好地解决了党的干部的认识路线问题，极大地提高了他们的认识水平，由此造就了一大批无产阶级革命的谋略家。

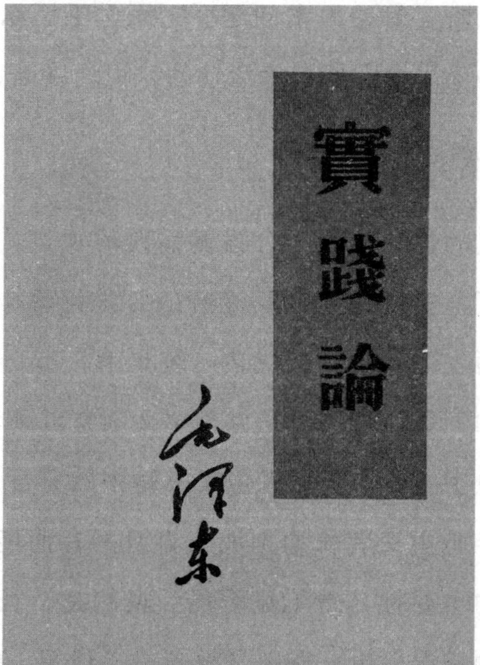

《实践论》书影

毛泽东在他的另一篇哲学名著《人的正确思想是从哪里来的》中写道：“人的正确思想是从哪里来的？是从天上掉下来的吗？不是。是自己头脑里固有的吗？不是。人的正确思想，只能从社会实践中来。”套用这段话，也可以这样说：人的高明谋略是从哪里来的？是从天上掉下来的吗？不是。是自己头脑里固有的吗？也不是。人的高明谋略只能从斗争实践中来。毛泽东说：“通过实践而发现真理，又通过实践而证实真理和发展真理。从感性认识而能动地发展到理性认识，又从理性认识而能动地指导革命实践，改造主观世界和客观世界。实践、认识、再实践、再认识，这种形式，循环往复以至无穷，而实践和认识之每一循环的内容，都比较地进到了高一级的程度。这就是辩证唯物论的全部认识论，这就是辩证唯物论的知行统一观。”（《毛泽东著作选读》战士读本，第 147 页。）毛泽东军事谋略正是建立在这种科学的认识论基础之上，他的一切谋略创造，始终坚持知与行的高度统一。

（二）注重主客符合

主观指导符合客观实际，是毛泽东常讲的一句话。而要做到主观与客观相统一，创造出高人一筹的谋略，调查研究是一项不可或缺的基本功。毛泽东有句名言，“没有调查就没有发言权”。毛泽东在和一切国内外敌人斗争中，总是足智多谋，棋高一着，除了他有高深的马克思主义修养、渊博而又精深的多方面学识之外，还得益于他在调查研究社会情况方面的深厚功力。早在学生时代他就懂得了向社会学习实际知识的重要性，称之为读“无字之书”。1917 年暑假期间，他约一位学友以游学方式，步行近千里，历经长沙、宁乡、安化、益阳、沅江五县，了解农村情况。次年又和蔡和森一道沿洞庭湖半圈作农村调查。中国共产党成立后他更加注重对社会情况作系统周密的调查研究。像 1927 年初的《湖南农民运动考察报告》，以及20世纪30年代在中央苏区多次进行的农村调查，就是一些著名的成果。这种马克思主义的认识方法，使他对中国社会获得了真知灼见，为制定正确的政策和战略提供了厚实可靠的根据。

主观与客观相统一研究和指导革命斗争，在毛泽东的谋略生涯中是十分丰富、十分生动的。比如，对中国革命战争的道路问题，毛泽东主张“上山”，到农村去开创“工农武装割据”的局面。有人指责说，这是“农民意识的地方观念与保守观念”，而毛泽东则认为，马克思主义的革命原则在不同国家的不同情况下有不同的实现方式，中国革命应该走农村包围城市的道路。他指出，因为这里客观存在着三位一体的条件：一是半殖民地的条件，二是大国的条件，三是今日时代的条件，即有了新的政党、军队和人民。这就从中国的实际出发，创造性地解决了中国革命战争应该走什么道路的问题。

（三）善用矛盾思维

世界是矛盾的，因为矛盾才需要谋略，因为矛盾运动才产生了谋略。谋略家的任务就是认识矛盾，把握矛盾，驾驭矛盾。谋略家的本领就在于比别人更早、更准确、更全面、更深刻地认识矛盾，并提供促使矛盾朝着有利于己方转化的谋略指导。

战争是矛盾的集合体，政治矛盾、军事矛盾、经济矛盾纵横交错、盘根错节。尤其在战争的转折关头，总会卷起令人眼花缭乱而又惊心动魄的云漩浪涡。这时，分析矛盾、认识和把握战争发展的大趋势，就成为战争指导者必须解决的重大课题。

矛盾观点是唯物辩证法的核心观点，运用矛盾观点而形成的矛盾分析方法是马克思主义者观察和分析问题的根本方法。众所周知，毛泽东是伟大的马克思主义理论家，他在 1937 年 8 月写下了著名的哲学论著《矛盾论》，系统地阐述了关于矛盾的唯物辩证法思想。这既是对马克思主义哲学思想的阐发，也是毛泽东指导中国革命实践经验的理论总结。因此，从某种意义上来说，《矛盾论》是毛泽东谋略思想和哲学思想的经典著作。可以这样说，矛盾思维是打开毛泽东军事谋略思维宝库的“金钥匙”。

毛泽东善于分析矛盾的特殊性、认识和把握战争的特殊规律。他在《中国革命战争的战略问题》中开宗明义提出了“着眼其特点”，对特定战争进行具体分析。这是唯物辩证法关于矛盾特殊性的原理和具体问题具体分析的原则在战争研究中的实际运用。在战争指导上，毛泽东善于抓住敌我双方矛盾的各个基本特点，细致地分析矛盾各方面的具体地位及其相互关系，从而预见战争的发展方向，采取相应的对策，去夺取战争的胜利。

抗日战争时期，存在着中日、国共、正面战场与敌后战场等诸多矛盾，这些矛盾互相联系又互相斗争，构成中日战争这个错综复杂、变化多端的矛盾统一体。毛泽东敏锐地抓住了中日矛盾中相互联系、相互制约的四个特点：敌强我弱，敌小我大，敌不义我正义，敌寡助我多助，并指出这四大要素的相互作用，从其内在联系的总和中，得出了战争的持久性和最后胜利属于中国的科学结论。不仅如此，他又从中日双方互相矛盾着的基本因素的消长变化，预见到了抗日战争进程必然经历战略防御、战略相持和战略反攻三个阶段，达到抗日战争的胜利。他从事物的变化运动中把握矛盾的发展过程，廓清了当时战争指导上的重重迷雾，其《论持久战》不仅成为指导整个抗日战争的基本方略，而且也是当时国民党将领的必读书。

毛泽东还特别注意分析事物的内在矛盾，揭露并把握战争的本质规律。事物的本质是由内在的固有矛盾决定的。认识任何事物，只有分析研究其内在矛盾，才能揭示并把握其特殊的本质。毛泽东一贯把研究问题的着眼点放在分析事物的内部矛盾上，并把“内因论”和“外因论”的区别提到两种世界观的高度来看待。1927年大革命失败后，毛泽东在批驳“红旗到底能打多久”的悲观论调时，就是从分析当时社会内在矛盾入手的。他详细考察了当时国内的政治形势及人民大众与反动统治者之间、各军阀派系之间不可调和的矛盾，预见不久将会“风云突变，军阀重开战”，这就为中国红色政权的存在和发展提供了必要条件。毛泽东透过白色恐怖，看到布满“干柴”的中国大地，必将出现星火燎原之势。据此确立了建立革命根据地、实行工农武装割据的战争指导方略。从此，中国革命的武装斗争峰回路转，出现了“柳暗花明又一村”的局面。解放战争初期，国内外有不少人被蒋介石气势汹汹的现象所迷惑。毛泽东分析了帝国主义和一切反动派的两重性，提出了帝国主义和一切反动派都是纸老虎的科学论断。把战略上藐视敌人与战术上重视敌人的思想提到了一个新的高度。在美帝国主义大举入侵朝鲜、把战火烧到鸭绿江边时，毛泽东以伟大战略家的卓越眼光，透视国际矛盾，意识到这是东西方两大阵营迟早都要到来的一场必然较量。并透过敌人貌似强大的反动气势，看到了美帝国主义“钢多气少”的虚弱本质，果断地做出出兵朝鲜抗美援朝的战略决策。

三、方法论基础

谋略思想之泉在中华古国源远流长，谋略实践之花在神州大地繁盛不衰。究其根底，是因为谋略运筹的方法论基础——辩证法思想最早发动并勃兴于东方的思想沃土之中。

《易经》

大道之源、群经之首的《易经》，既是东方文化的源头，也是东方哲学和东方谋略思想的源头。它的精华就是朴素的二元辩证法——阴阳学说。认为阴阳互寓、阴阳互依、阴阳互化。一阴一阳，构成了世间万事万物生生不息的矛盾运动。辩证法思想的哲理之光引导着一代又一代谋略家进行着富有活力的谋略创造。像老子的“无为而治”、“柔弱胜刚强”，孙子的“不战而屈人之兵”等谋略思想，实际上就是辩证法思想在谋略理论中的反映；像孙膑的“围魏救赵”、韩信的“明修栈道，暗度陈仓”等谋略创造，实际上就是辩证法思想在谋略实践中的体现。

当然，古代的辩证法还是朴素的，马克思对人类的思想成果进行了科学的理论概括和理论创造，创立的唯物辩证法，揭示了宇宙万物对立统一的基本规律。列宁说：“可以把辩证法简要地确定为关于对立统一的学说。这样就会抓住辩证法的核心，可是这需要说明和发挥。”（《列宁选集》第2卷，第608页。）毛泽东作为马克思主义的辩证法大师，对唯物辩证法的精义宏旨作了鞭辟入里的说明和

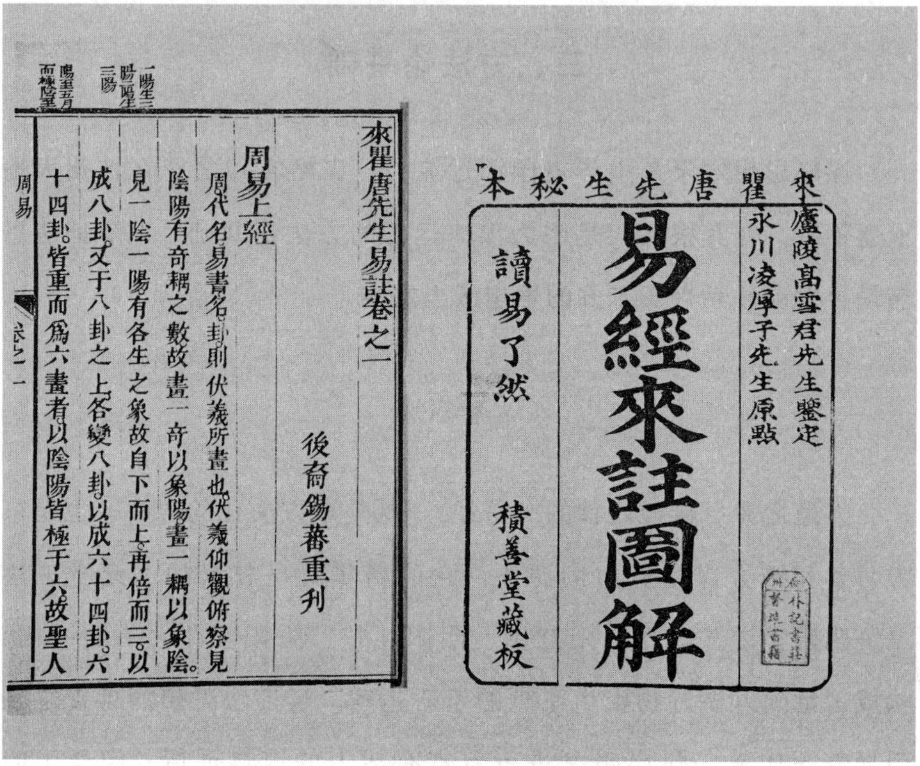
來瞿唐先生秘本
廬陵高雪君先生鑒定
永川凌厚子先生原點
易經來註圖解
讀易了然
積善堂藏板

來瞿唐先生易註卷之一
後裔錫蕃重刊
周易上經
周代名易書名卦則伏羲所畫也伏羲仰觀俯察見陰陽有奇耦之數故畫一奇以象陽畫一耦以象陰見一陰一陽有各生之象故自下而上再倍而三以成八卦又于八卦之上各變八卦以成六十四卦六十四卦皆重而爲六畫者以陰陽皆極于六故聖人
周易 卷之一

《易经》书影

淋漓尽致的发挥。他站在马克思主义哲学的高度，回答和解决了军事谋略运筹中一系列重大矛盾和范畴。如敌与我、众与寡、攻与守、进与退、强与弱、涨与消、虚与实、先与后、近与远、迂与直、劳与逸、静与动、胜与败、险与夷、集中与分散、主动与被动，连续与间歇等等，都是以唯物辩证法为指导，深刻把握其相互对立、相互联系、相互依存及其在一定条件下相互转化的辩证关系和规律，进而因情措法，恰当地加以运用。例如，以迂为直、以弱胜强、以退为进、以逸待劳、以攻助守等一些极富方法论精髓的谋略思想，在毛泽东的论著和文电中是屡见不鲜的。

毛泽东战略层次上的谋略运筹，最能透出毛泽东辩证思维的神韵。他不仅从政治、经济、军事以及社会其他因素，分析战争性质和人心向背对战争胜负的影响，而且更进一步阐明了战争规律与战争指导规律的关系、战争特点与军事战略的关系、战略与战术的关系、消灭敌人与保存自己的关系、歼灭敌人有生力量与保守地方的关系等等；提出了战略上藐视敌人与战术上重视敌人、战略上的防御与战役战斗的进攻、战略上的持久与战役战斗的速决、战略上的内线作战与战役战斗的外线作战、打得赢就打打不赢就走等具有方法论意义的作战原则，从而能够做到运筹帷幄之中，决胜千里之外。

第三章　毛泽东军事谋略的理论体系

毛泽东军事谋略作为老一辈无产阶级革命家集体智慧的结晶，其内容体系极为博大精深。从战略到战术；从知敌、料敌、诱敌、歼敌，到建军、御军、练军、用军；从动员民众参战、结成广泛的统一战线、实行灵活机动的人民战争的战略战术，到政治、经济、军事、文化等手段并用，攻心夺气，瓦解敌军等，构成了内容宏富、精妙绝伦、气势恢宏的理论体系。其中，用众、御军、运筹、善战谋略是毛泽东军事谋略中最为精彩重要的组成部分，构成了毛泽东军事谋略理论体系的基本框架。用众和御军谋略，是毛泽东军事谋略的理论基石和力量基石；运筹和善战谋略，是毛泽东军事谋略发挥作用和施展艺术的主要方法和途径。

一、用众——实行上下同欲的人民战争

有史以来，动员民众进行战争的理论和实践不胜枚举，孙子就有“令民与上同意也”的精辟论述，但历朝历代的军事谋略家都是把人民作为工具和利用的对象。以毛泽东为代表的中国共产党人，运用马克思主义的无产阶级战争观，把军事谋略的立足点和着眼点放在为了人民、动员人民和依靠人民上，实行上下同欲的人民战争，

取得了中国革命战争的伟大胜利。

（一）谋力于民

历代进步的政治家、军事家、谋略家都有一定程度的贵民、重民思想，重视人民群众在战争中的重要作用。但是，由于历史和阶级的局限，特别是由于英雄创造历史的唯心史观的支配，历代军事家、谋略家从来没有认识到人民群众是战争力量的根源。更不可能运筹、谋划、动员、组织、武装群众进行造福于民的战争。他们与人民群众始终是利用被利用关系，是主仆、役使关系。毛泽东等老一辈无产阶级革命家，以马克思主义的唯物史观为指导，结合中国革命战争的实际，对力量根源问题进行了深刻的谋略思考。

第一，从“人民，只有人民，才是创造世界历史的动力”这一历史唯物主义根本原理出发，揭示了人民群众是战争的主体，是战争胜利的决定力量，明确“战争的伟力之最深厚的根源，存在于民众之中”。指出“只有坚决地广泛地发动全体的民众，方能在战争的一切需要上给以无穷无尽的供给。”（《毛泽东选集》合订本，第460页。）第二，从无产阶级的事业是千百万群众争取自己解放的事业的历史唯物主义原理出发，揭示了“革命战争是群众的战争，只有动员群众才能进行战争，只有依靠群众才能进行战争”。进而确立了必须动员、依靠、组织、武装群众进行战争的根本指导路线。第三，从农民是中国革命的主力军、农民问题是中国革命的基本问题这一中国革命特点出发，揭示了中国革命战争的实质是无产阶级领导的农民战争。因此，动员、依靠、组织、武装群众的中心任务，是把占中国人口80％的农民群众动员、组织起来。这就从中国国情的角度，把人民群众这一战争力量根源具体化了。第四，从人民群众在战争中充分发挥力量根源的作用出发，揭示了“兵民是胜利之本”，强调只有使军队和人民紧密结合，才能使人民群众这一力量根源中所蕴藏的巨大能量源源不断地注入战争之中，才能使革命战争的胜利得到根本保证。

总之，毛泽东等老一辈无产阶级革命家在谋划战争力量时，相信人民群众特别是占中国人口80%的广大农民群众的伟大力量，强调只有他们，只有军队与他们紧密结合，才是革命战争的胜利之本。这就在中国军事史上第一次，也是从根本上解决了战争力量的根源问题。

（二）谋根于民

解决战争中的后顾之忧，是战争指导者必须思考的又一个重要问题。建立革命根据地的谋略，是毛泽东对中国革命战争的重大贡献，也是红军与历史上农民起义军在战略指导上的根本区别之一。虽然这一谋略并非毛泽东首创，在朱元璋领导的农民战争中就产生了。但直到中国革命战争之前，还没有哪一支军队能够像毛泽东领导的红军这样成功地依靠革命根据地解决了战争中的诸多矛盾和问题。土地革命初期，我军经常要流动作战，吃饭、休息、服装和人力补充、伤员医治等一系列问题都随之而来，特别是面对国民党军的连续进攻，红军的生存、发展和开展斗争问题都成了摆在中国共产党和红军面前的至关重要的现实问题。建立革命根据地此时已经势在必行。对此，毛泽东十分形象地指出，人不能老走着，老站着，也得有坐下来的时候，坐下来就靠屁股，根据地就是人的屁股。

(《粟裕战争回忆录》，第72页。) 秋收起义失败后，毛泽东把剩下来的革命力量带上了井冈山，在井冈山建立中国革命战争第一个农村革命根据地，使革命的火种得以保存。此后，赣南闽西、湘鄂西、鄂豫皖、湘赣、湘鄂赣、赣东北、右江等若干大小根据地像雨后春笋般建立起来，迅速遍布全国20多个地区，总兵力达7万余人。革命根据地的建立，一方面为红军提供了休养生息的环境；另一方面，也是更重要的方面，是红军从此得到了广大人民群众的密切配合和协同，并形成了“三结合”的力量体制，红军可以依托根据地与敌巧妙周旋，各根据地之间彼此策应，根据地内部军政军民团结，使国民党无可奈何。革命根据地，已成为国民党反动派屡“剿”不灭的切齿痛恨的“眼中钉”、“肉中刺”。难怪国民党的“小诸葛”白崇禧发出“不怕共产党凶，就怕共产党生根”的感慨。革命根据地的建立，不仅使弱小的我军在土地革命时期得以生存和发展，也为我军取得抗日战争、解放战争的胜利奠定了雄厚的物质基础和群众基础。

(三) 谋利于民

寻求到战争力量的根源之后，怎样把他们动员起来，使之投身于伟大的革命战争之中，这是战争指导者必须回答的问题。而要解决这个问题，毛泽东认为关键是要谋利于民。从本质讲，革命战争的目的反映了广大群众的愿望和要求，符合广大群众的根本利益，必然会得到他们的拥护和支持。然而，有了正义性，只是具备了动员群众参战的可能性，而要把这种可能性变为现实，还要有正确的主观指导。

首先，要进行积极的政治动员，要“把战争的政治目的告诉军队和人民”，“使每个士兵每个人民都明白为什么要打仗，打仗和他们有什么关系”。比如抗日战争，就必须把“抗日战争的政治目的是‘驱逐日本帝国主义，建立自由平等的新中国’，必须把这个目的告诉一切军民人等，方能造成抗日的热潮，使几万万人齐心一致，贡献一切给战争”。（《毛泽东选集》合订本，第448、449页。）动员中，“单单说明目的还不够，还要说明达到此目的的步骤和政策，就是说，要有一个政治纲领”。这样才能统一亿万群众的思想，步调一致打胜仗。

其次，要把革命的利害关系告诉民众。毛泽东指出，“如果我们单单动员人民进行战争，一点别的工作也不做”，群众是不会真正行动起来的，必须“关心群众的痛痒”，“真心实意地为群众谋利益，解决群众的生产和生活问题”，“使广大群众认识我们是代表他们的利益的，是和他们呼吸相通的。要使他们从这些事情出发，了解我们提出来的更高的任务，革命战争的任务，拥护革命，把革命推到全国去，接受我们的政治号召，为革命的胜利斗争到底。”《毛泽东选集》合订本，第124页。从搞好战争政治动员和真心实意为群众谋利益这两条原则出发，我党在历次革命战争中都十分重视宣传鼓动和关心群众生活的工作。在关心群众生活方面，我党我军所到之处，从土地、劳动，到柴米油盐，一切关系群众利益的实际生活问题，都在我们议事日程之中。特别是针对农民问题的中心是土地问题，我党在不同的战争时期都及时制定了土地政策，较好地扩大和保护了农民的根本利益。

土地革命战争时期，我党把革命武装、革命根据地建设与土地革命紧密结合起来，在开辟根据地过程中，积极开展打土豪分田地的土地革命运动，使广大贫苦农民得到实惠，大大激发了他们参加红军、支持革命的积极性。在抗日战争时期，我党在敌后根据地开展减租减息运动，既调动了广大农民的抗日积极性，又扩大了抗日民族统一战线。特别是在抗战极端困难的时期，我党发动了大生产运动，大大减轻了人民负担，密切了党、军队与人民群众的关系，极大地鼓舞和推动了广大群众抗战到底的热情。在解放战争时期，我党在解放区开展了轰轰烈烈的土地改革运动，彻底推翻了几千年来的封建制度，使亿万农民得到翻身解放。据1946年6月统计，解放区约有一亿农民分得37500万亩土地，根本改变了农村的阶级关系。土地改革的胜利，提高了农民的政治觉悟，调动了农民的积极性，广大农民踊跃参军参战，支援前线。华北解放区有近百万农民参军，山东解放区有580多万民工支援前线。正如周恩来在谈到土地改革与革命战争关系时指出的："在土地改革的基础上，伟大的中国农民贡献给战争的是些什么呢？他们把他们的子弟、丈夫送去参加人民解放战争，他们把生产节约的粮食供给我们的前方后方，他们当民兵，当民工，不但在后方维持秩序，并且大批地随着部队出发到前线去做种种协助战争的工作。""我们依靠了伟大、勤劳、勇敢的中国农民，这才有今天的胜利。"（《周恩来选集》上卷，第348页。）

历代政治家、谋略家都在苦苦探求"爱民"之道，不少人提出诸如"爱民如子"，"见其饥寒则为之忧，见其劳苦则为之悲，赏罚如加于身，赋敛如取己物”，“不能不爱民，不能不利民”等颇有光彩的警语。但由于他们从根本上与人民群众是对立关系，因而从来没有做到真正的爱民、利民、为民。只有以人民解放为己任的与人民群众血肉相连的中国共产党人，才能真正做到爱民、利民、为民，才能运筹出一系列谋利于民的韬略，从而激励了他们为自己翻身解放而献身于革命战争的极大热情。

（四）谋民于战

调动了人民群众参加革命战争积极性后，如何恰当地组织和运用人民群众的巨大力量，是战争指导者必须回答和解决的问题。这个问题，也是历代政治家、谋略家所没有也不可能解决的问题。毛泽东等老一辈无产阶级革命家在指导中国革命战争实践中，对这个问题进行了伟大的谋略创造，解决了发挥人民群众作用的组织斗争形式问题。

为了把人民群众组织到革命战争中去，需要有效的组织形式。为此，毛泽东创造性地提出了“三结合”的武装力量体制，即主力兵团和地方兵团相结合；正规军和游击队、民兵相结合；武装群众和非武装群众相结合。这是一个充分发挥人民群众巨大力量的宏谋大略。

第一，它能充分发挥各种武装力量的作用，互相配合形成整体威力。如果用图形表示，可以画成四个套在一起的同心圆。中心是主力兵团，由此向外，第一层是地方兵团，第二层是武装群众，第三层是非武装的广大人民群众。可以看出，“三结合”的力量体制，使革命战争形成了以主力兵团为中心、有全体人民参加的层层结合互为依托的全民战、总体战。在长期的革命战争中，单以我军的数量与敌人相比，我们总是劣势。但是，当我们形成“三结合”的武装力量体制时，我军的力量就得到极大的增殖，我们力量的砝码就大大超过了敌人。因为我们是以全体军民的整体威力去对付反动军队的，而不是仅仅以数量有限的弱小的我军去对付强大的反动军队。

第二，它能形成对敌作战的主动性和高度灵活性。因为这种武装力量体制在作战运用上分合迅速，攻守自如。主力兵团执行超地方的作战任务，实施高度机动作战；地方兵团则固定在一定地区内执行保卫地方、巩固后方和配合主力兵团作战的任务；民兵游击队通常不远离家乡，或配合正规作战，或单独开展游击活动，保卫生产，保卫家乡。总之，三种武装力量既有分工，又互相配合，可以机动灵活地打击敌人。

第三，它有利于发展和扩大人民军队。三种武装力量，实际上是高中低三个层次的武装，它们既有区别，又可以根据需要互相转化。尤其是人民军队的发展，不能采取招兵买马的办法，只能依靠人民自愿参加。这就要求有一个适合中国革命战争特点的扩大人民军队的办法。“三结合”的武装力量体制就是解决这个问题的最好办法。我军每到一地，首先帮助人民组织以本地干部为领导的民兵和自卫军，同时还组织与斗争形势相适应的地方部队和地方兵团。然后，在这个基础上，不断产生主力部队和主力兵团，这样既适应了我军是靠人民自愿参加的特点，又能确保人民军队的政治、军事素质。

为了充分发挥亿万群众的巨大力量去打击敌人，需要正确的斗争形式。为此，毛泽东创造性地提出了以军事斗争为主，并与政治、外交、经济、文化等斗争相配合的斗争形式。他指出："着重武装斗争，不是说可以放弃其他形式的斗争；相反，没有武装斗争以外的各种形式的斗争相配合，武装斗争就不能取得胜利。"所以，应使"武装斗争同工人的斗争，同农民的斗争（这是主要的），同青年的、妇女的、一切人民的斗争，同政权的斗争，同经济战线上的斗争，锄奸战线上的斗争，思想战线上的斗争等等斗争形式，在全国范围内或直接地或者间接地配合起来。"实践证明，这样做，在政治上，就使敌人处于孤立无援的境地；在军事上，就使敌军处处遇到抵抗，处处分散和消耗兵力，便于我军集中兵力各个歼敌；在经济上，就可以破坏敌方经济的发展，造成我军物质供应的可靠来源；在文化上，就可揭露敌人，教育和团结人民。一句话，就使敌人陷入我全面打击之中，这就形成了"陷敌于灭顶之灾的汪洋大海"。战争中的一方有了取之不尽、用之不竭的力量，并对这种力量进行自始至终的科学运筹，就没有不可战胜的敌人，没有不可克服的困难。

总之，毛泽东的"用众"谋略，在中国共产党领导的革命战争中，发挥了关键性的作用。第二次国内革命战争，面对数倍于我的强大敌人的"围剿"，由于毛泽东"用众"谋略的指引，最大限度地动员人民和依靠人民，不但打破了一次又一次的"围剿"，而且使革命的星星之火很快形成了熊熊的燎原之势；抗日战争时期，面对不可一世的日寇入侵，毛泽东的"用众"谋略，指引人民结成最广泛的抗日民族统一战线，实行持久战、游击战，把侵略者搞得焦头烂额；三年解放战争，来自人民和为人民而战的军队，在广大人民群众的支援下，如疾风卷残云，秋风扫落叶，使国民党800万军队不堪一击。可以说，毛泽东的“用众”谋略，是中国共产党取得一切胜利的力量渊源。这一谋略的高明之处，还在于即使把它明白地告诉自己的敌人，敌人也无法应对，更无法运用，因为人民的敌人不可能真正为了人民、代表人民，不可能实行和应付真正意义的人民战争。

二、御军——建立党领导下的新型军队

军队是战争的骨干力量，是运用军事谋略的物质基础。建什么军队，怎么建设军队，怎么领导和指挥军队，怎么训练和使用军队，历代将帅都有大量的实践。而毛泽东在建军、治军、练军和用军上，实践之丰富、谋略之高超，是前无古人的。

（一）创建革命战争的暴力工具

马克思曾指出，“无产阶级专政的首要条件就是无产阶级的军队”（《马克思恩格斯选集》第2卷，第443页。）无产阶级争取解放“只有用暴力推翻全部现存的社会制度才能达到。”（《马克思恩格斯选集》第4卷，第504页。）俄国十月革命的胜利，证明了暴力革命学说的正确性。毛泽东根据马克思主义暴力革命思想，吸取中国革命战争初期的教训，清醒地认识到“在中国，离开了武装斗争，就没有无产阶级的地位，就没有人民的地位，就没有共产党的地位，就没有革命的胜利”。（《毛泽东选集》第2卷，人民出版社1991年版，第610页。）明确指出：“没有一支人民的军队，就没有人民的

一切”（《毛泽东选集》第2卷，人民出版社1991年版，第547页。）得出了“枪杆子里面出政权”的光辉论断，使我党认清了武装斗争和建立人民军队的极端重要性。以南昌起义为起点，我党在不到一年的时间里，用自己领导的武装力量先后进行了秋收起义、广州起义等100多次武装暴动。这些起义虽然最终大都失败了，但为中国革命战争积蓄了力量。特别是秋收起义受挫后，毛泽东在江西永新县进行了著名的“三湾改编”，整编了部队，建立了党组织，制定了政治制度，建立了一支中国共产党领导下的完全新型的人民军队。这支部队和其他各地武装起义保存下来的力量，成为中国工农红军的重要组成部分，并成为中国革命战争的中流砥柱。从此，中国广大的穷苦人民有了一支真正代表、谋取和维护本阶级利益的武装力量，中国共产党真正有了一支推翻全部现存社会制度的暴力工具。

毛委员领导三湾改编

（二）确立党对军队的绝对领导

为了使这支革命队伍最终取得革命胜利，毛泽东从政治上采取了一系列措施，加强党对军队的绝对领导。比如，在军队中建立健全党的各级组织，部队的一切重大问题都要经党组织集体讨论决定。这就从组织上把军队无条件地置于中国共产党的领导之下。军队的最高领导权和指挥权集中于党中央和中央军委，只能是党指挥枪，决不允许枪指挥党。红军建立后，随着人数的不断增多和成分的日益复杂，旧军队的作风和各种非无产阶级思想特别是单纯军事观点、流寇思想、军阀主义残余、极端民主化、非组织观点、绝对平均主义、主观主义、个人主义、盲动主义等残余思想大量涌入，对部队思想造成了很大冲击。为此，毛泽东为军队制定了一整套政治工作制度，加强部队的思想政治工作，如建立党委集体领导下的首长分工负责制度、军队政治机关制度、军队党委和党支部工作制度、集中指导下的民主制度等，确保了军队的团结统一和对党对人民的绝对忠诚。此外，他还进一步规定了红军的性质、宗旨和任务，确立了正确的官兵关系、军民关系和瓦解敌军的原则等。并在此后的革命战争过程中不断加以补充和完善，在思想上、组织上、制度上保证了这支革命队伍的凝聚力和战斗力。

（三）加强部队的军事训练

古人云，“虽有明君，士不先教，不可用也”，毛泽东深知其中的道理。从人民军队建立的那一天起，他就高度重视部队的军事训练，把这看成是“决定胜负的关键之一”。但在当时的条件下，由于战斗非常紧张，进行教育训练十分困难。用毛泽东的话说，“普通的兵要训练半年一年才能打仗，我们的兵，昨天入伍今天就要打仗，简直无所谓训练”。怎么办？毛泽东指示，“长时间的休息训练是不可能的，只有设法避开一些战斗，争取时间训练。”（《毛泽东军事文集》第1卷，军事科学出版社、中央文献出版社1993年版，第28、29页。）在他的指示下，我军利用战斗间隙，开展了形式多样的军事训练。如各部队结合战评与实战需要，开展群众性练兵活动；各级指挥员根据作战任务，通过实地侦察与沙盘作业，研究克敌制胜方案；各大军区、各野战部队还开办了军政学校、技术学校和干部轮训队，加强干部培训，先后为我军培养和输送了几十万干部，有效地提高了我军战斗力。

（四）执行严格的革命纪律

为了取得人民群众的支持和拥护，毛泽东先后制定了以“三大纪律、八项注意”为代表的一系列革命纪律，教育广大干部战士爱护群众一针一线，坚决破除军阀部队遗留下来的流氓习气，同一切旧军队的坏习气、坏作风划清界限。这不仅改善了军民关系，也使广大指战员懂得了红军来自人民、属于人民的政治本色和为人民当兵、为人民打仗的革命道理，极大地提高了部队的战斗力。严格的革命纪律，不仅贯彻于革命战争最为艰苦的岁月里，就是在革命将要成功或者已经成功的时候，毛泽东及其领导的人民军队也是始终如一地坚持。解放战争后期，解放军攻打上海的一天早上，一位资本家推开窗户惊奇地发现，在街道马路和他的宅院外，整齐地睡着一排排解放军战士。这些战士是什么时候来的，他和用人都不知道。

这位资本家曾见识过各种各样的军队，唯独这支军队最不扰民。他不无感慨地说：看来蒋介石在上海的日子不多了！这句话很是意味深长，结果也正如他所料。可以这样说，执行严格的革命纪律、对老百姓秋毫无犯，是党和军队取信于民的重要保证，是人民军队战胜一切强敌、夺取革命胜利的重要法宝。

三、运筹——实施统揽全局的科学预见

毛泽东的谋略预见，具有大处着眼、高屋建瓴、气魄宏大的特点。在中国革命战争的历程中，他所关注的往往是关系到革命斗争道路的选择、战争的进程与结局以及战略形势的转换前景等重大问题。而他对这些问题的分析与预测，也就具有一种指明方向、揭示规律、展示前景的重要作用，体现出一种别人难以企及的雄才大略。

（一）指明革命斗争的发展道路

道路的选择是革命发展的关键。只有选择正确的道路，才能保证革命斗争从谷底走向胜利。而指明革命道路，需要有对社会历史发展方向的远见卓识和伟大气魄，能够站在社会发展的制高点，进行超前思维，预见事物发展的大趋势。毛泽东是具有这种天才的伟大的革命先知者。在中国革命的艰难历程中，正是毛泽东以他超乎常人的特有智慧和预测能力，指出了中国革命发展的必由之路。当1927年蒋介石背叛革命、中国大地血雨腥风、共产党人几乎处于绝境的紧急关头，毛泽东带领队伍走上了井冈山，开辟了革命根据地，点燃了武装割据的星星之火。后又系统地提出了农村包围城市，最

后夺取全国胜利的理论，指明了中国革命的正确道路。从土地革命战争、抗日战争到解放战争时期，毛泽东都及时总结创造、巩固和发展农村革命根据地的丰富经验，制定了一系列正确的路线、方针和政策，为从农村根据地向城市进军进而夺取全国胜利奠定了坚实的基础。正如邓小平所指出："毛主席最伟大的功绩是把马列主义的原理同中国革命的实际结合起来，指出了中国夺取革命胜利的道路。""如果没有毛泽东，中国恐怕还要在黑暗中多走几十年。"（《邓小平文选》第 3 卷，人民出版社 1993 年版，第 304 页。）

（二）推算和驾驭战争的大体进程

在战争指导中统观全局，预见未来，这是驾驭战争的奥秘。而合理地预测战争进程，描绘战争发展的基本轮廓，则是制定正确的战略战术的基本依据，是自觉地把握战略全局的重要前提。毛泽东在中国革命战争中表现出的运筹全局的杰出才能，是以对战争发展变化的科学预见为基础的。抗日战争初期，面对日寇的猖狂进攻和敌优我劣的不利局面，毛泽东敏锐地预见到了日本帝国主义必然灭亡、中国抗战必然胜利的历史结局。同时又科学地提出了抗日战争不能速胜，优劣转换需要时间。因此，抗日战争要经过三个阶段，并具体论述了各个阶段敌我双方力量消长的可能性，以及我应采取的战略战术，从而清晰而完整地描绘出了中国抗日战争的大致进程和轮廓，为确立持久战的战略方针提供了令人信服的依据。

战争的发展具有阶段性，毛泽东善于根据战争发展情况，适时地组织战略转变，紧紧地把握着战争的全局进程。1947 年 6 月，解放战争已经进行了整整一年。这时，国民党军队虽然受到很大削弱，但无论在数量上或装备上都还占有优势。面对依然十分严峻的军事斗争形势，毛泽东高瞻远瞩，预见到了战略局势发生转换的可能，认为战略进攻的时机已经到来，不应等到敌人的进攻完全被粉碎、我军在数量上和装备上都超过敌人之后再去展开战略进攻。为此，毛泽东决定抓住这个有利时机举行全国性反攻，将战争引向国民党控制区域。并做出了实行中央突破、千里跃进大别山，夺取中原的战略计划。经过几个月的艰苦奋战，我挺进中原的大军机动作战，大量歼敌，在江淮河汉广大地区建立了中原根据地，把国民党的战略后方，变成了我军的前沿阵地，从而促成了战略全局的转换，加速了全国胜利的到来。

（三）预见战局结果及时部署续战

作为作战指导者，正确地估计每一个战役行动的结局及其对战略全局可能产生的影响，及时部署下一次作战十分重要。对此，毛泽东的认识是很深刻的。他认为："即使初战打了一个胜仗，若这个仗不但不于全战役有利，反而有害时，则这个仗虽胜也只算败了。"（《毛泽东选集》内部本，第205页。）因此他要求："在打第一仗之先，必须想到第二、第三、第四以至最后一仗大体上如何打法，我挨次的一仗胜了，敌军全局将起如何变化，假若败了，又将起如何变化。虽结果不见得乃至决不会尽如所期，然而必须依据双方全局，仔细地切实地想明白。没有全局在胸，是不会真的投下一着好棋子的。"（《毛泽东选集》内部本，第205页。）从战略全局出发预测战役行动结局，这在解放战争对傅作义战略决战中体现得最为明显。战略决战之所以首先在东北战场发起，是因为毛泽东预见到，我军如能顺利实现就地歼灭卫立煌集团的预定目的，不仅将极大地震动华北和华东、中原敌军，而且可以使东北野战军成为我军的一支强大战略预备队，而后不论使用在哪个战场，都能比较有把握并有利于推动整个战局的发展。辽沈战役胜利结束后，毛泽东不等蒋介石和傅作义反应过来，接着进行了平津战役，一举歼灭国民党军队 47 万人，取得了酣畅淋漓的胜利。由于毛泽东能够客观正确地估算战役战斗的变化，及时灵活地用兵布阵，使得解放战争这盘棋很快就走活了。

千里大别山

四、善战——巧用灵活机动的战略战术

孙子曰："兵无常势，水无常形。能因敌变化而取胜者，谓之神。"（《孙子·虚实篇》。）毛泽东灵活机动的军事谋略就达到了出神入化的地步。毛泽东在《论持久战》中生动地说："古人所谓'运用之妙，存乎一心'，这个'妙'，我们叫做灵活性。灵活不是妄动，妄动是应该拒绝的。灵活，是聪明的指挥员，基于客观情况，'审时

度势’（这个势，包括敌势、我势、地势等项）而采取及时的和恰当的处置方法的一种才能，即是所谓‘运用之妙’。”毛泽东军事谋略的高明之处，在于他不拘泥于古人和书本，不照搬现成的经验，而是通过对敌我各方面情况的分析，制定灵活机动的战略战术。

（一）奇正相生

战不过攻守，法不过奇正。毛泽东本人虽然对奇正的直接论述不多，但毛泽东等老一辈无产阶级革命家在实践中却把奇正用到了出神入化的地步。比如，毛泽东将人民战争的战略战术明白无误地告诉了敌人，这算“正”；但这一谋略的高明之处是，不仅为我军找到了力量源泉，而且它使广大人民群众明白了谁是人民的敌人、谁是人民的依靠，一招就从战略上致敌于被动。政策宣传敌我双方都在搞，但毛泽东将统一战线的方针政策写到了老百姓的墙上，使老百姓都知道共产党是主张统一战线的，如果蒋介石拒绝采纳这一主张，就是违背民意，就是冒天下之大不韪。在毛泽东的军事生涯当中，他“经略中原”谋略也是他活用奇正的经典之作。毛泽东一贯主张“敌进我退”，这一点国民党军队很清楚。因此，解放战争之初，国民党军队气势汹汹地发起重点进攻，企图首先解决我西北和山东解放区问题。在国民党猛烈进攻面前，毛泽东出人意料地采取了“敌进我进”谋略。指挥刘邓大军千里挺进大别山，以一记致命的“猛虎掏心”拳，彻底打乱了蒋介石的战略部署，一举激活了战争全局。在中国革命战争中，毛泽东等老一辈无产阶级革命家总是因情、因势、因敌、因时活用战法，时而以奇制敌，时而以正取胜，达到了“奇亦胜，正亦胜”的高超境界。

（二）利害相衡

客观地分析形势，冷静地权衡利害，不逞一时之勇敢，不计一事之得失，是我军在强敌面前得以生存、发展和壮大的重要原因。

古人讲，“两利相衡取其重，两害相权取其轻”；“合于利则动，不合于利则止。”中国革命战争的实际是敌强我弱、敌优我劣。我军要战胜敌人，必须有高超的权衡利弊的技巧，必须有高明的趋利避害的战略战术。因此，毛泽东把“执行有利决战，避免不利决战”作为十大军事原则之一。他认为，“一切有把握的战役和战斗应坚决地进行决战，一切无把握的战役和战斗应避免决战，赌国家命运的战略决战应根本避免”。（《毛泽东选集》第2卷，第506页。）赚钱就来，蚀本不干，这就是我们的战术。在强大敌人的进攻面前，坚持以“避害”为主，勇敢地退却，不逞一时之勇，不赌一时之气，不争一城一池的得失。而一旦我军转到有利地位，就不失时机地“争利”。即使这时“害”大一点，只要利害比较之下得“利”更多，也坚持与之决战。这样不仅歼灭了敌人，也收复了土地，发展了进攻。解放战争前期，蒋介石集中了23万大军，对我陕北根据地实施重点进攻，企图一举消灭我党中央机关于延安。是走是留，当时意见很不一致。毛泽东权衡利弊，决定主动放弃延安。他说，“退一步的目的是什么？是准备前进。为什么我们退出延安？退出延安是准备打到西安”。中央撤离延安后，西北我军牵着敌数十万大军在西北高原上进行武装大游行，弄得敌人士气低落、精神疲惫。我军则乘着我主力逐渐集中、形势对我较为有利之机，果断发起进攻。首战青化砭，歼敌31旅2900余人；二战羊马河，歼敌135旅4700余人；三战蟠龙，全歼蟠龙守军6700余人。不但稳定了西北战局，收复了大片失地，也为陕北战场我军转入反攻奠定了基础。

1941年6月，苏德战争爆发，苏联在德国进攻下一度节节败退。这年7月，日本关东军在我国东北举行有70万人参加的“关特演”大演习。斯大林为防止日本背后偷袭，致电毛泽东，希望中共抽调若干旅团摆在长城一线，以牵制日本可能对苏联的进攻。无论从政治上、军事上，毛泽东都认为中共应该帮助苏联，配合苏军作战。但这种帮助应当从自己的条件和可能出发，如果以弱小的八路军与日军硬拼，采取决战姿势，无异于以卵击石，自取灭亡。当时八路军正处于极端艰苦的环境中，八路军平均每支枪只有20发子弹，机枪极少，炮则更少，爆破用的炸药几乎没有，敌我武器装备相差之大由此可见一斑。毛泽东说：“假如日本进攻苏联时，我们在军事上配合的作用恐不很大；假如不顾一切牺牲来动作，有使我们被打垮，不能长期坚持根据地的可能，这不管在哪一方面都是不利的。”他认为，真正的配合“是战略的配合，是长期的配合，不是战役的配合与一时的配合”，目前只能采取“巩固敌后根据地，实行广泛的游击战争，与日寇熬时间的长期斗争的方针，而不采孤注一掷的方针”。（《毛泽东军事文集》第2卷，第650、651页。）

斯大林是当时世界无产阶级公认的领袖，拒绝他的建议要有多大的勇气，顶住多大的压力！恐怕也只有毛泽东才敢这么做。

（三）刚柔相济

毛泽东用兵作战，不仅善用灵活机动的战略战术打击敌军，同样十分善用非军事手段去夺取作战的胜利。一是善于将军事手段与政治、外交手段相结合，陷敌于政治和外交上的不利地位；二是善于将军事攻势与心理攻势相结合，破坏敌军的精神防线；三是善于将军事手段与和谈、策反、接受起义等非军事手段巧妙结合，从而以最小的代价达成最大的利益。平津战役之前，毛泽东指挥我军秘密完成对北平、天津、张家口之敌的战略包围，之后采取“吃两头、留中间”的方针，首先吃掉了张家口、新保安、塘沽和天津守敌，彻底粉碎了北平傅作义集团西窜或南逃的企图，极大地动摇了傅作义集团顽抗到底的决心。为了降低我军的伤亡，同时避免北平这一历史古都遭受战火的破坏，毛泽东秘密派出代表与傅作义进行了多次联系，进行政治争取，实施心理攻势。面对强大的军事压力、巨大的政治攻势和蒋介石虎视眈眈的吞并野心，傅作义不得不理智地接受了改编，使北平得以和平解放。同年 8 月，毛泽东又以极大的信任委派傅作义到绥远，动员并协助董其武将军起义，使我军又不费一兵一卒和平解放了绥远。在向全国进军的过程中，毛泽东用这种刚柔兼施的手段，和平改编国民党军队多达 100 多万，创造了人类战争史上的奇迹。

(四) 虚实相乘

毛泽东是巧用虚实的大师。一是在力量投入上，善于根据敌我力量的对比和战场形式的变化，灵活地采取避实击虚和避虚击实等谋略。二是在布势上，善于隐真示假，声东击西，歼敌于意料之外。三是在作战手段上，善于虚虚实实，调动敌人。1948 年 10 月下旬，傅作义受蒋介石密令，调遣 2 万余人的“援晋兵团”准备偷袭中共中央所在地西柏坡。当时西柏坡仅有少量警卫部队，如果被敌人偷袭，后果不堪设想。得知这一消息，毛泽东一面令附近的部队回援，一面镇定自若地以笔代兵，巧唱了一曲现代“空城计”。他连续播发三篇新闻及评论，将前来偷袭之敌的番号、动向、企图以及我军的部署和众志成城的决心通过电波发了出去。傅作义本以为这次偷袭十分秘密，必能成功，没想到我军早已了如指掌。既然我军已经警觉，再进行长途奔袭只会损兵折将。傅作义本来就不愿让自己的部队替蒋介石送死，这么一来，蒋介石越是催得紧，傅作义越是不愿去。最后，蒋介石前脚刚离开北平，傅作义就把部队撤了回来。如果说蒋、傅之间不和是一个重要原因外，毛泽东巧于以虚为实，也是顺利化解这次偷袭的重要原因。在中国革命战争中，还有许多虚实相间的战略战术，真正把孙子的“利而诱之”、“乱而取之”、“强而避之”、“实而备之”等经典谋略运用到出神入化的境地。

（五）长短互补

长短互补包括两个方面的含义。一是将长远谋划与临机决断巧妙结合。毛泽东是伟大的战略家，善于从战略上进行运筹谋划；而他的麾下，聚集着一大批善于临机决断、随机应变的优秀将领。在总的作战方针拟定之后，毛泽东总是赋予下级指挥员以充分的机断指挥权，发挥各级指战员的主观能动性，做到“将能而君不御”，使战略上的深谋远虑和战场上的临机决断有机地结合起来。二是作战方法上注重以长击短、扬长避短。毛泽东无论实施战略指导，还是实施战役战术指导，都要周密地分析敌人之长处和短处，强点和弱点，我方的优势和劣势等诸因素，务必找出以己之长克敌之短的战法来。比如在抗日战争的战略指导上，毛泽东充分认识到日本帝国主义武器装备精良、训练有素等长处，分析其侵略战争在政治上不得人心的本质，以及军力、经济力都经不起长期战争消耗等弱点；认识到我们的弱点是人民缺少组织，武器装备短缺，但我们的根本长处是实行反侵略的正义战争，得到人民的支持，并有广大的国土可以周旋，他将诸因素加进去，提出了"持久战"的战略，使我方的长处得以充分发挥、敌人的短处得到充分暴露。在战役战术上，无不是极力运用以己之长攻敌之短的方法，像地雷战、地道战、麻雀战、袭击战等各种游击战法的提出，都是运用以长击短谋略的具体体现。

（六）优劣互换

战争是力量的竞赛。强胜弱败，是不以人的意志为转移的客观规律。无论是战役战斗还是战争的最后结局，如果没有压倒对方的优势力量，不能实现优劣互换，是不可能战胜敌人的。从土地革命、抗日战争、解放战争直到抗美援朝战争，我军在战争开始的阶段都是处于弱势和劣势，如何实现优劣互换、以弱胜强？毛泽东通过研究中外历史上强大之军打败仗、弱小之军打胜仗的历史经验，找到了优劣互换的途径。他指出："以少击众，以劣势对优势而获胜，都是先以自己局部的优势和主动，向着敌人局部的劣势和被动，一战而胜，再及其余，各个击破，全局因而转成了优势，转成了主动。"首先，虽然敌军在全局上是强的，但在作战过程中、分散的各个战区、各个战略方向、各条战线、各个部队、各种不同条件下，总会有弱的局部暴露出来。这就为以劣胜优提供了条件。其次，弱军在战争指导上可以而且必须运用以强胜弱的规律，按照战争的实际情况和客观条件，努力使我在全局的弱中造成局部的强、使敌在全局的强中造成局部的弱。再次，采取避实击虚、避强击弱等战法，积小胜为大胜，把战场局部的一个个小胜利变为战争全局的大胜利，由量的积累促进质的变化，从而推动战局从根本上发生变化，最终实现优劣互换，以劣胜优。

（七）攻防互助

毛泽东战略战术的重要特点，是防中有攻，退中有进，进退结合，攻防互助。攻防互助的战略战术，贯穿于中国革命战争的始终，具体的表现形式主要体现为以下几方面。一是反对消极防御，主张积极防御。他认为，单纯防御是专守防御、消极防御，实际上是假防御；只有积极防御才能是真防御，才是为了反攻和进攻的防御，才能最终消灭敌人，达成作战目的。二是坚持以迂为直，以退为进。表面上看，以迂为直是敌进我退，敌攻我守。但实质上这种退却和防御暗藏玄机——暂时走弯路是为了保存实力更好地走直路，暂时的退却是为了更好地在运动中寻机歼敌。井冈山时期的反“进剿”、反“合剿”、反“围剿”斗争，长征时期走的那么多弯路（即所谓的“弓背路”），都是以迂为直，以退为进。这些暂时的退却和防御，不仅有效地保存了实力，打破了敌人歼我主力于一役的企图，而且大量地歼灭了敌人。三是避敌正面，敌后歼敌。抗战初期，国民党军在正面战场上节节败退。为了扭转局势，八路军、新四军逆着日军的进攻方向，向日军占领区进军，打击敌人的后方。正如朱德所说：“我们的退却是走小路、爬山，绕到敌人的后方，把退却变为进击敌人，打敌人的后尾。”这样就把战略上的退却变为实质上的进攻，将我军战略上的防御战变为敌后的袭击战、破坏战、游击战等形式多样的进攻战，使日军首尾难以兼顾。这样一方面大量消耗了敌人的战争资源，牵制了敌人的作战力量，使敌人不仅要考虑进攻，又要考虑防御；另一方面有力地支援了国民党正面战场的作战行动。

（八）分合互变

灵活地使用兵力是战争指挥的中心任务，也是最不容易做到的。古代兵法认为，兵散则势弱，兵聚则势强。孙子强调“我专而敌分”、“以镒称铢”；克劳塞维茨也认为，“战略上最重要而又最简单的准则是集中兵力”，“数量上的优势不论在战术还是在战略上都是普遍的制胜因素”。讲的都是集中兵力。毛泽东在指导战争实践中，既讲集中，又讲分散，善于分合变化。“分兵以发动群众，集中以应付敌人”，就是毛泽东巧用力量的生动写照。一方面，为了战胜强大的敌人，就必须动员群众参加革命，不断壮大革命的力量。为此就必须将有限的兵力分散出去，做“撒网式”的群众工作。另一方面，为了战胜眼前之敌，毛泽东十分重视集中兵力。他深刻地指出，“作战的奥妙在于集中兵力”，并在《中国革命战争的战略问题》中专门写了“集中兵力问题”一节。开头即说道：“集中兵力看来容易，实行颇难。人人皆知以多胜少是最好的办法，然而很多人不能做，相反的每每分散兵力，原因就在于指导者缺乏战略头脑，为复杂的环境所迷惑，因而被环境所支配，失掉自主能力，采取了应付主义。”明确地提出：“我们的战略是‘以一当十’，我们的战术是‘以十当一’，这是我们制胜敌人的根本法则之一。”在我们军队的战史上，运用毛泽东的集中兵力各个歼敌原则的成功战例数不胜数。而这一办法，人民军队的敌人却难以学到。正如毛泽东所讲的：“我们是以少胜多的——我们向整个中国统治者这样说。我们又是以多胜少的——我们向战场上作战的各个局部的敌人这样说。这件事情已经不是什么秘密，敌人一般地都摸熟我们的脾气了。然而敌人不能取消我们的胜利，也不能避免他们的损失，因为何时何地我们这样做，他们不晓得。”

灵活机动地运用战略战术，是毛泽东在敌强我弱的情况下总结出来的，使我军在强大敌人的围追堵截下得以生存、发展和壮大。就是我军力量强大了，毛泽东同样坚持灵活机动的战略战术。比如解放战争的“三大战役”，每一战役的指导方针都有很大的不同。辽沈战役，采取的是“关门打狗”的策略，先取锦州，断敌归路，再击沈阳、长春。淮海战役，先“集中兵力歼灭黄伯韬兵团，完成中间突破”；继则采取“吃一个（黄维），挟一个（杜聿明），看一个（李延年、刘汝明）”的方针，打死黄伯韬，生俘黄维，活捉杜聿明，击毙邱清泉，取得战役的彻底胜利。而平津战役，则采用了“围而不打，隔而不围”、“先打两头，孤立中间”等方针，迫使傅作义起义。毛泽东从战略指导到战役战术，无不贯彻灵活机动的战略战术。可以说，灵活机动的战略战术是毛泽东军事谋略活的灵魂。

第四章　毛泽东军事谋略的基本特点

毛泽东军事谋略是在长期革命战争中形成和发展起来的，他与古今中外其他军事谋略相比，具有自己显著的特点，主要表现为以下几个方面。

一、政治性

（一）坚定的阶级性——谋求民众的翻身解放

毛泽东军事谋略是20世纪特殊的历史条件下产生的。那时的中国，外有帝国主义的侵略和干涉，内有封建地主阶级及官僚资产阶级的压迫，社会矛盾十分尖锐。为了用革命战争反对反革命战争，用暴力摧毁反动国家机器。毛泽东用阶级分析的方法区分敌我，认为“一切勾结帝国主义的军阀、官僚、买办阶级、大地主阶级以及附属于他们的一部分反动知识界，是我们的敌人。工业无产阶级是我们革命的领导力量。一切半无产阶级、小资产阶级是我们最接近的朋友。那些动摇不定的中产阶级，其右翼可能是我们的敌人，其左翼可能是我们的朋友——但我们要时常提防他们，不要让他们扰乱了我们的阵线”。他还善于用政治分析的观点认识战争，认为“战争一刻也离不开政治”。他把战争分为两类，一类是正义的战争，一类是非正义的战争。要“用战争反对战争，用正义战争反对非正义战争”。这些思想的提出，清楚地表明了其谋略思想的阶级特色。

阶级立场不同，服务对象自然各异。所以姜太公为西周谋，范蠡为勾践谋，张仪、苏秦为自己谋，张良、陈平为刘邦谋，诸葛亮“两朝开济老臣心”只为刘备父子而谋。服务对象各异，谋略的本质也就截然不同。这里有一个十分典型的例子，从中一眼就可以看出它们不同的阶级特色来。

元朝末年，朱元璋率军攻下徽州后，他的部下纷纷劝他效仿其他反元实力人物自立为王，但名士朱升却向朱元璋进言说，应当“高筑墙，广积粮，缓称王”。朱升的“九字策”为朱元璋在纷繁复杂的军事、政治激烈较量中赢得了主动，最终实现了灭元建明的宏伟政治目标，其谋可谓高明矣！

数百年之后，毛泽东翻用了朱升的“九字策”，他针对当时险恶复杂的国际环境提出：“深挖洞，广积粮，不称霸”，还说，“备战，备荒，为人民”。

两个“九字策”，应当说它们的内容和思路是很相近的，而且很显然是毛泽东从朱升那里化用而来的。但是由于着眼点不同，其阶级特色迥然各异，一望而知。

（二）广泛的群众性——挖掘无尽的力量源泉

毛泽东军事谋略是建立在人民群众的伟力之上的。毛泽东强调：“革命战争是群众的战争，只有动员群众才能进行战争，只有依靠群众才能进行战争”，“战争的伟力之最深厚的根源，存在于民众之中”，“动员了全国的老百姓，就造成了陷敌于灭顶之灾的汪洋大海，造成了弥补武器等等缺陷的补救条件，造成了克服一切战争困难的前提”。基于这些思想，毛泽东成功地解决了两个问题。一个是发动群众的广泛性问题。在战争年代，将解放区或根据地90%的工农大众，包括妇女儿童都动员起来，真正做到了有钱出钱，有力出力，生死都可以置之度外。另一个是发动群众的持久性问题。革命就怕三分钟热血，就怕耐不住挫折和失败。毛泽东从井冈山斗争，到抗日战争、解放战争、抗美援朝、援越抗美，始终能够极大地唤起民众、凝聚民心、运用民力，调动人民群众中的一切积极因素运用于战争当中。尤其是辽沈、淮海、平津三大战役，支前民工500多万人，担架10多万副，大车38万辆，牲口100万头，粮食85亿斤，我军与民工的比例竟达到一兵一民（工），一兵二民（工）甚至一兵三民（工）。淮海战役，支前民工有220余万人，为前线筹集运粮达43亿斤；平津战役，为前线筹集粮食31亿斤。华北全区平均每个人负担22斤，冀东人民则为36斤。华北人民为了保障战役胜利，除随军服务人员外，参加修路、运输、看押俘虏、后方警备等共有10万余人。解放区广大人民在党的统一领导下，对战争作出了巨大的贡献。这些既是人民群众革命觉悟的充分体现，也是毛泽东将指导战争的谋略基点置于人民群众根本利益之上的结果。人民群众的大力支持，使毛泽东十分感慨：我们的解放战争，主要就是靠北方这一亿六千万人民打胜的。陈毅同志在谈到淮海战役时也说：淮海战役的胜利是根据地人民用小车推出来的。同样，由于人民群众的支持，常常是敌人进了我根据地就成了聋子、瞎子，而敌人的动向我军随时都可以掌握。可以这样说，广泛的群众性既是毛泽东谋略筹划的基本依据，也是他谋略成功的根本保证。

（三）彻底的革命性——义无反顾地破旧立新

毛泽东的谋略思想和谋略实践，处处都闪烁着无产阶级彻底的革命性的光彩，体现着破旧立新、谋求亿万群众翻身解放的雄伟胆略。

第一，一切反动派都是外强中干的，是可以战胜的。抗日战争胜利后，中国面临两种命运，两个前途。以蒋介石为代表的中国大地主大资产阶级，想从人民手中夺走胜利果实。以毛泽东为代表的无产阶级和人民大众，则要保卫胜利果实，建立人民当家作主的新中国。蒋介石有世界上实力最强大的美帝国主义作后台，加上他本身还有几百万军队，掌握着全国政权，对我们的压力是巨大的。当时，有个美国人对毛泽东说，你们要听一听美国人的话，否则美国人会骂你们，会给蒋介石撑腰。毛泽东慨然作答："你们吃饱了面包，睡足了觉，要骂人，要撑蒋介石的腰，这是你们美国人的事，我不干涉。现在我们有的是小米加步枪，你们有的是面包加大炮。你们爱撑蒋介石的腰就撑，愿撑多久就撑多久。不过要记住一条，中国是什么人的中国？中国绝不是蒋介石的，中国是中国人民的。总有一天你们会撑不下去！"毛泽东并不是说大话，而是基于对反动派的本质的深刻认识。在毛泽东看来，反动派如同吃人的野兽，"在野兽面前，不可以表示丝毫的怯懦。我们要学景阳冈上的武松。在武松看来，景阳冈上的老虎刺激它也是那样，不刺激它也是那样，总之是要吃人的。或者把老虎打死，或者被老虎吃掉，二者必居其一。”为了生存，为了胜利，只有不屈不挠地斗争，别无选择。

另一方面，毛泽东还看透了反动派的虚弱，它们背离人民，外强中干，并没有什么了不起的力量。宋代武博士何去非在《楚汉论》中写道：“王天下者，其资有三：有以德得之，有以力并之，有以智取之。”并说：“以力则不若智之胜，以智则不若德之全。”他以楚汉之争的历史事实说明，项羽虽然“内恃其身之勇，叱咤震怒足以威匹夫；外恃其人之功，搏卒决战足以吞敌人”。但这并不是那种“保王业之固，遗后世之强”的“所谓真力”。而刘邦则不但能“挟在己之智术”，而且还能“收人之智而任之不疑”。因此，“天下之智皆其资也”，项羽无“真力”而失天下，刘邦有“真智”而得天下。毛泽东深谙“王道”之真谛。他领导人民谋天下，既有全心全意为人民服务之美德，又有猛将如云，智士如雨，焉有不胜之理！

第二，一切反动派都是与人民利益根本对立的，是必须打倒的。在中外历史上，革命力量因害怕敌人压力，不敢斗争而失败者有之，因受敌人欺骗而失败者亦有之。在中国共产党的历史上，也有人犯过这两种错误，都给中国革命事业造成过巨大损失。毛泽东作为伟大的革命家，敢与任何强大的敌人斗争到底；作为伟大的谋略家，他有超人的智慧，善于识破敌人的阴谋诡计，以彻底的革命手段，粉碎敌人的梦想与骗局，从而使革命事业立于不败之地。毛泽东指出：“反动势力对于人民的民主势力的原则，是能够消灭者一定消灭之，暂时不能消灭者准备将来消灭之。”《毛泽东选集》第4卷，第1185页。对于敌人，不要指望它发善心，讲慈悲，只能彻底把它斗倒，并踏上一只脚。毛泽东在《湖南农民运动考察报告》中有句名言:“革命不是请客吃饭，不是做文章，不是绘画绣花，不能那样雅致，那样从容不迫，文质彬彬，那样温良恭俭让。革命是暴动，是一个阶级推翻另一个阶级的暴烈的行动。”毛泽东的这些基本观点，反映在他的谋略思想和谋略实践中，就是坚决反对和摒弃宋襄公蠢猪式的仁义道德，而主张兵不厌诈出奇制胜；坚决反对西楚霸王式的沽名钓誉，而主张“宜将剩勇追穷寇”。1948 年末、1949 年初，当人民解放军百万雄师饮马长江之时，蒋介石要出花招，伪装下野，企图用“和谈”的缓兵之计来巩固江南残存的半壁河山，以便有朝一日卷土重来。毛泽东识破了蒋介石的阴谋，他亲笔为新华社写了“将革命进行到底”的新年献词。他指出，必须用革命的方法，坚决彻底干净全部地消灭一切反动势力，绝不允许使革命半途而废，让反动派养好伤，然后猛扑过来，将革命扼死。他引用了古希腊寓言《农夫和蛇》的故事，提醒人民不要做寓言中的农夫，怜惜毒蛇一样的恶人。在以毛泽东为代表的中国共产党人面前，蒋介石集团黔驴技穷，所有的骗局均以破产而告终。

第三，进步力量战胜落后力量，是符合历史发展规律的。毛泽东曾说过：“全世界共产主义者比资产阶级高明，他们懂得事物的生存和发展的规律，他们懂得辩证法，他们看得远些。”（《毛泽东选集》第 2 卷，第 1468 页。）毛泽东运用马克思主义的历史唯物主义和辩证唯物主义，审历史机运，度天下大势，筹谋划策，看得深远，看得透彻。毛泽东指出：“近代中国虽然是一个半殖民地半封建的社会，然而事情必然会变化，在双方斗争的局势中，中国人民在无产阶级领导之下所生长起来的力量必然会把中国由半殖民地变为独立国，而帝国主义则将被打倒，旧中国必然要变为新中国。”这就从宏观上、本质上把握了中国革命的历史发展进程。因而，不管敌我力量的对比如何悬殊，不管反动势力的气焰如何嚣张，不管历史长河中可能发生什么样的逆流和漩涡，他始终坚信新生必然战胜腐朽，进步必然战胜反动。也由于他坚持了马列主义的辩证发展观，因而看清了“革命的道路，同世界上一切事物活动的道路一样，总是曲折的，不是笔直的”。特别是在中国，敌强我弱，革命征程更不可能一帆风顺，径情直遂。正是这样一种辩证的谋略思维，使他能在困难时看到光明的前途，在挫折中看到胜利的希望，始终保持必胜的革命信心，在困难的条件下有所作为。毛泽东火一般的革命激情和冷静的理性思考、革命的坚定和策略的灵活，革命胆略和求实精神像一块合金钢紧密而有机地结合在一起，使其谋略艺术刚柔相济，极富韧性。

二、全局性

（一）高瞻远瞩，运筹帷幄

毛泽东军事谋略的一大特点，就是比别人站得更高，看得更远，想得也更深些。他以救国救民、振兴中华民族为己任，刻苦求学，上下求索，在长期的生活和斗争实践中顽强地磨炼自己，在茫茫的黑夜中不懈地寻找指引自己到达理想彼岸的真理。加上他的天分，造就了缜密的战略头脑和科学的理论思维能力。因而能够机敏地洞察局势，做出高人一筹的谋略决策，引导中国的革命不断地走向胜利。抗日战争时期美军驻延安的观察团成员谢伟思曾说："我曾问过很多中国共产党的朋友们，毛主席为什么能战胜他的很多敌人，成为众所公认的领袖。他们的答案都是一致的，归根到底：'他高瞻远瞩'。"（转引自《毛泽东的领导艺术》，第10页。）

同任何新生事物一样，中国的革命在它前进的过程中，曾不断遭到反动势力的阻挠和围剿，而且革命力量同反动势力比起来，在开始时要弱小得多。这就决定了革命的力量要生存，要发展，只能采取"以迂为直"的路线，而不能和敌人硬碰硬。许多人看不到这一点，盲目照搬马列的经典和外国的经验，结果使革命屡遭挫折，几乎陷入绝境。毛泽东却站在历史的潮头，把马列主义同中国革命的具体实践相结合，做出了正确的抉择，不失时机地为革命指明了航向，起到了力挽狂澜、扭转乾坤的作用。

毛泽东最先提出了"枪杆子里面出政权"的英明论断和"上山"思想，并在实践中进行了艰辛的开拓。大革命失败后，党决定开展武装斗争，举行武装起义。但在"城市中心论"的指导下，仍然坚持以夺取大城市为目标，企图借此"造成一省或数省的革命胜利的局面"。毛泽东在秋收起义攻打长沙的行动受挫后，正确分析了敌强我弱的形势，力排众议，放弃了继续进攻长沙的计划。决定沿罗霄山脉向南转移，找个"歇脚"的地方，以保存革命的力量。几经转折，毛泽东率领起义部队到达井冈山，开创了中国第一个农村革命根据地，点燃了工农武装割据的星星之火，开始了中国革命的重点由城市转向农村的伟大转折。这一英明决策和伟大创举，成为确立农村包围城市、武装夺取政权道路的历史性开端。

由于力量对比上敌强我弱的态势极为悬殊，使得中国革命的征途险恶，前途难卜，于是有人迷茫，有人徘徊。毛泽东则善于在这前途难卜的风云变幻中，根据敌我力量消长变化的规律，预见形势的可能发展，并据此做出具有远见卓识的谋略决策，扬长避短，避实击虚，经过强弱转换，赢得最后胜利。抗日战争爆发后，有人散布“亡国论”，有人鼓吹“速胜论”；毛泽东却英明地指出，日本的强是相对的，强中有弱，我们的弱也是相对的，弱中有强，算定抗日战争必将经过战略防御、战略相持、战略反攻三个阶段，最后的胜利必定属于中国。由此提出了“持久战”和“坚持独立自主的山地游击战”的战略方针，并指挥八路军、新四军深入敌后，广泛发动群众，开展游击战争，创建抗日根据地，使我之长处得到了充分的发挥，越战越强；而日本侵略者陷于人民战争的汪洋大海，短处不断暴露，逐渐由强变弱，最终归于失败。

毛泽东有着深邃的洞察能力和准确的分析判断能力。他在观察事物时，具有一种罕见的、不受枝节缠绕而直接把握本质的本领。这使他比别人能更迅速地领悟事物的内在联系和发展规律，及时而恰当地做出谋深计远的战略决策。

当出现双方都可以利用、谁抢先一步谁就可以争得主动的微妙局势时，毛泽东善于及时果断地做出决断，力争先机。抗日战争胜利后的一段时间里，东北处于“真空”状态，谁抢先控制东北，谁就能在以后的斗争中处于有利的地位。毛泽东认为，这是“千载一时之机”，立即做出了“迅速的、坚决的争取东北，在东北发展我党的强大力量”的决策，并制定了“向北发展，向南防御”的方针和一系列有力的措施，为创建巩固的东北根据地争取了先机之利。当着形势渐趋有利时，毛泽东善于抓住时机因势利导，积极促进形势的有利转化。1948 年 6 月，解放战争经过两年的作战，形势发生了显著的变化：我军虽然在数量上和装备上还劣于敌军，但战斗力已大大提高，且处于战略上的主动地位；敌人的五大战略集团分别被我军牵制在五个战场上，完全陷于被动，战略决战的时机已经到来。毛泽东毅然抓住这个有利时机，适时组织了三大战役，消灭了国民党赖以进行内战的最后本钱。

当形势可能逆转时，毛泽东善于及时觉察这种可能，并采取妥善的应变措施。1950 年 7 月，正当朝鲜人民军胜利南进，解放了南朝鲜百分之九十的人口和土地时，毛泽东即预见到形势即将逆转，果断地决定组建东北边防军，部署在鸭绿江北岸，担负保卫东北边防安全和在需要时援助朝鲜人民军抗击美帝侵略的任务，为日后我志愿军迅速入朝参战做好了必要的准备。

当危局迫在眉睫时，毛泽东善于当机立断，采取有力措施，迅速摆脱危局。他在历史上曾多次指挥部队化险为夷，转危为安，如秋收起义时果断地停止进攻长沙；长征途中力主放弃与二、六军团会师的计划，改向敌人力量薄弱的贵州前进；解放战争初期指挥中原突围等等。如果不是毛泽东在这些紧要关头，及时果断地做出正确的决策，后果将是不堪设想的。

毛泽东之所以能成为党和人民公认的领袖，主要的不在于他的资历，也不在于他的学识，而在于他每每能在中国革命的关键时刻高瞻远瞩，深谋远虑，做出正确的谋略决策，力挽狂澜于既倒，表现出高超的谋略才能和独特的领袖魅力，因而为全党全军所折服并衷心拥戴。

（二）统揽全局，把握枢纽

抓住战略枢纽去部署战役，抓住战役枢纽去部署战斗，这是毛泽东用兵打仗的突出特点。所谓枢纽，是指对战争全局具有决定意义的关节。抓住枢纽部署作战，是毛泽东在直罗镇战役胜利后提出来的，但这一思想早已有过运用并贯彻始终。中央红军长征到达陕北后，蒋介石组织五个主力师“围剿”陕甘边区，企图构成葫芦河东西封锁线，然后北援甘泉、延安，构成洛河南北封锁线。如敌企图得逞，则东面的阎锡山和西北的马鸿逵将趁火打劫，北面的傅作义将乘机出兵南下，坐山观望的另外一支国民党部队也可能乘人之危。如此，将陷我于不利境地。怎么办？要打破敌人的“围剿”，唯一的办法是“擒贼先擒王”，歼其猖狂强敌一部，震慑警策其余。在具体部署上，置东面弱小而警惕之敌（一个师）于不顾，集中主力于直罗镇地区伏击西面强大而骄狂之敌（四个师）一部，一战全歼敌一个师，又乘胜击溃其另一部，一举打破了敌人的“围剿”。另外，在关系全局的决定点上，毛泽东注重建立作战重心，加速战局的发展。他指出：“说‘一着不慎，满盘皆输’乃是说带全局性的，即对全局有决定意义的一着，而不是那种带局部性的对全局无决定意义的一着。下棋如此，战争也是如此。”毛泽东这里强调的仍然是抓主要矛盾，抓住了这个主要矛盾，就抓住了胜利。主要矛盾的解决，能够立即引起其他矛盾的急剧变化。关节点上的胜利，可以有力地推动和加速整个战局的进程。如“大举出击，经略中原”，毛泽东指挥三路大军，千里跃进，两翼牵制，中间直掏敌人胸腹，使敌人陷入完全被动；辽沈战役中，毛泽东从全局出发，紧紧抓住锦州这个关节，结果牵一发而动全身，使整个辽沈战役的问题迎刃而解。

（三）照顾局部，推动全局

毛泽东特别注意站在全局的高度，关照好局部和全局的关系，统筹好战争的各个方面和各个阶段。因为“战争胜败的主要和首先的，是对于全局和各阶段的关照得好或关照得不好”（《毛泽东选集》第1卷，第175页。）若组成战争全局的多数战役失败了，或有决定意义的某一两个战役失败了，全局就立即起变化。只有使组成全局的各个方面和各个阶段成为一个相互协调的有机整体，才能增强我之合力，并以整体的协调之势来遏制敌人的优势，从而争取主动，创造有利形势，最大限度地确保全局的最高利益。拿“三大战役”来说，毛泽东精辟地分析了全国各战场的形势及相互联系，首先选择对我最为有利的东北战场开始与敌进行战略决战。为就地全歼东北蒋军，毛泽东命令华东我军暂不要打大歼灭战，以免引起东北敌人退缩增援，同时以华北军区部队钳制傅作义集团，使其不能增兵东北；在战役部署上则以主力南下北宁线，从陆上关死了东北大门。辽沈战役尚在进行之中，毛泽东又酝酿了淮海战役，决心首先完成中间突破，同时以一半以上兵力从东、北两面威逼徐州，使其“不敢以全力东援”。辽沈大地凯歌高奏，淮海战役激战正酣之际，华北敌人受到震动，成为惊弓之鸟，去留举棋不定。毛泽东果断地抓住这一有利时机，决心再打一个平津战役，实现将国民党的主力歼灭于长江以北的战略构想。为了稳住和抓住华北敌军，毛泽东采取了

“隔而不围，围而不打”的方针，并令华北我军撤围归绥，缓攻太原，淮海战场对杜聿明集团“两星期内不作最后歼灭之部署”；同时命令东北野战军迅速秘密提前入关，出敌不意。待敌人查明我军企图时，已经成了瓮中之鳖，欲逃无路，欲守不能，终于全部就歼。

三、民主性

坚持群众路线，是毛泽东用兵作战的常用方法。他总是虚心向群众调查研究，认真听取大家的意见，从中发现问题，发现经验，发现智慧，再加以更深入的思考，得出正确的结论。尤其是在重大问题上，毛泽东更是善于海纳百川，注意吸收各方面的真知灼见。他的这种群众路线和实事求是交相辉映，从根本上保证了谋略决策的正确性和科学性。

（一）善于集中领导集体的智慧

毛泽东常说，一个篱笆要有三个桩，一个好汉要有三个帮。我军的许多重大战略决策都是首先由集体讨论，最后再由毛泽东拍板的。比如战略决战，就是由中央政治局集体讨论决定的；三大战役的指挥也是在周恩来、朱德等同志的协助下完成的。对一些重大问题的处置，如对林彪关于不打锦州，回师打长春的建议等，毛泽东起草好复电后，都亲自批示先送朱、刘、周、任征求意见后再发。毛泽东非常重视发挥当时身为军委副主席兼代总长周恩来的军事才能，经常亲自到周恩来的住处，与之亲切交谈，反复磋商。对各方来电，除最紧急的直接送毛泽东阅处外，一般是周恩来加以汇集，有的提出处理意见，再上报毛泽东。受毛泽东的委托或在他休息时，周恩来有时也为军委起草电报指示，待毛泽东阅示后发出。三大战役期间这样的电报约有40多份，其中关于抑留傅作义集团于平津地区彻底歼灭的构想，以及为实现上述方针而要求东北野战军提前入关的建议等，都是周恩来首先提出来的。毛泽东和他的主要助手之间这种亲密无间的配合和协作，既加强了中央军委集体领导的权威，也保证了谋略决策的及时正确，有力地加速了革命的进程。

（二）善于采纳各级将领的意见

毛泽东在进行谋略决策，特别是重大决策时，十分注意发扬民主，除征询领导集体意见外，还经常征求下级将领的意见，鼓励他们提出自己的建议，哪怕此处两页送审前没有加上，后加的是相反建议，从中吸取有益的见解来完善自己的决策方案。上自战略方针的确定，下至具体方案的形成，都常常是这样。他曾说过，要先向下级学习，然后再做先生，先向下面请示，然后再下命令；各地如不来材料，不提意见，中央就很难发号施令。抗日战争胜利后及时挺进东北决策的确立，是采纳了黄克诚的提议；解放战争初期战略方针的调整，是吸收了粟裕的建议；辽沈战役第一阶段攻克锦州后，改打锦西和葫芦岛为打援锦的廖耀湘兵团，则是听取了曾在打锦州问题上一度犹豫徘徊的林彪的意见。1948年1月，毛泽东电示粟裕，要求他带领三个纵队南渡长江。在湘赣浙闽诸省执行宽大机动任务，把战争进一步引向国民党深远后方，迫使敌人改变战略部署，吸引中原敌军20至30个旅回防江南，以策应刘邓大军在大别山的斗争，发展战略进攻。粟裕经过“熟筹”，提出了相反的意见：认为我军渡江南进并不一定能达到吸引敌人主力回防江南，减轻中原我军压力的目的，还会因我10万大军过江而更减少中原我军的力量；建议三个纵队暂不过江，继续留在中原作战，集中兵力在中原黄淮地区打几个大歼灭战，尽可能多地把敌军主力消灭在长江以北。毛泽东对这一建议极为重视，立即回电召陈毅、粟裕去城南庄中央军委驻地，亲自召集中央书记处会议，详细听取了陈、粟的汇报，并当即进行认真细致的研究，最终采纳了这个方案。粟裕果然不负众望，从中央回来后就组织了豫东战役，一举歼敌9万余人，协同刘邓大军很快打开了中原战局。这一将帅协谋的事例生动地表明，毛泽东的预见和决策，是下级定下决心、提出建议的重要依据；而下级的意见和建议，又往往是毛泽东修改预定计划、实行正确指导的重要补充。由于毛泽东高度尊重下级的意见包括反对的意见，虚怀纳言，从善如流，既充分调动了下级的积极性，又切实保证了谋略决策的正确性。对下级的建议，毛泽东并不是一般地“照准”，而是从全局出发，经过深思熟虑，有时是与领导集体共同商量，再做出更符合实际、更全面的定夺。

（三）善于听取基层群众的主张

听取基层官兵和群众的正确主张，是老一辈无产阶级革命家的优良传统。“十六字诀”的形成，就是毛泽东、朱德等领导同志从井冈山以前的山大王朱聋子和官军打圈子的故事中逐渐提炼出来的，先是总结出“敌进我退”，以后又逐渐加上了“敌驻我扰”、“敌疲我打”、“敌退我追”等内容。周恩来也说：“仗怎么打法，作战方案怎么走，允许连队讨论，提出意见。这是毛泽东同志的创造，也是全军的创造。”他还说，“每个战斗小组都开‘诸葛亮会’，取‘三个臭皮匠赛过一个诸葛亮’之意。上级命令不可能很具体，下到连队后，战斗小组就开‘诸葛亮会’，讨论如何具体执行，这样就充分发挥了士兵的积极性和创造性。”（《周恩来选集》下卷，第351页。）毛泽东对这种做法作了科学总结，指出：“在作战时，实行在火线上连队开各种大、小会，在连队首长指导下，发动士兵群众讨论如何攻克敌阵，如何完成战斗任务。”（《毛泽东选集》第4卷，第1275页。）这样，我军的作战指挥就能少犯错误、多打胜仗，战士因为正确意见得到了重视，战斗热情也就更加高涨。

四、灵活性

（一）重视诡道

在指导中国革命战争的实践中，毛泽东很重视运用“诡道”，并把“诡道”作为谋略运用的重要方面。

一是从认识路线上，肯定了在革命战争中运用诡道的合理性。在中国军事史上，自从《孙子》明确提出“兵者诡道”、“兵以诈立”的谋略原则之后，一切进步的、务实的军事家无不奉为至理名言并加以继承发展。例如，《韩非子·难一》就提倡：“战阵之间，不厌诈伪。”《孙膑兵法·威王问》指出：“谋者，所以令敌无备也；诈者，所以困敌也。”曹操也强调：“兵无常形，以诡诈为道。”他们都主张在军事斗争中必须用奇施诈以战胜敌人。在诈谋奇计这个军事谋略的重大问题上，中国古代一些宋襄公式的人物侈谈仁义道德，主张对敌人“不鼓不成列”、“不重伤”、“不推人于险”等等，反对诈谋奇计。然而，这些“仁人之兵不可诈”的主张，已被千百年来曹操战争实践证明是完全错误的。

在中国革命战争中，诡道——这个反映了一般战争规律的军事谋略原则，还适不适用呢？换句话说，我们无产阶级在进行革命战争中能不能运用诡道谋略呢？这是认识路线在军事问题上不容回避的问题。毛泽东对此作了明确的回答，那就是：“我们不是宋襄公，不要那种蠢猪式的仁义道德。”（《毛泽东选集》合订本，第460页。）毛泽东旗帜鲜明地批判宋襄公“蠢猪式的仁义道德”，也就表明无产阶级在进行革命战争中，是可以而且必须运用诡道谋略的。毛泽东认为，战争是阶级斗争的最高形式，中国革命战争是一个阶级推翻一个阶级的暴烈的行动，是一场你死我活的阶级大搏斗。我敌两军相争，犹如武松打虎，“或者把老虎打死，或者被老虎吃掉，二者必居其一”。因此，对敌人只能冷酷无情、坚决斗争，讲不得半点“仁义道德”，来不得半点“温良恭俭让”。而为了消灭敌人，在军事斗争中运用诡道谋略，施用权谋诡诈、欺骗利诱等手段就是完全必要的，也是符合马克思主义阶级斗争之理的。正如刘伯承元帅指出的：“政治主张要公开要明确，军事行动要秘密要诡诈。”“如果军事行动不秘密不诡诈，则不能作趋利避害的机动，就不能达到消耗敌人发展自己的目的。”毛泽东从认识路线上肯定在革命战争中运用诡道的合理性，为党和军队在革命战争中放手运用诡道谋略去战胜敌人奠定了认识基础。

二是从解决以劣胜优难题的高度，阐明了在革命战争中运用诡道的必要性。如何以劣胜优，是中国革命战争最困难的课题。而要解决这个课题，在主观指导上有相辅相成的两个方面：一是"人工地造成我们许多的局部优势和局部主动地位"；二是有意地"去剥夺敌人的许多局部优势和局部主动地位，把他抛入，劣势和被动"。只有这样，才能使我军弱的因素逐渐减少，强的因素逐渐增加；才能使敌军强的因素逐渐减少，弱的因素逐渐增加，而最终实现我由弱变强，敌由强变弱。在这里，毛泽东认为巧妙地运用诡道就是实现这一转变的一个重要方法。毛泽东指出："错觉和不意，可以丧失优势和主动。因而有计划地造成敌人的错觉，给以不意的攻击，是造成优势和夺取主动的方法，而且是重要的方法"。"在优越的民众条件具备，足以封锁消息时，采用各种欺骗敌人的方法，常能有效地陷敌于判断错误和行动错误的苦境，因而丧失其优势和主动。'兵不厌诈'，就是指的这件事情。"

实践证明，在战争指导上通过运用诡道谋略，有意地制造敌人的错觉，人工地制造弱敌，是促使强弱互换、优劣转化的有效办法。因为真真假假、虚虚实实，使敌人摸不清我真实意图，无从知道我将在何时何地用何种方法对其实施攻击，不得不被我牵着鼻子走，从而使其由主动变被动，由集中变分散，由占领有利地形变为脱离有利地形，由总体的优势变为局部的劣势，这就便于我出其不意地将其歼灭。总之，毛泽东是把诡道谋略作为促使敌我强弱转化的重要手段加以运用的，这就把诡道谋略的运用提到了战略的高度。

三是从革命战争的特殊性上，强调必须依靠人民群众运用诡道。革命战争与一般战争相比，其特殊性在于其正义性与革命性。由于它代表了最广大群众的最大利益，因而可以动员组织最广大的群众投入和支援战争。正是基于革命战争的这一特殊性，毛泽东强调要善于依靠人民群众运用诡道谋略，这一点也是毛泽东的诡道谋略与历史上一般的诡道谋略的根本不同点。毛泽东在谈到诡道谋略的运用时，明确指出："要做到这些，先决条件是优越的民众组织。因此，发动所有一切反对敌人的老百姓，一律武装起来，对敌进行广泛的袭击，同时即用以封锁消息，掩护我军，使敌无从知道我军将在什么地方什么时候去攻击他，造成他的错觉和不意的客观基础，是非常之重要的。""只有坚决地广泛地发动全体的民众，方能在战争的一切需要上给以无穷无尽的供给。在这个给敌以错觉和给敌以不意以便战而胜之的战争方法上，也就一定能起大的作用。"（《毛泽东选集》合订本，第457～460页。）中国革命战争的历史充分证明，坚定地依靠人民群众，是我军成功地运用诡道谋略的基础。

（二）示形调敌

迫使敌人不得不听从我们调动，是毛泽东军事谋略的艺术表现之一。而能实现这一点，在很大程度上是通过巧妙示形而奏效。示形是通过隐真示假，有计划有目的地制造种种假象或现象，以造成敌人的错觉，其目的是隐蔽自己的企图，配合造势，迫敌就范。毛泽东在指导中国革命战争的实践中，由于能巧妙示形，因而能牵着敌人的鼻子，叫它向东就向东，叫它向西就向西，使其听我调动。这种对示形运用之绝妙，连敌人指挥官也都惊叹不已。具体讲来，毛泽东的示形调敌艺术有以下三个特点：

第一，摸准敌人心理因势利导。指挥员决心的形成，常常受其心理因素的制约。示形作为一种伪装欺敌活动，也只有紧紧抓住敌人的心理特征（企图欲望、思维方式等），才算牵住了“牛鼻子”，才能达到造敌错觉，进而导致其错误行动的目的。毛泽东等老一辈无产阶级革命家，由于能准确把握敌人的心理特征，做到“料敌如神”，所以能像孙子讲的“为敌司命”，达到“形之，敌必从之”的效果。为了准确地把握敌人的心理特征，我军十分重视敌军研究工作，多渠道进行战略、战役、战术侦察，注意从敌人的报纸、缴获的敌人电文和信件、俘虏的口供乃至私人日记中，寻找资料。因此，不仅对敌人的企图、部署、兵力、装备和行动规律了如指掌，而且对敌主将的派系、出身、履历、作战特点、指挥水平，以及他们的脾气、嗜好、身体状况、性格特征都掌握得非常具体。这就为有的放矢地运用示形调敌谋略提供了很好的条件。

针对不同敌人的不同心理特征因势利导。在我军作战的对手中，日军的心理特征与国民党军队的心理特征不同，国民党军队中嫡系与非嫡系心理特征不同，各地方杂牌部队的心理特征也不相同，不同的指挥官其心理特征更是不同。因此，在示形调敌时，只有针对不同敌人的不同心理特征，因势利导，才能达到预期目的。山西军阀阎锡山老奸巨猾，素有“不倒翁之称”，对我军战略战术有长期的研究，要诱使这样一个对手犯错误很不容易。我军在上党战役中，刘伯承、邓小平准确地抓住了阎锡山军队“重于守城”、“极不善于野战”的弱点和他在抗战胜利后急于实现取代日军占领以长治为中心的晋东南战略的心理，采取“攻敌必救，歼其救者，诱敌与我野战”的谋略。通过围城打援、打援夺城和消灭突围逃窜之敌三种方式，将阎军13个师35万人全部消灭，其中相当一部分是被我军诱至野外，在野战中歼灭的。

针对战争不同阶段敌人的不同心理特征因势利导。战争初期，敌处优势主动，容易骄纵轻敌，加上他们先发制人的战略指导，往往有一种急于求战、急于求胜的心理；随着战争的发展，在他们吃了一些苦头、碰了一些钉子后，又容易产生不服气和急于寻机报复的情绪；到了战争后期，敌人元气受挫，随之而来的则是恐慌、犹豫，有的可能要孤注一掷，垂死挣扎，有的可能要寻找退路逃跑。当然，这只是讲的一般情况。在战争不同阶段，敌人的心理又因人、因时、因地而不同的。因此，在示形调敌中只有针对不同战争阶段敌人的不同心理，因势利导，才能达到目的。1947年3月，胡宗南集中23万兵力大举进攻陕甘宁边区，当时正值敌重点进攻阶段，胡宗南骄横异常，急于寻找我主力决战，妄图速战速决。毛泽东针对敌人此时的心理状况，采取主动撤离延安，诱敌深入，运用“蘑菇”战术，牵着敌人在陕北高原上转圈子，创造了有利战机，赢得三战三捷的胜利。而到了1949年6月下旬，在我胜利进军大西北的形势下，同是一个胡宗南，其心理状态与两年前已大不相同。为了将胡宗南主力歼灭于陕中南，如何稳住它是一个关键问题。为此，中央军委在部署“扶郿战役”时，针对胡宗南“举棋不定”的心理状态指出：为使胡匪不致早日入川起见，你们暂时似不宜去占汉中，让汉中留在胡匪手中几个月似较有利。同时针对胡宗南企图借助“二马”联合抗我进攻的心理，我军采取“钳马打胡”的方针，从而使胡匪陷入孤军作战的境地。结果，我军仅经4天作战，即歼敌4万人，解放了陕中地区。

第二，善于示形而又无常形。示形，古人有过许多论述，如孙子讲的“能而示之不能”、“用而示之不用”、“近而示之远”、“远而示之近”等。然而，这些都是一般原则，若指挥员只懂得一般原则，只会按常规示形欺敌，那就难以“取信于敌”；而敌不信我所示之形，也就难以诱它上钩了。毛泽东等老一辈无产阶级革命家在战争中示形调敌所以能每每成功，一个重要的原因，就在于善于灵活示形，不拘一格，变化莫测，真真假假，虚虚实实，使敌人难以判断出我真实意图，从而不知不觉、迷迷糊糊地上我圈套。

“声东击西”是毛泽东常用的一个示形调敌谋略，敌人也深知这一点。但毛泽东对“声东击西”的运用每次都有其特点，因而使敌人总是摸不清我军“声”的哪个“东”，“击”的又是哪个“西”，结果总是上当受骗。像在著名的“四渡赤水”、抢渡金沙江作战中，毛泽东连续几次运用“声东击西”，且每次都获得成功。根本的原因就在于，每次运用都有不同内容和特点：第一次，“声”的是西进扎西、吸引敌人，“击”的是重返贵州，遵义战役；第二次，“声”的是北渡长江，吸引敌人，“击”的是甩掉敌人，再入贵州；第三次，“声”的遵义徘徊，吸引敌人，“击”的是三渡赤水，甩掉敌人；第四次，“声”的是东进湘西，引诱敌人东调，“击”的是南渡乌江，直逼贵阳；第五次，“声”的是进攻贵阳，惊吓蒋介石，“击”的是迫蒋调滇军护驾，开辟我西进通路。像这样针对敌人不同心理状态，具有不同内容的声东击西，敌人怎么能不上当呢！

第三，勇于创造调敌新法。示形调敌的谋略方法很多。诸如：

虚则实之、实则虚之、欲擒故纵、瞒天过海、无中生有、金蝉脱壳等。对此，毛泽东等老一辈无产阶级革命家都有娴熟的运用。同时，他们还善于根据中国革命战争的特点，创造示形调敌的谋略新法。像上面讲到的围城打援、诱敌深入，还有诸如蘑菇战术、外线出击等。

蘑菇战术，是指在战役战斗过程中利用良好的群众条件、有利的地形和具体的敌我态势，同敌周旋，将敌磨得精疲力竭，然后有把握地加以歼灭的谋略。蘑菇，本是一种食用菌。人们常取其谐音，引申为故意纠缠，磨时间，促消耗。毛泽东取其引义，把上述谋略喻为“蘑菇战术”实在绝妙。这一谋略是毛泽东1947年3月在《关于西北战场的作战方针》中提出来的。胡宗南集团重点进攻陕甘宁边区时，毛泽东就是运用这个战法，隐蔽自己，调动敌人，与敌周旋，使敌在茫茫的陕北高原跨沟过河，翻山越岭，拖得精疲力竭，断粮断炊，进而抓住战机，集中优势兵力取得“三战三捷”的胜利。

外线出击，是指由内线作战转到外线作战，由根据地内作战转到敌占区作战，以吸引、迫使敌人撤离对我根据地之包围的谋略，它是“围魏救赵”谋略在敌强我弱的中国革命战争中的创造性发展。在第五次反“围剿”期间，福建事变发生后，毛泽东建议以红军主力“突进到以浙江为中心的苏浙皖赣地区去，纵横驰骋于杭州、苏州、南京、芜湖、南昌、福州之间，将战略防御转变为战略进攻，威胁敌之根本重地，向广大无堡垒地带寻求作战”，“迫使进攻江西南部福建西部地区之敌回援其根本重地，粉碎其向江西根据地的进攻”（《毛泽东选集》合订本，第219页。）就是“外线出击”谋略的具体体现。

（三）随机应变

敌变我变，随机应变，是毛泽东灵活用兵的又一重要方面。我军的三次反“围剿”作战，就充分体现了这一点。第一次反“围剿”，敌人采取“四面包围，分进合击”。张辉瓒趾高气扬，一路冒进。毛泽东当机立断，转移兵力，于龙冈设下天罗地网，一举全歼张辉瓒师 9000 人，打破了敌人的第一次“围剿”。第二次反“围剿”，敌人采取“步步为营，稳打稳扎”战法，毛泽东采取由富田向东横扫，成功地在狭窄的间隙中“钻牛角尖”，出其不意地出现在敌人的身后，最终“七百里驱十五日，横扫千军如卷席”，打破了第二次“围剿”。第三次“围剿”，敌人尽遣精锐 30 万，“长驱直入”企图将我军压迫于狭小的地域一口吃掉。面对敌人数量众多的精锐部队，我军先避敌锐气退到根据地的后方，再从敌人的间隙当中绕到后面，使敌人扑了个空。等到敌回过头来，我军则乘机歼灭其疲劳的一部。通过多次穿插，先后击溃敌 3 个师，歼灭 10 余个团，再一次打破敌人的“围剿”。

（四）善出奇兵

发挥主观能动性，积极创造条件，出其不意地打击敌人，是毛泽东用兵打仗的又一重要特点。被毛泽东本人称之为平生“得意之笔”的“四渡赤水”，就是突出的一例。遵义会议之后，中央红军由遵义地区北上，准备在泸州至宜宾间渡江北上。一渡赤水后，敌情发生了变化，川军云集川黔边境，沿江布防，敌薛岳部又从湖南赶

乌江风光

来。毛泽东果断地放弃北渡长江的意图，突然挥戈东指，二渡赤水，再下遵义，歼灭和击溃敌人两个师又八个团。正当蒋介石慌忙调集各路人马急急杀奔遵义之时，毛泽东却指挥红军突然西进，三渡赤水，佯作北渡长江，迫使敌人重新调整部署，在云、贵、川边境构筑封锁线。毛泽东乘敌部署尚未就绪，指挥红军四渡赤水，接着南渡乌江，兵临贵阳，逼着在贵阳督战的蒋介石急调滇军东来“保驾”。毛泽东准确地把握了蒋介石的脉搏，利用他急于消灭红军的心理，忽东忽西，忽南忽北，终于调出滇军，然后再次发挥我军机动灵活的特长，趁敌人云南兵力空虚之际，直逼昆明，吓得龙云急调民团云集城下，红军却只是虚晃一枪，接着回师北上，巧渡金沙江，跳出了敌人数十万大军的围追堵截，写下了长征史上神奇的英雄史诗。还有转战陕北也是如此。面对胡宗南20多万大军气势汹汹的进攻，毛泽东毅然决定暂时放弃延安，让敌人背上了一个包袱，也助长了胡宗南的骄狂气焰。此后他采取“蘑菇战术”，利用陕北有利的地形和群众条件，指挥仅两万多人的西北野战兵团，牵着敌人的鼻子在陕北的高原深谷之间作武装大“游行”，使其陷于十分疲劳、十分饥饿的困境，打又打不赢，撤又撤不走，我却时不时地抓住有利战机咬它一口，先后经“三战三捷”、沙家店、宜川等战役，歼灭了敌人 10 多个旅。国民党高级将领被俘后曾惊叹：“这样攻心、攻谋，玩敌于掌上，为古今中外所未曾有。”

五、创造性

刘伯承元帅说，同样一部《孙子兵法》，马谡的用法是教条主义，孔明就不是。庞涓和孙膑同师鬼谷子，但是一个是教条主义，一个就不是。王明跟毛主席都同样读马克思和列宁的经典著作，一个是教条主，一个就不是。毛泽东军事谋略的发展史，就是一部不断开拓、推陈出新的创新史。

（一）不守一术

毛泽东统军作战的突出特点，是“有什么条件打什么仗，对什么敌人打什么仗，在什么时间地点打什么时间地点的仗”（《朱德选集》，第 168 页。）而不是拘泥于古书上是怎么说的、前人是怎么做的、上一次作战是怎么打的，一切是因时、因地、因敌、因我等情况的发展变化，而采取切合实际的打法。比如，“诱敌深入”是我军打破敌人“进剿”、“合剿”和“围剿”的重要原则，但随着战争情况的变化，毛泽东又适时提出了“外线作战”的思想，既坚持诱敌深入、内线歼敌，同时也视情况积极地跳出内线、打到外线；在攻城与歼敌问题上，视力量的大小和作战目标的需要，或以攻城为主，或以攻城为“幌子”而主要地诱歼来援之敌，或攻城与歼敌并取；解放战争中，毛泽东先后提出“天津”、“北平”和“绥远”三种方式，对于加速革命战争的进程，都起到了很好的效果。

（二）不唯兵书

毛泽东十分重视向古人、向外国人学习，但毛泽东的高明之处在于，他从不被前人或他人的成功经验和认识所束缚，而是善于针对新情况和新问题，及时提出自己的创见。比如“集中兵力”问题，古今中外的谋略家都是坚持兵力要集中，没有讲要分散的。但毛泽东却提出了“集中以应对敌人，分兵以发动群众”的主张，对集中与分散加以辩证地统一。再如，抗日战争毛泽东所主张的“持久战”，自古是兵家大忌，因为古人都讲“兵贵胜，不贵久”，主张兵贵神速，鲜有讲要持久作战的。而毛泽东基于中国革命战争的实际，反其道而行之，创造性地提出了“持久战”这样一个最符合当时历史情况的战略方针。据说“持久战”方针一经提出，立即引起了白崇禧等国民党高级将领的重视，并向蒋介石作了推荐，得到了蒋介石的赞同。后以国民政府军事委员会的名义，把这一战略方针的精神通令全国，作为全国抗日战争的战略方针。

（三）不循常法

善用奇兵，在敌人意想不到的时间、地点，使用敌人意想不到的方式，给敌以突然的打击，是诡道谋略运用的重要内容。毛泽东是善用奇兵的谋略大师，他指导我军作战从来都是“你打你的，我打我的（各打各的）”这种完全主动的作战策略，不拘一格，没有固定的章法，总是能出其不意地打击敌人。

首先，在出敌不意的时间转入进攻。准确地把握进攻的时机，是作战指导的一个重大问题。过早，条件不成熟，可能导致失败；过迟，则会贻误战机，增加困难。根据一般战争规律，由战略防御转入的战略进攻，通常是在战争双方军事力量对比发生根本变化，实施防御的一方粉碎了对方的进攻，迫使其转入战略防御后才开始的。而解放战争则打破了这个常规，我军的战略进攻是在敌人全面进攻被粉碎，但其军队的数量和装备仍优于我军，且倾力对我实施重点进攻，解放区重镇延安、临沂、张家口仍沦陷在敌人手中，形象的说是在乌云依然弥漫天空、局势依然严峻的形势下开始的。在这种形势下敢于转入战略进攻，是出敌意外的。而这正是由于毛泽东从战略全局出发，洞悉转入战略进攻条件已基本成熟而作出的出敌不意的决策。毛泽东透过敌我力量对比，敌仍占优势和敌仍处战略进攻态势的现象，深刻地洞察到：敌我军事力量对比已发生有利于我的重大变化，为我转入战略进攻奠定了物质基础；蒋管区内形成了第二条反蒋战线，使蒋介石处于全民包围之中，为我转入战略进攻奠定了群众基础；战场上出现了对我转入战略进攻的有利态势，敌人的战略进攻已成强弩之末，其所处的“哑铃”式态势，有利于我实施中央突破；我出敌不意的转入战略进攻，可以打乱敌人的战略部署，迫使其放弃“重点进攻”转入“全面防御”，从根本上改变战争形势。一句话，我军转入战略进攻的时机基本上成熟了。在这个关键时刻，正如刘伯承元帅指出的："机不可失，时不再来!"毛主席的意图是：在这样的情况下，我们不应等到敌人的进攻被完全粉碎，我军在数量上装备上都超过敌人之后再去展开战略进攻，而应抓住这个有利时机，不让敌人有喘息机会，立即由战略防御转入战略进攻。

其次，在敌意想不到的空间实施进攻。从出敌不意的地点、沿着出敌不意的中线、向出敌不意的目标展开进攻，是毛泽东指挥刘邓大军挺进大别山实施战略进攻的突出特点。在这个战略大手笔中，有三个问题必须解决。第一，从哪里突破黄河天堑？刘邓大军根据毛泽东的指示，把渡河地点选定在临濮集至张秋镇之间150公里的河段上。这里河宽水深，敌人自恃这一天险可抵"四十万大军"，不仅在南岸分别构筑了滩头阵地和野战工事，用两个师直接扼守河防，另外摆一个师在嘉祥地区机动。我军在此突破，是敌人意想不到的。第二，从哪里组织开进？黄泛区是抗日战争时期蒋介石不顾人民死活，决堤使黄河改道造成的。黄泛区宽达30公里，遍地积水污泥，浅则及膝，深则没脐，没有人烟，没有道路。蒋介石以为这一天然障碍可以阻滞我军，然而他万万没想到我军竟把黄泛区作为开进路线。为了争取时间，把尾追的敌人甩得更远，我军指战员不顾敌机轮番轰炸袭击，不顾连续行军的疲劳，在烈日当空的酷暑季节，硬是通过了黄泛区，彻底粉碎了蒋介石妄图把我军歼灭于黄泛区的美梦。第三，战略进攻的矛头指向哪里？毛泽东英明地选定在大别山区，这又是出敌意外的。因为大别山雄峙于国民党首都南京和长江中游重镇武汉之间的鄂、豫、皖三省交界处，是敌人战略上最敏感的地区，在蒋介石看来是他的“卧榻之旁”，我军是不敢深入至此的。但是，毛泽东认为，大别山对我来讲，战略地位十分重要，我军占据大别山，可以东慑南京，西逼武汉，瞰制中原，可以调动蒋介石进攻山东、陕北的部队回援，同我们争夺这块战略要地，这就恰恰可以达到我军转入战略进攻的目的，而且这里又是敌人统治力量薄弱的地区，还是一块老根据地，我们容易立足生根。实践证明，上述选择是正确的。

再次，用敌人意想不到的方法实施进攻。按照一般战争规律，战略进攻都是采取逐城逐地推进的方法。但是毛泽东指示我军实施战略进攻，必须采取跃进的进攻样式：下决心不要后方，长驱直入，一举插进敌人的战略纵深。这种超出常规的决策，完全超出敌人的想象，顿时使敌手足无措，方寸大乱。

第五章　毛泽东军事谋略的运筹方法

“运筹帷幄之中，决胜千里之外”，是刘邦对智囊人物张良的赞誉。历代的大谋略家，无不以运筹帷幄见长的。毛泽东出神入化的军事谋略，源于正确的谋略运筹方法。

一、主客符合，因情措法

根据战场内外客观实际运筹谋略，使主观指导尽可能符合客观实际，是毛泽东运筹谋略的突出特点。中国的革命战争是前所未有的创举，有着自己的特点，不可能从马列的著作或他人的经验中找到现成的答案。毛泽东善于从当时当地的实际情况出发，根据全局利益的需要，借鉴他人的经验和书本的知识，具体问题具体分析，勇于开拓，善于创新，因而更快更好地把握了中国革命战争的客观规律，进而作出更加符合客观实际的谋略决策。这一点连西方的有识之士也有口皆碑，称赞毛泽东“是一切战略家中最重实效、最主张批判地接受经验的一个”。（宋时轮：《毛泽东军事思想初探》，第32页。）

毛泽东有一段著名的论述，叫作“指挥员正确的部署来源于正确的决心，正确的决心来源于正确的判断，正确的判断来源于周到的和必要的侦察，和对于各种侦察材料的联贯起来的思索”。(《毛泽东选集》，第 163 页。）因此，他在进行谋略运筹时，非常注重调查研究，善于将调查得来的甚至是别人习以为常的材料加以全面的客观分析和比较，权衡利弊，进而提出正确的方针和措施。他尊重别人的经验和书本的理论，却又不受其束缚，而是注重联系实际，因时因地而宜，在新的条件下创造性地加以发挥。

我军从小到大、以弱胜强的历史，也是毛泽东因情措法指导战争的必然结果。他批判地汲取了古今中外军事理论的精华，并结合中国革命战争的特点，提出了一整套人民战争的理论和机动灵活的战略战术。无产阶级在领导武装起义之后转入战略防御，即是毛泽东的一个伟大创造，按照马克思主义的观点，“起义一旦开始，就必须以最大的决心行动并采取进攻。防御是任何武装起义的死路”。(《马克思恩格斯军事文集》第 13 卷，第 150 页。）毛泽东根据中国革命力量对比强弱悬殊这一特殊情况，认为革命的首先而且严重的问题，是如何保存力量，待机破敌，而不是如何通过不断地进攻来防止反革命的反扑。因而，毅然在秋收起义之后，率领部队上了井冈山，开始了战略防御作战的实践，保存和发展了革命的力量。

将积极防御作为中国革命战争的总的指导方针，也是毛泽东的一个创造。在国外，积极防御只是一般的作战原则，指的仅是防御作战当中的攻势行动。毛泽东却根据中国的实际，将这一原则用于战略指导并加以具体化。根据不同的战争时期或阶段，敌我情况和作战任务的不同，规定不同内容的具体战略方针。如 1930 年为打破敌人的围剿提出“诱敌深入”的方针、1937 年对挺进敌后的八路军提出“独立自主的山地游击战争”方针、1946年提出“以歼灭敌人的有生力量为主要目标，不以保守或夺取地方为主要目标”方针等等，就是毛泽东根据不同情况创造性地指导战争的具体体现。

毛泽东还善于根据战场的实际情况，灵活地运用中国古代的谋略思想和近代西方的军事理论。不但做到了推陈出新，而且创造了许多新的作战样式和战法。比如诱敌深入、蘑菇战术、外线出击等等，都是毛泽东的首创。

朝鲜战场我军扬短抑长，放弃拿手的运动战，同武器装备占绝对优势的美军打堂堂之阵，用“零敲牛皮糖”的办法，迫使美国侵略者坐到谈判桌上，则是毛泽东在当时当地条件下的又一个创举。在敌人拥有世界上最强大火力的情况下，我军在固定的战线上同其对峙，的确是一种超出过去传统经验的决定。正是因为毛泽东不拘泥于传统的作战形式和过去的拿手好戏，善于根据战争条件的发展变化不断变换战术，所以常有惊人之举，往往能收到出奇制胜的效果。

人们常用“灵活机动，不拘一格”来形容毛泽东的谋略艺术，而这正是毛泽东因时因地因情因势的不同而采取不同的对策，因而使自己的谋略总能符合客观实际这样一种运筹艺术的具体体现。毛泽东曾根据不同时期敌我力量消长的不同情况，筹划了三次不同的军事战略转变。即土地革命时期由前期的主要是游击战争转变为后期的主要是正规战争；抗日战争时期由国内正规战争转变为抗日游击战争；解放战争时期又由抗日游击战争转变为国内正规战争。同一战争时期的不同阶段，毛泽东也善于根据敌我情况的发展变化，制定不同的战略方针。比如抗日战争时期，战略防御阶段采取的是以运动战为主，游击战和阵地战为辅的方针；战略相持阶段则以游击战上升到战略地位，辅之以运动战和阵地战；战略反攻阶段又采取以运动战为主，但阵地战上升到重要地位，以游击战辅助运动战和阵地战起战略配合作用的方针。战略的指导是这样，战役、战斗的指导也是这样。比如解放战争期间毛泽东指挥的三大战役，为就地各个歼灭敌人的重兵集团，依情况的不同而采取了不同的作战方针：辽沈战役是“关门打狗”；淮海战役是“中间突破”，而后“吃一个，挟一个，看一个”；平津战役是“隔而不围，围而不打”，然后“先打两头，后打中间”。毛泽东在指导中国历次革命战争的实践中，总是着眼其特点，着眼其发展，既善于从宏观上、总体上分析研究，把握战争规律，又善于洞察每次战争中各个阶段的新情况、新特点，实事求是地赋予新的战略任务，提出新的战略方针，巧妙地推动战争向着有利于我而不利于敌的方向发展，逐步转化战争形势，改变敌我力量对比，不断地把战争引向胜利，生动体现了他高超的谋略运筹艺术。

主客符合、因情措法的运筹方法，不但表现于依据实际情况定下决心，而且表现于在实现决心的过程中，依据实际情况的变化而适时地改变决心。他说过“如果计划和情况不符合，或者不完全符合，就必须依照新的认识，构成新的判断，定下新的决心，把已定计划加以改变，使之适合于新的情况”。（《毛泽东选集》，第164页。）抗美援朝战争中，初期毛泽东原定“只打防御战”，但我军入朝后战场形势已急转直下，由于敌人长驱直入，分兵冒进，我军已不可能先敌进入预定的防御地区，且敌人完全没料到我军会出兵参战；鉴于形势的这种变化，毛泽东果断地放弃了原定的计划，决定立即反击敌人，出其不意，连续发起了第一、第二次战役，将敌人驱赶至“三八线”以南，初步稳定了朝鲜战局。第五次战役结束后，毛泽东根据敌我力量已形成均势的实际情况，及时确定了争取以和谈结束战争的新的战略目标，毅然取消了原准备以运动战方式进行第六次战役的计划，转而采取了我军过去曾长期避免的阵地战的方针，并由以军事打击为主变为军事打击和谈判斗争相结合，经过两年多的“持久作战，积极防御”，以打促谈，终于迫使敌人停战求和，胜利地结束了抗美援朝战争。由于毛泽东善于根据情况的发展变化而及时恰当地变更既定的决心，因而能始终牢牢地掌握战场的主动权，制敌而不为敌所制。

全局的运筹是这样，局部的运筹也是这样。抗日战争胜利后毛泽东派我军主力部队争夺东北时，最初确定的方针是“独占东北”。进军东北的实践证明，在当时的条件下企图独占东北是不可能的，于是果断地改为实行“让开大路，占领两厢”的方针；此后由于国际国内形势的变化，毛泽东又指示东北我军主力开到“大路”上进行四平保卫战，直到四平防线被敌突破，我军撤到松花江北以后，才最后将战略重心放在东北广大中小城市和乡村建立根据地，为东北解放战争的胜利进行提供了正确的指导。客观事物是不断发展变化的，人的认识也不可能是一次完成的。战争更是急剧变化的充满不确实性的领域。因此，任何天才的指挥员，在战争的发生之前，都不可能完成对这场战争的规律的完全认识。毛泽东的高明之处就在于，他善于在决策和实施的过程中，不断地从客观实际出发，根据情况的发展变化，经过认识与实践的循环往复，逐步完善对这场战争规律的全面认识，使自己的主观指导愈来愈符合实际。

毛泽东尽管重视主客符合，但不可能十全十美，毫无差错。毕竟毛泽东是人不是神。毛泽东的伟大，不在于他运筹决策从不失误，在于他能尽快地觉察并改正他的失误，而不是死抱着原来的方案不放。比如在作战指导上，毛泽东曾不止一次地放弃他原来的主张，而采纳下级的意见；也曾不止一次地依据客观实际的发展，修正自己过去的决定。这不仅没有影响他的崇高威望，反而更生动地体现了他实事求是的态度。解放战争初期，毛泽东曾一度想以山东、晋冀鲁豫和华中野战军进入国民党统治区作战，实行“外线出击”的战略方针。此时粟裕根据对当时敌我情况和战争发展趋势的分析，却提出了实行“内线作战”的建议。毛泽东慎重考虑了粟裕的建议，根据敌情新的变化，果断地将原定的战略方针调整为“先在内线打几个胜仗，再转至外线”。这个调整对指导解放战争的胜利发展起了重要的作用。

二、辩证思维，先预后立

人们常用“高瞻远瞩”、“料事如神”形容毛泽东高超的谋略运筹艺术。毛泽东之所以能做到这一点，有两个很重要的原因：一是他善于把唯物辩证法运用于谋略运筹，并且达到了炉火纯青的境界；二是他从“凡事预则立，不预则废”的基本观点出发，高度重视对战争形势、战场矛盾、发展趋势的预判和分析。而且毛泽东在运筹谋略时，又常常将二者紧密地结合起来，所以总是能看得更高、更远、更深一些。

（一）透过现象抓本质

克劳塞维茨曾提出："战争是充满不确定性的领域，战争中行动所依据的情况，有四分之三好像隐蔽在云雾里一样，是或多或少不确定的。"在极复杂的战争中只有以敏锐的头脑，深刻的洞察力，透过现象，抓住本质，才能准确地预见未来。毛泽东就是善于抓住本质预见未来的大师。

首先，他善于通过分析事物的内在联系揭示本质。他指出："我们看事情必须要看它的实质，而把它的现象只看作入门的向导，一进了门就要抓它的实质，这才是可靠的科学的分析方法。"土地革命初期，革命力量弱小，许多同志一遇到败仗，或被四面包围，或强敌跟追的时候，往往不自觉地把暂时的特殊的不利情势扩大化，仿佛全国的形势都不乐观。对此，毛泽东认为，这些看法是由于没有观察实质被表面现象所迷惑造成的。只要从本质上去详细地察看引起革命高潮的各种矛盾是否真正向前发展了，就会得出"星星之火"距"燎原之势"的时期毫无疑义地不远了。

其次，他善于抓住战争进程的主要矛盾和主要矛盾方面揭示本质。例如，1942 年 10 月毛泽东在分析二次大战形势时，就紧紧抓住大战的主战场——苏德战场和反法西斯的主力军——苏联红军的斗争形势进行分析，通过分析斯大林格勒战役胜利的意义，揭示出第二次世界大战已开始了希特勒转向灭亡的转折点。他指出许多人之所以看不清这一点，是因为他们"往往在一个期间内被这种外强中

斯大林格勒保卫战

干的现象所迷惑，看不到敌人快要消灭，自己快要胜利的实质”。

再次，他善于通过区分在战争中临时起作用的因素和长期起作用的因素揭示本质。例如，他在分析解放战争初期的形势时指出：“中国共产党依据马克思列宁主义的科学，清醒地估计了国际和国内的形势，知道一切反动派的进攻不但是必须打败的，而且是能够打败的。当着天空中出现乌云的时候，我们就指出：这不过是暂时的现象，黑暗即将过去，曙光即在前头。”“蒋介石军事力量的优势，只是暂时的现象，只是临时起作用的因素；蒋介石战争的反人民的性质，人心的向背，则是经常起作用的因素；而在这方面，人民解放军则占着优势。人民解放军的战争所具有的爱国的正义的革命的性质，必然要获得全国人民的拥护。这就是战胜蒋介石的政治基础。”

（二）高屋建瓴判形势

毛泽东作为驾驭中国革命战争全局的战略家，他总是站在全局的高度预见未来，做到在审度全局时势时，坚持全面地分析敌我双方政治、经济、军事、地理各方面的情况，从其内在联系上对时势作出正确判断；在对影响全局的各局部和诸因素进行全面分析时，注重搞清对全局起决定作用的局部和因素的情况；在审度中国革命战争的时势时，注意把中国放到世界这个大局中去研究，把握世界时势对中国革命战争的影响。他认为：只有“采取客观的观点和全面的观点去考察战争，才能使战争问题得出正确的结论”。例如抗日战争初期，怎样看待抗日战争的形势是党内外、军内外普遍关心的问题，面对日军大举进攻、国民党军队节节败退、大片国土不断沦陷的严重局面，许多人对中国前途感到失望。而毛泽东却满怀信心地告诉人们，抗战胜利是属于中国的。因为他在审度抗日战争“时”、“势”时，首先对中日双方的情况进行了全面分析，找到了敌强我弱、敌小我大、敌退步我进步、敌寡助我多助这样四个互相矛盾的特点，说明中国不会灭亡。其次，对影响战争全局起决定性作用的中国抗战力量进行了重点分析，强调中国“处于历史上进步的时代”，“有了已经觉悟或正在觉悟的广大人民，有了共产党，有了政治上进步的军队即共产党领导的中国红军，有了数十年革命的传统经验”，特别是有了共产党这个“领导人民抗日的可靠力量”，这是中国抗战一定能胜利的决定性条件。再次，把中国抗战放到世界历史时代和世界反法西斯战争的大局去研究，指出“中国在战争中不是孤立的”，“今天世界的人民运动，正以空前的大规模和空前的深刻性发展着。苏联的存在，更是今天国际政治上十分重要的因素，它必然以极大的热忱援助中国，这一现象，是二十年前完全没有的”。

（三）着眼发展作预见

科学预见，是毛泽东高超谋略运筹艺术的突出特点之一。他指出：“战略指导者当其处在一个战略阶段时，应该计算到往后多数阶段，至少也应计算到下一个阶段。尽管往后变化难测，愈远愈渺茫，然而大体的计算是可能的，估计前途的远景是必要的。那种走一步看一步的指导方式，对于政治是不利的，对于战争也是不利的。”他强调，“给战争趋势描画一个轮廓，却为战略指导所必需。”毛泽东是善于对战争进行科学预见的。

第一，他善于根据战争中敌我力量的消长进行预见。毛泽东认为，正确的预测未来必须做到“胸中有数”，即“对情况和问题一定要注意到它们的数量，要有基本的数量的分析”。他对解放战争进程的预见，就是通过对敌我双方力量变化的准确估算而得出的。例如，1948 年 11 月辽沈战役结束后，毛泽东根据对敌我力量变化的新统计，指出“中国的形势现已进入一个新的转折点，即战争双方力量对比已经发生了根本的变化。人民解放军不但在质量上早已占有优势，而且在数量上现在也已经占有优势”。从而预见到，“这样，就使我们原来预计的战争进程，大为缩短。原来预计，从 1947 年 7 月起，需要五年左右时间，便可能从根本上打倒国民党反动政府。现在看来，只需从现在起，再有一年左右的时间，就可能将国民党反动政府从根本上打倒了”。后来，中国军事形势的发展，完全证明了毛泽东的这个预见。

第二，他善于依据对抗反应论的原理进行预见。所谓“对抗反应论”，是指战争双方在对抗中，一方的行动必然引起另一方相应的行动的规律。依据这个规律，对作战行动的前景和发展趋势作出推断、预见，既是必要的，也是可能的。例如，1947 年 6 月，毛泽东指示刘邓大军挺进大别山时，就根据对抗反应论，判断了敌人将拼命与我们争夺这块战略要地的种种可能，预计了我军的三个前途：一是付了代价站不住脚，转回来；二是付了代价站不稳脚，在周围打游击；三是付了代价站稳了脚。从而告诫刘邓大军做充分的思想准备，从最坏处着想，努力争取最好的前途。

第三，他善于用历史的阶级的分析方法进行预见。例如抗战胜利前夕，毛泽东所以能预见到全面内战必然爆发，就是因为他对蒋介石进行历史的、阶级的分析的结果，他指出：“国民党怎么样？看它的过去，就可以知道它的现在；看他的过去和现在，就可以知道它的将来。”“中国大地主大资产阶级的政治代表蒋介石，大家知道，是一个极端残忍和极端阴险的家伙。”“此人历来是不知感恩的”，他“是靠北伐战争，靠第一次国共合作，靠那时候人民还没有摸清他的底细，还拥护他。他上了台，非但不感谢人民，还把人民一个巴掌打了下去，把人民推入十年内战的血海。这一次抗日战争，中国人民又保卫了他。现在抗日战争胜利了，日本要投降了，他绝不感谢人民，相反的，翻一翻一九二七年的老账，还想照样来干”。“要发动反人民的内战，要屠杀人民”。

预见是历代谋略家所极为重视的，也是他们取得成功的钥匙。毛泽东的预见用“神机妙算”来描述并不过分，但他一不是靠天才，二不是靠时运，而是依靠扎扎实实的辩证思维。

三、谋势造势，先胜后战

谋势造势，是战争指导者在敌对双方军事实力和政治、经济、地理等条件的基础上，通过自身的努力，积极谋求和占据那些能增强自身能量的空间位置，主动地创造一种有利于己不利于敌的战场环境、格局和态势。谋势造势旨在使自己的力量增值，并争取和保持战场上的主动权和自由权。就是说，谋者是利用“势”之道，达到“任势取胜”之途。谋势造势在毛泽东军事谋略中占有重要位置。在指导中国革命战争的实践中，毛泽东不仅重视谋势造势，而且善于谋势造势，把谋势造势的活剧演得有声有色。

（一）谋先胜不败之势

谋略家造势定策，首先在保证自己利益不丧失的基础上，去争取更多的利益；在保证自己不被敌人打败的前提下，去创造条件战胜敌人。《孙子》讲的“先为不可胜”就是这个道理。对于劣势装备的弱小之军来讲，这一点更为重要。因为弱军对强军作战，不可能马上置敌于死地，得首先考虑如何创造一个保存自己、站稳脚跟的“自保势”，再图赢得胜利。

土地革命战争开始，我军力量十分弱小。当时的形势正如毛泽东所指出的："敌人是全国的统治者，我们只有一点小部队，因此，我们一开始就是和敌人的'围剿'奋斗。我们的进攻是密切地联系于打破'围剿'，我们发展的命运全看我们能不能打破'围剿'。打破'围剿'的过程往往是迂回曲折的，不是径情直遂的。首先而且严重的问题，是如何保存力量，待机破敌。所以，战略防御问题成为红军作战中最复杂和最重要的问题。"（《毛泽东选集》合订本，第181页。）从这里我们可以清楚地看到，毛泽东在敌强我弱的条件下，十分重视创造保全自己的态势，以求不为敌所制。其方法有：

第一，谋求可靠的"民势"。"力量小但同人民联系的，强；力量大但反人民的，弱"，这是不可抗拒的历史规律。弱小的革命力量，要创造有利态势，首要的条件就是要与人民群众结合。为此，我军必须把立足点——革命根据地，选择在具有良好群众基础的地方。毛泽东在解释为什么中国红色政权首先发生和能够存在的地方，不是四川、贵州、云南及北方各省，而是湖南、广东、湖北、江西等省时明确指出，这是因为这些省份"是一九二六年和一九二七年两年资产阶级民主革命过程中工农士兵群众曾经大大地起来过的地方"，这些地方"曾经有过很广大的工会和农民协会的组织，有过工农阶级对地方豪绅阶级和资产阶级的许多经济的政治的斗争"。一句话，这里有觉悟较高的广大革命群众。实践也充分证明，有了最积极地援助红军反对白军的人民群众，我军才能有效地保存自己、消灭敌人。正如毛泽东所指出的："根据地虽小却有很大的政治上的威力，屹然和庞大的国民党政权相对立，军事上给国民党的进攻以很大的困难，因为我们有农民的援助。”（《毛泽东选集》合订本，第174页。）

第二，占据有利的“地势”。常言道：“人往高处走，水往低处流”。前者是讲人们为求生存、谋发展，就要积极争取高位势；后者可比喻为力量处于高位势，不仅能量可以增值，而且便于向低位辐射，制约低位。毛泽东认为，“弱军要战胜强军，是不能不讲求阵地这个条件的”。因此，他把“以便利于作战的地势”作为选择根据地的条件之一，强调“在四围白色政权中间的红色割据，利用山险是必要的”。中国工农红军上井冈山就是占据有利地势的典型例子。毛泽东讲：“整个的罗霄山脉我们都走遍了；各部分比较起来，以宁冈为中心的罗霄山脉中段，最利于我们的军事割据。”因为这里地形险要，易守难攻，周围250余公里，回旋余地大。进可发展革命力量，退可保存革命力量。而且这里处于湘赣交界，“可以影响湖南、江西乃至湖北”。（《毛泽东选集》合订本，第78页。）

第三，营造有利的“战势”。谋取了有利的“民势”和“地势”，还必须从实际出发，灵活地运用力量谋求有利的作战态势来消灭敌人、保存自己。攻势和守势都是为达成这一目的采取的战势。但前者是直接为了消灭敌人的，通过消灭敌人来更好地保存自己；后者则是直接为保存自己的，但同时也是辅助进攻或准备转入进攻的必要手段。毛泽东强调，在敌强我弱的形势下，我军战略上必须实行防御，而在战役战斗上应创造条件实行进攻；在强敌进攻面前，必须实行战略退却，他把战略退却作为“劣势军队处在优势军队进攻面前，因为顾到不能迅速地击破其进攻，为了保存军力，待机破敌，而采取的一个有计划的战略步骤”。

回顾中国革命战争的历史，正是由于毛泽东正确地选择了具有良好“民势”和“地势”条件的根据地作为依托，积极营造有利的“战势”，指导我军灵活运用“敌进我退，敌驻我扰，敌疲我打，敌退我追”的十六字诀和“诱敌深入”的方针，使我军有效地保存了自己、消灭了敌人，一步步发展壮大起来。

（二）谋局部有利之势

“战争是力量的竞赛”，优者胜，劣者败。无论是战役战斗还是战争的最后结局，如果没有压倒对方的优势力量，是不可能战胜敌人的。然而，中国革命战争的基本特点却是敌强我弱、敌优我劣。在这种情况下，怎样运用优胜劣败的规律去实现以弱胜强、以劣胜优的目的？对此，毛泽东指出：“以少击众，以劣势对优势而获胜，都是先以自己局部的优势和主动，向着敌人局部的劣势和被动，一战而胜，再及其余，各个击破，全局因而转成了优势，转成了主动。”《毛泽东选集》合订本，第 78 页。这就是说，弱军在战争指导上可以而且必须运用优胜劣败的规律，按照战争的实际情况，在全局的弱中造成局部的强，从而在局部实现以强胜弱的胜利。即要“人工地造成我们许多的局部优势和局部主动地位，去剥夺敌人的许多局部优势和局部主动地位，把他抛入劣势和被动”。这里，毛泽东从宏观上清晰地阐明了弱者战胜强者的方法。具体说来：

第一，要善于集中自己的兵力，以集中之势对分散之势。孙子讲过：“我专为一，敌分为十，是以十攻其一也，则我众而敌寡。”孙膑也曾指出：“能分人之兵，能按人之兵，则锱铢而有余。”否则，

“不能分人之兵，不能按人之兵，则数倍而不足”。因此如何集中自己的兵力、分散敌人的兵力，便成为造成战役战斗我优敌劣的一个重大课题。要达成分散强军的目的，一个有效的方法，就是首先在战略上实行必要的分散。只有以自己的小分散，人为地造成敌人的大分散，才能在战役战斗上实现以己之集中对敌之分散，造成一向势制约多向势的局面。

抗战胜利后，蒋介石一心想打通华北，抢占东北。他以三个军的兵力为一路，由郑州、新乡沿平汉线北犯。我为了保证晋冀鲁豫主力集中力量打击该敌，各解放区部队同时在津浦、同浦南段、桐柏、平绥、冀热辽等数个战略方向上一齐出击，使蒋介石分开五指全面应付，无法抽调兵力向平汉路迅速增援。这样，我晋冀鲁豫部队集中了 6 万野战军和 10 万民兵，对平汉路 3 万之敌形成了局部优势，吃掉了两个军，争取了一个军起义，一举粉碎了敌人的企图。

第二，要善于分散敌军，使其由全局的强势变为局部的弱势。在指导中国革命战争的过程中，毛泽东很善于及时捉住战争矛盾展开过程中敌人暴露出来的较弱的局部。他认为，战争之初，在全局上敌人虽然是强的，但其在展开运动的过程中，分散开的各个战区、各个战略方向、各条战线、各个部队，在各种不同的主客观条件下，力量总是不平衡的，总会有弱的局部暴露出来。因此，我军要造成战役战斗我优敌劣之势，必须“拣弱的打”，必须“先打分散孤立之敌，后打集中和强大之敌”，必须“避敌主力，打其虚弱”。当我军集中力量对付这样的敌人时，战役战斗的我强敌弱之势必定十分显著，从而可以确保胜利。当然，在战争进程中，有时多路敌军齐头并进，一时强弱难以区分。这时，有意地制造敌人的错误，人工地制造弱点，也是非常必要的。

第三，要善于采取包围迂回战术，在局部以我之外势对敌之内势。我们把军队处于被包围的内线作战态势称为“内势”，把军队处于包围的外线作战态势称为“外势”。很显然，处于内势是被动的，处于外势是主动的，外势制约着内势。毛泽东认为，战略上处于内线作战的我军蒙受着许多不利，但当我军在战役战斗上对敌实施包围迂回，处于外线作战时，就可以在战役战斗上取得外势制约内势的有利态势。为此，在谋划创造战役战斗我优敌劣之势时。毛泽东不仅注重集中优势兵力，而且强调实行包围迂回战术，我军所取得的战役战斗歼灭战的胜利，都是在集中优势兵力的物质基础上，实行包围敌人的部署，形成外势制约内势的结果。

（三）造全局协调之势

中国革命战争的一个重要特点是，战争是在多块革命根据地、多块战略区由各支主力部队同时对敌作战的。在敌强我弱的形势下，这种多支力量分散作战的情况，既不易形成对敌斗争的合力，又增加了被敌人各个击破的危险性。因此，如何使分散在各战区的武装力量有机地协同配合作战，就成为运筹造势的一个重要问题。毛泽东十分重视从整体效益出发，造全局协调之势。他认为造成全局协调之势，既可以从战略上分散敌人，减煞敌人的优势，使之陷入被动；又可以使我军分散在各处的力量在战略上形成整体合力，增强我军的优势，使我争取主动，进而为歼灭敌人、转化敌优我劣的形势创造条件。在这方面，毛泽东运筹造势的谋略主要有：

第一，以我之“面势”制约敌之“点线势”。刘伯承元帅在谈到毛泽东这一谋略时曾精辟地指出：“我们的战略是以面对点线的战争，而蒋介石是以点线对面的战争”，“记得毛主席在中央苏区时说，那时打大城市是不正确的，我们只要把群众工作做好，土地分配好，它的城墙就自然倒了。这句话说得非常透彻。所以说，我们从十年内战直到现在，就是面与点线的斗争。我们的面越宽越好，越能包围点线。”他这里说的“面”主要是指广大农村，“点线”主要是指大中城市和交通沿线，这是从造势角度对农村包围城市道路的形象比喻。无论在国内革命战争中还是抗日战争中，敌人都是以主要力量控制大中城市和交通沿线，形成“点势”和“线势”，而我军则通过建立革命根据地、抗日根据地控制广大乡村。虽然就每一块孤立的根据地来讲，可能是处于敌之三面或四面包围之中，但若把各块根据地联系起来，从全局来看，我们则把敌人包围在点线上，这就形成了中国革命战争独特的“面势”制约“点势”和“线势”的宏伟态势。

第二，以我之“要穴势”制约敌之“面线势”。如同人体的穴位一样，针刺要穴，可以把患者的生命从死神的手里夺回来，也可以一针制患者于死地。我们把军事对抗中力量占据能对全局起决定作用的点所构成的势，称之为“要穴势”。例如，在淮海战役中，毛泽东对宿县这个点极为重视。因为宿县位于徐蚌线上（津浦线上徐州至蚌埠）上，攻克宿县就可以切断敌人退往蚌埠的通道，进而可将刘峙集团歼灭于淮河以北。1948 年 11 月上旬，毛泽东电示陈、邓、粟：“直接指挥各部，包括一、三、四、九纵应直出宿县，切断宿蚌路”；“务须不管一切，集中四个纵队全力攻取宿县，歼灭孙元良等部，切断徐蚌路。”华东野战军遵照这些指示，奋勇攻克宿县，“徐州十字架”上的国民党军队立即陷入了死局。又如，在平津战役中，毛泽东对塘沽、新保安两点极为重视，他在作战方针中指出：“只要塘沽（最重要）、新保安两点攻克，就全局皆活了。”因为塘沽、新保安是平津战役战场上的两个“要穴”，攻克此两点，华北之敌的“一字长蛇阵”就全破坏了，敌人的退路也随之被切断。再如抗战初期我军控制太行山，解放战争战略反攻挺进大别山等等，也都是以“要穴势”控制“面势”和“线势”的光辉范例。

第三，以我之“联网势”破坏敌之“联网势”。所谓联网势，是指战争力量在广阔的空间形成多点布局时，多点之间有畅通的信息渠道与力量机动自由，从而多点位可以互为犄角、互相支援形成一个整体，或者各点位的力量可以直接衔接、连接起来形成互相联系、互相配合的整体。在战争进程中，敌对双方都力图使自己的力量布局形成联网势。因此，这对如何以我之联网势破坏敌之联网势提出了很高的要求。毛泽东很重视创造联网势，主要做法：一是用指导战争全局的战略方针统一各根据地、各战区、各部队的思想，使处于各点位的我军力量，在战略方针指导下，协调一致地打击敌人。二是不断地协调全军行动，使处于各点的我军力量形成紧密配合的整体部署。三是通过全军加强全局观念的教育，增强各根据地、各战区、各部队自觉服从全局，为实现全局利益和目标而主动协同的自觉性。毛泽东经常教育部队；“要提倡顾全大局。每一个党员，每一种局部工作，每一项言论或行动，都必须以全党利益为出发点，绝对不许可违反这个原则。”在毛泽东的教育下，处于各点位的我军力量都能站在全局的高度，认清自己的行动。为了全局利益，甘愿挑重担，甚至牺牲局部也在所不惜。这样，就使我军的联网势建立在坚实的基础之上。解放战争转入战略进攻时，毛泽东运筹的“三军配合，两翼牵制”的部署，就是一个光辉范例。

1947 年 6 月，为实现将战争引向国民党统治区的意图，毛泽东首先确定以刘邓大军从南线中央敌人薄弱部位突破，而后经豫皖边区向大别山挺进；随后，又及时决定以陈谢、陈粟两路大军分别向豫鄂陕和豫皖苏边区挺进，以牵制和调动尾追刘邓大军之敌；并与刘邓大军在中原地区以“品”字形的布势展开，三军配合，协同作战，经略中原。同时指示西北野战军和华东野战军东线兵团，分别在陕北和山东战场钳制敌之主力，掩护三军在中原的展开。此外，毛泽东还指示晋冀鲁豫、晋察冀、东北战场我军，积极发动攻势，歼灭当面之敌，从战略上策应三路大军转入外线作战。这样就形成了中央突破、三军挺进、两翼钳制、内外线配合的联网势，从而有效地钳制、调动、分散了敌人，迫敌疲于奔命，顾此失彼，陷入被动态势。

四、独立自主，务求主动

主动权是指挥员对客观情况正确估计、正确指挥赢得的军队行动的自由权。主动权不是空想的，而是具体的、物质的。主动权的先决条件是掌握着强大而有活力的军队，而主动权的关键则是主观指导是否高明。

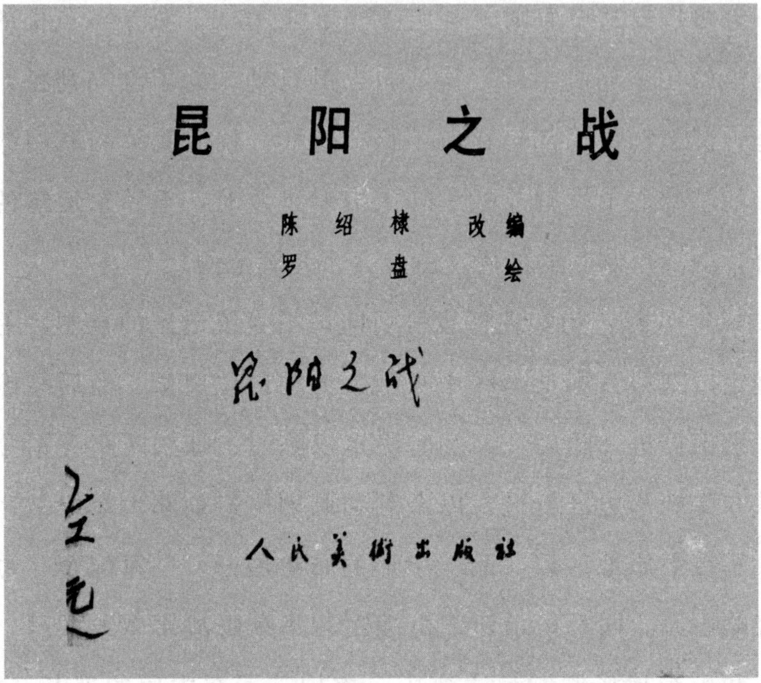

昆阳之战《昆阳之战》连环画

在这方面，毛泽东有许多精辟的论述。他说："主观指导的正确与否，影响到优势劣势和主动被动的变化，观于强大之军打败仗、弱小之军打胜仗的历史事实而益信。中外历史上这类事情多得很。中国如晋楚城濮之战、楚汉成皋之战、韩信破赵之战、新汉昆阳之战、袁曹官渡之战、吴魏赤壁之战、吴蜀彝陵之战、秦晋淝水之战等，外国如拿破仑的多数战役，十月革命后的苏联内战，都是以少击众，以劣势对优势而获胜。都是先以自己局部的优势和主动，向着敌人局部的劣势和被动，一战而胜，再及其余，各个击破，全局因而转成了优势，转成了主动。在原占优势和主动之敌则反是，则由于其主观错误和内部矛盾，可以将其很好的或较好的优势和主动地位，完全丧失，化为败军之将，亡国之君。"（《毛泽东选集》，第

458～459 页。）中心意思就是，主观指导错误，就会变主动为被动，变优势为劣势；反之，主观指导正确，弱小的军队也可以夺取和保持主动权。

作为战争指导者，要想夺取和保持主动权，就离不开“独立自主”这几个字。只有按照战争的发展规律和自己的实际，独立自主地运筹谋略、指导作战，才能夺取主动争取胜利。回顾中国革命战争的历程，每一胜利的取得都离不开独立自主的谋略运筹方法。离开了独立自主，主动权也就谈不上了。

在第二次国内革命战争时期，王明等“左”倾教条主义者，唯马列书本为是，唯苏联经验为是，反对农村包围城市，主张先攻城市；反对积极防御，主张消极防御；反对诱敌深入，主张御敌于国门之外；反对游击战，主张正规战；反对运动战，主张阵地战等等。把中国革命推向绝路，不仅丧失了整个江西中央革命根据地，也使党和红军丧失了百分之九十，仅剩的一点点红军随时有被敌人消灭的可能，革命处于危急存亡之秋。在长征途中的遵义会议上，毛泽东不唯上是从，他客观地分析了战争指导上的失误，客观纠正了王明的错误，在关键时刻挽救了中国革命。抗日战争时期，国共合作，同盟者蒋介石国民党时刻想限制共产党，消灭共产党。毛泽东在 1939 年 11 月 5 日，党的六届六中全会上提出了“统一战线中的独立自主问题”。1940 年 5 月 4 日，毛泽东为中共中央写给东南局的指示《放手发展抗日力量，抵抗反共顽固派的进攻》中说：“所谓发展，就是不受国民党的限制，超越国民党所能允许的范围，不要别人委任，不靠上级发饷，独立自主地放手地扩大军队，坚决地建立革命根据地，在这根据地上独立自主地发动群众，建立共产党领导的抗日统一战线的政权，向一切敌人占领区发展。”（《毛泽东选集》，第711～712 页。）中央这个指示到达后，中共中央东南局委员、新四军第一支队长陈毅立即执行了，他胜利了。

保持主动、独立自主不是随便就能做到的，它要求指挥员要善于排除各种干扰，不受敌人的迷惑和影响，就要像毛泽东指出的那样：“无论处于怎样复杂、严重残苦的环境，军事指导者首先需要的是独立自主地组织和使用自己的力量。”（《毛泽东选集》，第 206 页。）他在为中央军委起草的给晋察冀军区的一份电报说：“你们……应完全不被敌人之动作所迷惑，选择敌之薄弱部分主动地歼灭之。选择何部那时再定。这即是先打弱的，后打强的，你打你的，我打我的（各打各的）政策，亦即完全主动作战政策。”（《毛泽东军事文选》内部本，第 304 页。）1948 年 10 月 4 日他在给东北局林、罗、刘的电报中说：“蒋介石已到沈阳，不过是替丧失信心的部下打气。他讲些什么做些什么，你们完全不要理他，坚决按照你们三日九时电部署做去。”（《毛泽东军事文选》内部本，第 413 页。）我军各级指挥员在毛泽东指示下，独立自主运筹谋略，先后取得了许多重要战役的胜利。

五、多手准备，以备不虞

（一）不打无准备之仗，不打无把握之仗

毛泽东运筹作战，历来注重充分准备。他在《论持久战》中写

道："优势而无准备，不是真正的优势，也没有主动。懂得这一点，劣势而有准备之军，常可对敌举行不意的攻势，把优势者打败。"毛泽东提出的十大军事原则第五条就规定："不打无准备之仗，不打无把握之仗，每战都应力求有准备，力求在敌我力量对比下有胜利的把握。"他还指出："凡事不可只估计一种可能性，而要估计两种可能性。例如调动敌人，可能被敌人调动；可能大部被调动，亦可能少部被调动。"对每种情况都要有所准备，并根据战场实际灵活应对。

1936 年 10 月，红军三大主力会师西北后，计划举行宁夏战役，但由于西（安）兰（州）大道被胡宗南切断，红军遂主动放弃宁夏战役计划。随后又计划进行海（原）打（拉池）战役，也由于无充分把握而放弃，直到诱敌冒进，出现战机后，才于山城堡一役消灭胡宗南一部，结束了土地革命时期最后一个歼灭战。无准备不打、无把握不打、无优势不打，在这一仗中体现得十分明显。

（二）做出最坏的打算，争取最好的结果

孙子曰："智者之虑，必杂于利害，杂于利而务可信，杂于害而患可解。"充分准备最坏的可能，努力争取最好的结局，这是毛泽东谋略运筹的特色之一。1949 年初毛泽东在筹划渡江南进时，就充分估计到美国将直接出兵占领我国沿海若干城市并同我军作战这样一种可能性；1950 年当决定中国人民志愿军入朝参战时，也考虑了美国与我公开进入战争状态，而我又不能在朝鲜境内大量歼灭美军，因而形成僵局这样一种最不利的情况，并设想了必要的对策。这些是战略上的。

在战役层次上，济南战役就充分体现了这一点。1948 年 9 月，解放战争进入第三年，战争形势朝着更加有利于我而不利于敌的方向发展。此时，蒋介石不得不将“全面防御”改为“重点防御”。当时济南是敌人在山东的最后一个战略要点，是蒋介石借以支持华北、华东残局的战略要地之一，由国民党第二绥区王耀武所属 11 万余人据守，同时敌人还在徐州集结了 3 个兵团 23 个旅的重兵集团，准备随时北援济南。根据战局的发展，毛泽东指示华东野战军于 8、9 月攻克济南，然后全力南下作战。8 月 26 日，毛泽东与中央军委电告华东野战军：“‘攻济打援’战役必须预先估计有三种可能：(1) 在援敌距离济南尚远之时攻克济南；(2) 在援敌距离已近之时攻克济南；(3) 在援敌距离已近之时尚未攻克济南。你们应首先争取第一种，其次争取第二种，又其次应有办法对付第三种。”同时要求“在第三种情况出现时，你们不但在兵力上，而且在弹药上和粮秣上均有办法战胜敌人”。8 月 28 日，毛泽东、中央军委又电示华东野战军：此役关系甚大，“战役计划应以能对付最坏情况”即以在援敌距离已近之时尚未攻克济南为根本出发点，而不应以 (1)、(2) 两种情况为根本出发点。其目的是要求华东野战军防患未然，从最坏的可能出发，努力争取最好的结果。华东野战军根据毛泽东指示，决定以 7 个纵队攻城，以 9 个纵队打援；如援兵不来，则增强攻城力量。9 月 16 日，济南战役打响。17 日至 20 日，解决了敌城外防御阵地和外围据点，23 日向济南发起了总攻。援敌慑于态势，未敢轻动。24 日将济南守敌全部消灭，王耀武被俘。此战役严重打击了蒋介石“重点防御”的计划，为我军的战略决战创造了有利条件。

第六章 毛泽东军事谋略的巧妙运用

古往今来，杰出的军事家、谋略家不胜枚举。孙子和克劳塞维茨军事理论贡献卓越，但在战争舞台上建树不大；成吉思汗和拿破仑横扫疆场，可军事理论著述不多；伊尹、姜尚、张良等一代谋臣，虽妙计迭出，惜无兵书战策留于后世；司马穰苴和岳飞、戚继光等名将在建军治军方面颇有成效，但其格局与毛泽东又相差甚远。纵观中外数千年，将军事谋略的理论创造与波澜壮阔、艰苦卓绝的战争实践完美结合于一身者，首推毛泽东。他在中国革命战争的长期实践中，将浩如烟海的中国传统谋略与现时客观实际紧密结合，创造了举世叹服的战争奇迹，表现出极为高超的谋略艺术。

一、游击战，运动战，阵地战，巧妙结合

研究毛泽东军事谋略，许多人认为毛泽东只喜欢运动战，不得已才搞游击战，一贯排斥阵地战。这是一种误解。根据战争形势特别是作战对象和敌我力量对比状况，灵活地选择作战方式，适时地进行作战方式的转换，并始终注重多种作战方式的巧妙结合，是毛泽东军事谋略的重要特色。

中国革命战争初期和抗日战争初期，敌我力量对比悬殊，毛泽

东主张实行游击战，因为游击战在落后的国家尤其是半殖民地的我国，是“人民武装队伍为了战胜敌人，创造自己的阵地所必须依靠的因而也是最好的斗争形势”，这种作战方法利于发挥我国土广阔、人口众多的优势，利于弥补军队弱小、装备短缺、武器破旧的劣势，利于积小胜为大胜、在持久作战中改变力量对比，改变战争形势。

井冈山时期，毛泽东在斗争实践的基础上总结概括出一整套游击战和游击性运动战的作战原则，如“敌进我退，敌驻我扰，敌疲我打，敌退我追”；“固定区域的割据，用波浪式的推进政策。强敌跟追，用盘旋式的打圈子政策”；“战术正如打网，要随时打开，又要随时收拢。打开以争取群众，收拢以应付敌人。”（《毛泽东军事文集》第1卷，军事科学出版社、中央文献出版社1993年版，第133页。）红军运用这些作战原则与敌周旋，取得了一个个胜利，逐步壮大起来。

运动战是游击战的高级形式，是游击队向正规部队发展的必然结果。毛泽东说：“作为战争内容的战略内线、战略持久、战略防御中的战役和战斗上的外线的速决的进攻战，在战争形式上就表现为运动战。运动战，就是正规兵团在长的战线和大的战区上面，从事战役和战斗上的外线的速决的进攻战的形式。同时，也把为了便于执行这种进攻作战而在某些必须时机执行着的所谓‘运动性的防御’包括在内，并且也把起辅助作用的阵地攻击和阵地防御包括在内。”（《毛泽东军事文集》第2卷，军事科学出版社、中央文献出版社1993年版，第325页。）又说：“‘打得赢就打，打不赢就走’，这就是今天我们的运动战的通俗解释。”中国的版图广大，东方不亮西方亮，黑了南方有北方，有广大的回旋余地，是运动战天然的好战场。

中国革命战争漫长岁月的基本情况是：敌人兵力强大，装备优良，数量众多；我军兵力弱小，装备低劣，正规军数量少。要不断地保存自己、发展自己，不断地消灭敌人、消耗敌人，最好的战争形式是运动战。而在那种形势下，弱小的我军也只能从事灵活机动的运动战，叫敌人打不着，吃不掉。毛泽东说："不要幻想有进无退的战争，不要震惊于领土和军事后方的流动，不要企图建立长期的计划。把我们的思想、工作适应于情况，准备坐下，又准备走路，不要把干粮袋丢掉。"当敌人多了不好打时，当面敌人虽不多但它和邻近敌人十分密接也有时不好打时，当敌不孤立而占有十分巩固阵地时，当打而不能解决战斗不好再继续打时，我们都是要准备走的。"这样的走是许可的，必须的。因为我们承认为必须的走，是在首先承认必须的打的条件之下。"（《毛泽东军事文集》第1卷，军事科学出版社、中央文献出版社1993年版，第750～751页。）一切的"走"都是为着"打"，"走"是手段，"打"是关键，我军的一切战略战役方针都要建立在"打"的基本点上。一旦发现敌人薄弱部分，就集中优势兵力，执行有利决战，长期下去，就可以一口一口地吃掉敌人。这就是运动战的奥秘。

在敌我力量处于相对均势时，毛泽东就将阵地战及时提到了议程，无论是攻城还是坚守，只要对全局有利，都不惜与敌人进行阵地战。解放战争的诸多阻击战、抗美援朝战争中艰苦卓绝的上甘岭战役都是如此。

1952年，经过上一年的夏季和秋季战役后，中朝人民军队与美国为首的"联合国军"隔江形成对峙。"联合国军"为摆脱被动局面，企图以军事压力增强其谈判地位，决定在战线中部发动"金化攻势”，攻占上甘岭地区，拉平战线，进而夺取五圣山。1952 年 10 月 14 日，“联合国军”在短短一个星期内投入 17 个步兵营，在大量火炮及航空兵支援下，进行多路多波次的连续攻击。志愿军先后投入 21 个步兵连，在火炮支援下，依托坑道工事，白天顽强抗击，入夜积极反击，表面阵地失而复得，得而复失。仅战役第一天，“联合国军”便向 597. 9 高地和 537. 7 高地北山西侧高地发射炮弹 30 余万发，投炸弹 500 余枚，两高地表面工事几乎全部被毁。在极端困难条件下，志愿军防守分队击退对方 30 余次冲击，艰苦奋战 7 昼夜，终因伤亡过大，弹药供应不及，转入坑道坚持斗争。“联合国军”为夺取坑道，从 10 月 21 日开始，投入 11 个多营的兵力，采取了筑堡封锁、石土堵塞、轰炸爆破、断绝水源、放毒、熏烧等手段，围困志愿军防守部队。志愿军及时调整力量，增兵坚守坑道，同时集结兵力，屯集粮弹，为进行决定性的反击做准备。坚守阵地的分队在缺粮、缺弹、缺水、缺氧情况下，与纵深部队密切协同，反破坏、反封锁、反围攻，守住了坑道，大量杀伤“联合国军”。10 月 31 日，志愿军集中 13 个连的兵力，在炮火支援下，首先向 597. 9 高地发起反击。激战至 11 月 1 日，歼灭“联合国军”1 个营又 2 个连，恢复了全部阵地，接着又打退“联合国军”连续 6 天的反扑，守住了阵地。11 月 11 日，志愿军集中两个营的兵力，在炮火支援下，恢复了 537. 7 高地北山阵地。随后又增兵两个营，连续粉碎“联合国军”130 多次冲击，巩固了阵地，至 25 日，“联合国军”的“金化攻势”被彻底粉碎。此役，志愿军付出了很大牺牲，但执行任务的志愿军分队在这个弹丸之地上歼灭了“联合国军”4. 5 万余人，彻底粉碎了对方的进攻，取得战役全胜。此后，“联合国军”再也没有发动较大规模的进攻。因此，从战役的全局和增加谈判砝码的政治需要来看，这种阵地战及其付出的代价是完全值得的。

正规战与游击战，阵地战与运动战，是相辅相成的，在不同的时间、不同的地点、不同的条件下、侧重点必须不同。中国革命战争进行了22年多，战略防御进行了20年，战略进攻仅仅进行了两年多。在战略防御前期以游击战为主，后期以运动战为主，在战略进攻前期也是以运动战为主，在战略进攻的中期即三大战役前后和后期以阵地战为主。“为主”不是“单打一”，始终有其他战争形式辅助。从中国革命战争全体上看，基本上是运动战。

总之，游击战与正规战，运动战与阵地战，是对立统一的。这些战争形式，毛泽东把它因地、因时、因敌、因我、因任务巧妙配合，灵活转换，更好地为战争胜利服务。

二、歼灭战，消耗战，击溃战，相互补充

作战的效果可分为歼灭战、消耗战和击溃战。歼灭战是全部或大部分毙伤或俘敌的作战，这是人民军队战胜强敌的根本指导思想。消耗战有两方面的含义：一是指逐渐消耗敌人力量的作战；二是指给敌以消耗而自己也付出一定代价的得不偿失或是得失相当的作战。击溃战是指将敌打垮或打散而没有或很少俘获的作战。

毛泽东不仅主张歼灭战，而且是歼灭战的大师。早在土地革命战争时期，毛泽东就在实践中为我军总结、发展了歼灭战的作战思想。

1930年，当时的中央红军还弱小，红一方面军只有约4万人。

10 月下旬，正在清江至分宜段袁水两岸活动的我军得到情报，国民党军集中了 10 多万人的兵力，在驻江西的第九路军总指挥鲁涤平指挥下，分数路开始对我中央苏区进行大规模“围剿”。毛泽东依据敌强我弱的实际情况，没有分散兵力各个阻击，而是命令红一方面军向苏区内退却，利用有利的地形条件和苏区人民的支援，发现和造成国民党军的弱点，而后集中兵力实施反攻，各个歼灭运动中的敌人。红一方面军根据毛泽东的指示，以少数兵力监视敌人，主力则逐次向苏区中部转移，隐蔽待机。深入苏区腹地的国民党军，遭我苏区人民武装的不断袭扰，兵力分散，补给困难，其第十八师于 12 月 29 日孤军深入，进占龙冈。我军集中主力，趁其立足未稳，包围了该敌，于 30 日 16 时发起总攻，激战至黄昏，全歼该师并活捉师长张辉瓒。这个漂亮的歼灭战，极大地震慑了敌人，深入苏区的国民党军纷纷撤退。我军乘胜转兵，追歼由源头东撤之敌五十师，又歼敌 1 个多旅，残敌纷纷逃向临川。至此，敌人全线溃逃，第一次“围剿”被彻底粉碎。

从第一次反“围剿”作战可以看出，对于实力雄厚的敌人，只有实行歼灭战，才能奏效。按当时的兵力对比，我军歼敌 15 万人以后，敌“围剿”兵力还剩 9 万余人，相对于我 4 万红军，仍处于绝对优势。之所以“围剿”迅速被打破，主要是我实施歼灭战对敌产生的重大影响，成建制的敌人被我迅速歼灭，使“围剿”之敌被强烈震撼，害怕遭到同样命运，纷纷逃脱自保。第二次反“围剿”和第三次反“围剿”，我军均歼敌 3 万余人，分别只占敌“围剿”兵力的 1/7 和 1/10，结果却都很快取得了反“围剿”的胜利。反之，如果红军采取分路阻击的战法，凭着红军战士的英勇，苏区民众的支持，消灭几万敌人是完全可能的，但对于兵力占优势的敌人来说，难以造成重大的影响。第五次反“围剿”中，我军没有执行歼灭战的作战方针，而是分路阻击，苦战一年，虽给各路进攻之敌以重大杀伤，歼敌数目也不少，终究未能打破“围剿”，被迫开始两万五千里长征。由此可以看出坚持歼灭战指导思想的重大意义。

毛泽东重视歼灭战，同样也重视消耗战。所不同的是，他不是从战役战术层次上研究消耗战，而是从战略高度看待消耗战，把不断消耗敌人，看作是转变敌强我弱形势的必要途径和手段，从理论上阐明了消耗战与歼灭战的内在联系，给了消耗战以新的含义。歼灭是质变，消耗是量变。战役战术上的歼灭，可以达到战略上的消耗。从这个意义上说，中国的革命战争，既是歼灭战，又是消耗战。毛泽东的高明之处，就是不断根据客观情况的变化，科学确定我军歼灭战、消耗战的层次。

土地革命战争初期，红军力量十分弱小，毛泽东与党内“左”倾冒险主义作斗争，指挥红军向反动力量统治薄弱的井冈山地区挺进，用游击战的方法，不断歼灭小股反动武装，积战斗上的小胜，逐步达到巩固和扩大根据地的目的。这是战斗层次上的歼灭战，达到了战役层次上的消耗战。随着红军力量的不断壮大，毛泽东逐步提出扩大歼敌规模，用运动战的方式，成建制地歼灭敌人，把歼灭战发展到战役规模。这是战役层次的歼灭战，达到了战略层次的消耗战。它加速了敌战略力量的削弱，使红军力量迅速发展，猛烈地扩大了根据地，壮大了革命力量。抗日战争开始以后，毛泽东分析了国际国内形势，找出了中日双方存在的各种利弊条件，针对国民党消极抗战、积极反共，妄图假日本帝国主义之手消灭共产党的阴谋，提出抗日战争是持久战，必须经过防御、相持、反攻三个阶段。我军的作战方针应该是“基本的是游击战，但不放松有利条件下的运动战”。(《毛泽东著作选读》，第253页。)主张用战斗层次上的歼灭战，达到战役层次上的消耗战，进而实现战略层次上的持久战。我党领导的八路军、新四军等抗日人民武装，在这一方针的指导下，从抗战初期的几万人，发展到抗战胜利时的100多万人。解放战争我军广泛实施了战役上的歼灭战，加速了战略上对国民党军事力量的消耗，所以仅用三年多的时间，就赢得了解放战争的彻底胜利。毛泽东对歼灭战和消耗战关系的科学把握，是中国革命取得最后胜利的重要原因之一。试想，在土地革命战争时期不及时地把战斗的歼灭战发展到战役层次，革命的根据地就无法迅速扩展，弱小的红军就难以发展起来，星星之火也就不会成为燎原之势；而不注意研究抗日战争的形势，及时完成从运动战向游击战的转变，共产党领导的抗日武装力量又会很快消耗殆尽，抗日战争就不会出现我党领导下的那种蓬勃发展的局面。至于解放战争中我军歼灭战的大发展，则完全是毛泽东军事谋略更趋成熟的必然结果。

毛泽东对消耗战的本质认识，使他不但运用了消耗战积极的一面——逐渐消耗敌人，而且还创造了一系列的战略战术，避免了消耗战消极的一面——消耗敌人而自己也付出较大的代价，即得不偿失或得失相当。消耗敌人，自己当然也要付出一定的代价，问题是如何以小的代价换取大的胜利。毛泽东很早就研究了古今中外以劣胜优的战例，提出了著名的游击战争“十六字诀”，有效地解决了消耗敌人同时也给我军自己造成消耗的问题。在这个原则指导下，抗日战争我军民创造了地雷战、地道战、麻雀战等游击战战术，真正做到了“你打你的，我打我的”，长此以往，就改变了敌我力量的对比，使敌人陷入我人民战争的汪洋大海，这是战斗层次避免我之消耗的有效战法。在战役层次毛泽东独创运动战战法，通过运用主力兵团在长的战线和大的战区内广泛实施机动，不断调动敌人，发现敌人的弱点，把难打之敌变成好打之敌，然后集中优势兵力，四面包围，予以歼灭。其优点，一可全歼，二可速决。速决可以减少我之损失，全歼必有俘获，因此可以弥补我之消耗，还可以因为成建制地歼灭了敌人而加速了敌人的消耗。在毛泽东的手中，消耗战突破了传统的界线，更加具有哲学上的意义。

歼灭战和消耗战都是为了完成敌我力量的转变，击溃战又如何呢？毛泽东指出：“击溃战对于雄厚之敌不是基本上决定胜负的东西。”“击溃有意义，乃至让敌人逃去有意义，只是对于全战斗或战役中我军主力对确定之敌举行歼灭性的作战而说，否则便没有任何意义。这又是一种有所失对有所得而有意义的场合。”（《毛泽东选集》，第 200～221 页。）在这里，毛泽东讲得很明确，一方面，孤立地实施击溃战，对于优势之敌，是毫无用处的。第五次反“围剿”奉行“御敌于国门之外”的方针，战役战术上就是采取的击溃战，虽经广昌保卫战等重大的作战行动，多次击溃敌人，但很快敌人又组织了新的进攻。因此，这种击溃战毫无效果，应尽力避免。另一方面，击溃战又是歼灭战、消耗战的重要补充（有些击溃战本身也是消耗战）。像运动战中的阻援作战，虽然执行的是击溃任务，但它已是歼灭战的一个有机组成部分，舍此无法达成歼灭的目的。因此，它是不可或缺的。

三、政治仗，军事仗，外交仗，多手并举

“战争是政治的继续”，这是毛泽东的一贯主张。他历来注重从政治的角度谋划军事问题，从政略的角度谋划战略问题，注重政治仗与军事仗的巧妙结合。毛泽东在论述抗日战争同政治的关系时说，抗日战争是全民族的革命战争，它的胜利，离不开战前的政治目的——驱逐日本侵略军、建立自由平等的新中国，离不开坚持统一战线的总方针，离不开全国人民的动员，离不开官兵一致、军民一致、瓦解敌军等项政治原则，离不开争取国际力量和敌国人民援助的努力。“一句话，战争离不开政治。”不仅在抗日战争中如此，在解放战争、抗美援朝、中印边境反击作战等大小战争中，毛泽东始终坚持一手打好军事仗，一手打好政治仗。

建国之初，美国发动侵朝战争。毛泽东和中共中央决定进行抗美援朝战争。一开始，毛泽东与周恩来研究，想用“支援军”的名义出兵，意见初步定下来后，决定听听民主人士的意见。一征求意见，黄炎培求见毛泽东，提出“支援军”的名义不妥：“自古道出师有名，名不正则言不顺，这个仗就不好打。”听取了黄炎培的意见后，毛泽东略一沉思，将“支援”两字一划，改写两个大字：“志愿”，然后掷笔于桌，欣然道：“我们不是跟美国宣战，不是国与国宣战，我们是人民志愿的么，这是民间的事情，人民志愿去朝鲜帮助朝鲜人民的，不是国与国的对立。”黄炎培频频点头，笑道：“师出有名则战无不胜!”这个看似简单的“冠名”问题，实际上是个能否获得国际上多数国家认同的政治性的大问题，从这点就可以清楚

地看出毛泽东一贯地反对把战争看作单纯军事问题的态度。

军事仗与外交仗“双管齐下”，是毛泽东谋略运用的又一高明之处。打好外交仗是为了营造积极有利的外部环境，形成有利于我、不利于敌的国际舆论；打好军事仗又有利于打好外交仗，利于争取和平。这一谋略的高明之处在于：第一，敢于用革命的两手对付反革命的两手，不怕敌人唬骗；第二，以军事实力为后盾进行谈判，以军事斗争的胜利促进谈判，不怕敌人要挟；第三，以谈对谈、以打对打，可使敌处处感到被动和压力。

《朝鲜停战协定》签字仪式

朝鲜战争进入谈判阶段后，美方先是以所谓“谋求海空军事优势的补偿”为借口，妄想把军事分界线划到我军阵地后方，不战而获得 1. 2 万平方公里的土地。这一无理要求遭到我方拒绝后，敌便发动夏季攻势，企图以军事压力迫使我让步，我军则针锋相对地予以还击，迫使敌同意以双方实际控制线为军事分界线。1952 年，美方又以战俘遣返问题进行讹诈，拖延谈判，并发动金化攻势，对我实施惨无人道的细菌战和空中绞杀战。为配合谈判斗争，我军于 1952 年秋胜利实施了全线战术反击作战，随后又进行了上甘岭战役和次年的夏季攻势，终于迫使敌人作出让步。就在停战协定签订前，鉴于李承晚集团妄图破坏停战协定的情况，我军又发动金城攻势，给南朝鲜军队以沉重打击。经过为期两年边打边谈的斗争，朝鲜停战协议终于签订。“联合国军”总司令克拉克上将不无遗憾地说：“我是美国历史上第一个在没有取得胜利的停战协定上签字的司令官。我感到一种沮丧的心情。我想，我的前任，麦克阿瑟和李奇微将军也一定有同样的感觉。”（克拉克：《从多瑙河到鸭绿江》，第 1 页。）

四、重谋势，善造势，巧乘势，因势利导

势，在军事上运用最多，亦最难把握。历代谋略家对“势”都有许多精辟的论述。孙子将其分为动势、态势、气势与位势。李靖将“势”分为气势、地势和因势。毛泽东本人虽然对“势”的论述不多，但他对“势”的运用之妙，还是十分少见的。

毛泽东重视谋势。他多次把作战比作下棋，说“善谋者谋势，不善谋者谋子”，谋势重于谋子，谋势为上，谋子为下。指出“指导全局的人，最要紧的是把自己的注意力摆在照顾战争的全局上面”，

否则就会“一着不慎，满盘皆输”。他认为，战略、战役和战术上都有一个谋势的问题，而战略、战役部分尤其需要谋势。可以说，毛泽东几乎所有战略运筹都是围绕“势”做文章的。这在前文有所论及，这里不再赘述。

毛泽东还善于造势。他的造势谋略的中心问题，是如何使劣势装备的弱小的我军，能占据有利于生存发展的环境，能使自己的力量增殖，能在战略防御的不利态势中创造有利的态势，并最终在战略上造成有利于我的态势，彻底歼灭敌人。毛泽东坚持一切从实际出发，认真分析敌我双方的战略战役态势，造“先为不可胜之势”；运用优胜劣败规律，造战役战斗我强敌弱之势；着眼整体效益，造全局协调之势。在具体的战争指导上，成功地谋划了陷敌于人民战争汪洋大海的“民势”，陷敌于全局被动的“位势”，占据战场有利地形的“地势”等。辽沈战役中，毛泽东抓住锦州这一点做文章，造成对东北国民党军队的“关门打狗”之势，充分体现了毛泽东高屋建瓴的宏大视角和谋势造势的高超艺术。

1948 年 9 月，国民党东北卫立煌集团总兵力有 55 万人，华北傅作义集团有 50 万人，两大集团的联系主要靠北平到沈阳的北宁线铁路，锦州是北宁线上的战略要点，像扁担一样挑着东北和华北，防守锦州地区的是国民党东北“剿总”副总指挥范汉杰指挥的 10 万余人。打下锦州，就可以切断东北和华北之敌的联系；如果先打长春，卫立煌集团进可以得到傅作义集团的强大支援，退可以顺利地撤往华北。针对林彪想把主攻目标改到长春这个点上的想法，毛泽东代表中央军委电示林、罗、刘：“我们不赞成你们再改计划，而认为你们应集中精力，力争于十天内外攻取锦州，并集中必要力量于攻锦州同时歼灭由锦西来援之敌四至五个师。只要打下锦州，你们就有了战役上的主动权。”（《毛泽东军事文集》第5卷，军事科学出版社、中央文献出版社1993年版，第37页。）10月14日，东北野战军遵照中央军委的指示，对锦州发起进攻，经31小时激战，全歼守敌，国民党东北“剿总”副总指挥兼锦州指挥所主任范汉杰被俘。锦州攻克，“关门打狗”之势形成，战役局势顿时改观。迫于态势上的巨大压力，长春守敌1个军起义，其余全部投降，辽沈战役很快宣告结束。而辽沈战役的胜利，使我军的战略态势焕然一新，国民党军队不得不由战略进攻转入龟缩防御。

毛泽东还巧于乘势。“乘势”是指利用有利态势，把握战机，歼灭敌人。毛泽东多有“乘势”的妙笔。抗日战争后期，当日本侵略者已成强弩之末、苏联出兵东北时，毛泽东适时地向全国发出“对日寇的最后一战”的号召，不仅将日本侵略者彻底赶出了中国领土，而且人民军队乘势收缴了大量武器装备和财资，壮大了自己，扩大了解放区。解放战争“三大战役”结束后，毛泽东乘着人民解放军斗志高昂、国民党军队江河日下之势，果断地发出“打过长江去，解放全中国”的伟大号召。挥师南下，一举突破长江天险，数路大军势如破竹，饮马海边，将国民党军队压缩于台湾一隅。“宜将剩勇追穷寇，不可沽名学霸王”，充分反映了毛泽东把握战机、巧于乘势的过人魄力和胆识。

五、先乡后城，城乡并重，先城后乡，适时发展

提到中国革命战争，很多人自然会想到毛泽东的“农村包围城

市”路线即“先乡后城”谋略，实际上，毛泽东指导中国革命的路线，是根据敌我双方力量的消长变化不断发展的。

中国革命以前的西方无产阶级革命都是以城市为中心的，这是因为在资本主义制度比较发达的国家，城市无产阶级也相对比较强大且集中，一旦城市起义成功，“农民会很快欣然接受城市无产阶级为他们自己的领导者和老大哥。”（《马克思恩格斯选集》第 2 卷，第 419 页。）巴黎公社这个人类历史上第一个无产阶级政权，就是通过城市武装起义而建立起来的。列宁在领导俄国革命的战争中发展了马克思主义，他指出在资本主义时代，特别是从资本主义向共产主义过渡的时代，城市必然要领导农村，农村必然要跟着城市走。大都市在相当大的程度上决定着人民的政治命运，夺取城市不但是革命取得军事胜利的规律，同样也是取得政治胜利的规律。因此，当 1917 年俄历 10 月这一有利于无产阶级起义的决定时机到来时，列宁领导俄国无产阶级用迅速、坚决的起义，占领了圣彼得堡这个城市。通过直接夺取俄国的资本主义国家机器，建立了世界上第一个社会主义国家。

中国革命在探寻自己道路的过程中，曾经搬用过苏联十月革命的经验。因此，中国革命的武装斗争也发端于城市。但是，由于中国半封建、半殖民地的社会性质，决定了中国革命不可能首先在城市取得胜利。从 1927 年 8 月至 1928 年 6 月，中国共产党领导的近百次不同规模的武装起义，凡是围攻或固守城市的，都在敌优势兵力的反攻下失败了，只有少数转入农村的起义队伍，才最终保存了下来。毛泽东把马克思主义的基本原理与中国的国情相结合，最先认识到这个问题，指出中国革命必须走农村包围城市的道路，明确提出了“先乡后城”的谋略。在他领导和影响下，红军在敌人统治力量薄弱的广大农村开展武装斗争，实施工农武装割据，先后建立了江西中央苏区、鄂豫皖、湘鄂西、湘鄂赣、闽浙赣、左右江等一系列农村根据地，使中国革命的星星之火，逐渐形成燎原之势。长征之后，毛泽东把革命的大本营放在陕北，建立了陕甘宁苏区，领导中国人民开始了艰苦卓绝的抗日战争。此时，毛泽东依然运用“先乡后城”谋略，指挥共产党领导的八路军、新四军挺进敌后，广泛创建敌后抗日根据地，在日军对国民党正规军据守的正面战场不断实施包围的同时，我军则在敌后形成了对日军各据点的反包围，极大地改善了抗日战争中我军和友军的态势，实现了抗日战争我军持久胜敌的战略目标，我军的力量也得到了前所未有的发展。解放战争爆发时，我军已经成为一支强大的革命武装力量。

随着敌我力量的消长和解放区的急剧扩大，需要利用城市的辐射作用，将各个分散的解放区联结成一片；同时，由于作战规模的不断增长，我军也需要城市的财力、物力支援。在这种情况下，毛泽东第一次将城市作战的重要性提上了议事日程。他指出，“……必须极大地注重学习阵地攻击战术，加强炮兵、工兵建设，以便广泛地夺取敌人据点和城市。一切敌人守备薄弱的据点和城市，坚决夺取之。一切敌人有中等程度的守备、而环境又许可加以夺取的据点和城市，相机夺取之。一切敌人守备强固的据点和城市，则等候条件成熟时然后夺取之”。（《毛泽东著作选读》，第629页。）这就明确地将“城乡并重”谋略提上了日程。在这一谋略指导下，我军先后将几块较大的解放区联结起来，形成了华北、东北、苏北、山东、中原和西北等几个较大的解放区，建立了巩固的战略后方，为夺取中国革命的最后胜利，积聚了雄厚的战争力量。

随着战局的迅速变化，我军已逐渐取得了战略主动权，情况的变化要求战略指导必须适时调整。鉴于接连取得三大战役的胜利，毛泽东于 1949 年 3 月 5 日在中国共产党第七届中央委员会第二次全体会议上明确指出："从一九二七年到现在，我们的工作重点是在乡村，在乡村集聚力量，用乡村包围城市，然后取得城市。采取这样一种工作方式的时期现在已经完结。从现在起，开始了由城市到乡村并由城市领导乡村的时期。党的工作重心由乡村移到了城市。在南方各地，人民解放军将是先占城市，后占乡村。"（《毛泽东选集》合订本，第 1316、1317 页。）第一次清楚地把"先城后乡"谋略提了出来。1949 年 4 月 21 日，毛泽东和朱总司令向人民解放军发布了向全国进军的命令，指挥人民解放军"奋勇前进，坚决、彻底、干净、全部地歼灭中国境内一切敢于抵抗的国民党反动派，解放全国人民"。中国人民解放军百万雄师于当日清晨开始强渡长江天险，23 日首先解放了国民党 22 年反动统治的中心——南京，接着又攻取了杭州、南昌、上海等大城市，然后占领广大乡村，迅速解放了长江以南大部分地区。

由此可以看出，毛泽东运用马克思主义辩证法，实事求是地指导作战，灵活而适时地运用"先乡后城"、"城乡并重"和"先城后乡"等谋略，不仅表现出无产阶级革命家不唯外不唯书只唯实的谋略思维品质，也体现了高人一筹的战争指导艺术。

六、两面包围，三面包围，四面包围，因情而施

四面包围，不使漏网；三面包围，两面包围，歼灭其一部，击

溃其另一部，这是老一辈革命家常用的谋略。毛泽东在《目前形势和我们的任务》中，对战争内容作了经典性说明，概括为十大军事原则，其中写道："每战集中绝对优势兵力（两倍、三倍、四倍、有时甚至是五倍或六倍于敌之兵力），四面包围敌人，力求全歼，不使漏网。在特殊情况下，则采用给敌人以歼灭性的打击的方法，即集中全力打敌正面及其一翼或两翼，求达歼灭其一部、击溃其另一部的目的，以便我军能够迅速转移兵力歼灭他部敌军。力求避免打那种得不偿失的、或得失相当的消耗战。"（《毛泽东选集》，第1143页。）这里所说的"集中全力打正面及其一翼或两翼"，就是两面或三面包围。

两面包围、三面包围的思想，早在红军刚刚建立时就初步形成了。1928年2月，毛泽东率领工农红军及农民武装包围了宁冈县城新城。袁文才和毛泽东一起指挥。进攻开始后，毛泽东令南门、北门部队加强佯攻火力，惊吓敌人，并突击攻打东门。袁文才眼见东门就要攻破，要求毛泽东下令全面冲锋，不使敌人逃跑。毛泽东笑着说，开门捉贼易，关门捉贼难，东门、南门、北门三座门都可以冲进去，就是西门不能动。在毛泽东的指挥下，工农红军从东、南、北三个门破城而入。城里的敌人发现西门枪声稀少，便一窝蜂地从西门冲了出去。敌人跑到西门外，才发现中了埋伏，刚要调转屁股往城里逃时，工农红军与成百上千的群众已经全部追到城外，堵住了他们的退路，形成了瓮中捉鳖的局面，不费多大力气就干净利落地全歼了敌人。

"四面包围"是毛泽东在孙子"围师必阙"谋略（三面包围、两面包围）基础上发展而来的又一重要谋略。"围师必阙"是孙子创立的著名谋略，已被古今军事家所认可，成为不易之论，它反映了古代朴素的辩证法——“围”与“阙”的对立的统一。孙子看到有“围”一定要有“阙”，既对立，又统一；如果“围师不阙”，置敌于死地，敌人困兽犹斗，拼死抵抗，会给自己军队造成重大伤亡，甚至造成自己失败。如果“围师有阙”，敌人会失去斗志，争相从阙口逃生，自己不仅可以击溃敌人一部，而且可以歼灭敌一部，自己也可以减少伤亡。随着社会发展和战争发展，“围师必阙”的谋略被“围师不阙”（四面包围）谋略所代替。清朝后期，清将曾国藩率领湘军（清军）在安庆战役、天京战役中，主要运用的谋略就是“围师不阙”（四面包围），杀死全部俘虏，不留活口。这种“围师不阙”（四面包围）的谋略，十足地反映了形而上学思想。曾国藩运用这一谋略取得了胜利，但有明显的缺点：一是给湘军造成重大伤亡；二是旷日持久，如安庆之战长达一年以上；三是俘获较少，不利于用以补充自己。

毛泽东的“四面包围”谋略，表面上看与曾国藩的“四面包围”谋略同属于形而上学，但实际上有本质的差别。毛泽东的“四面包围”谋略，既主张四面包围，又主张优待俘虏，只要敌人起义、反正、投降，就一个也不杀，处处给敌人开着生路——实际上是四面包围又四面开阙，是更高级的“围师必阙”。我们可以进行比较：

孙子的“围师必阙”的谋略，一可以速决；二可以歼灭敌一部，击溃敌另一部，但难以全歼；三可以减少自己的伤亡；四可以通过俘获的人或物少量地补充和壮大自己。

曾国藩的“围师不阙”（四面包围）的谋略，一是不能速决；二是可以全歼；三是自己伤亡惨重；四是难以通过俘获的人或物补充和壮大自己。

毛泽东的“面面包围”（四面开阙）谋略：一是可以速决；二可以全歼；三可以减少自己伤亡；四可以通过俘获的人或物大量地补充或壮大自己。

尽管曾国藩与孙子、毛泽东无论在政治上还是在谋略上都不可以相提并论，但我们可以从中看出人类进攻战谋略的发展轨迹。

孙子—曾国藩—毛泽东

朴素辩证法—形而上学—唯物辩证法

围师必阙—围师不阙（四面包围）—四面包围（四面开阙）

肯定—否定—再肯定（否定之否定）

这个谋略发展轨迹与黑格尔的辩证法是暗合的。

毛泽东抛弃了孙子和曾国藩谋略的缺点，吸取了他们的优点，创立了自己崭新的谋略，既为马克思主义军事谋略武库增添了新的武器，也为人类军事谋略武库增添了新的内容。

七、化零为整，化整为零，时分时合，视情而定

毛泽东说：“灵活地使用兵力这件事，是战争指挥的中心任务，也是最不容易做好的。”“做这件事需要极大的主观能力，需要克服战争特性中的纷乱、黑暗和不确定性来，方能实现指挥上的灵活性。”（《毛泽东选集》，第 461 页。）并指出，灵活使用兵力有三个方法：集中、分散和变换。

“化零为整”是集中兵力的谋略。“多半是在敌人进攻之时为了消灭敌人而采取的，也有在敌人取守势时，为了消灭某些驻止之敌

而采取的。”（《毛泽东选集》，第 382 页。）其好处是，集中兵力，以多打少，既能全歼，又能速决。全歼，在敌则士气沮丧，在我则士气高涨；速决，则使人民军队有可能各个歼灭敌军的增援队，也有可能避开敌军的增援队。此其一。其二，用力省而成功多，每战必胜，较有把握。其三，能取给于敌，以敌人的大量武器装备和人员补充自己。毛泽东曾这样评价诸葛亮的用兵之误：“其始误于隆中对，千里之遥而二分兵力。其终则关羽、刘备、诸葛亮三分兵力，安得不败。”（《毛泽东读文史古籍批注集》，第 106 页。）他很欣赏李世民的用兵才能，认为在集中兵力打歼灭战上，“自古能军无出李世民之右者，其次则朱元璋耳”。（《毛泽东读文史古籍批注集》，第 65～66 页。）

唐太宗李世民关于集中兵力的规模，根据敌我双方武器装备、火力和机动等情况而定，不同的时期、不同的敌人要求不同。土地革命战争时期，红军的敌人战斗力较强，“集中兵力以击小于我或等于我或稍大于我之敌，则往往胜利”。（《毛泽东军事文集》第 1 卷，第 31 页。）抗日战争时期，一般要两倍、三倍或者四倍于敌。粟裕说：“现在我们要消灭敌人一个中队，需用一个团的兵力。”解放战争时期，我军更加强调集中兵力的倍数。1945 年 10 月，刘少奇同志在一份电报里指示全党全军遵守毛泽东以多胜少的军事原则，提出必须以超过国民党军五六倍的兵力与之作战。1946 年毛泽东明确提出集中兵力的倍数：“蒋军经过整编，其战斗力一般加强，我军对其作战时，其比例为三对一或四对一，否则不易解决战斗。”在东北作战时，林彪要求“一个师应找一个营左右的兵力打，一个纵队应找一个团的兵力打，应两三个纵队对付敌一个师”。东北野战军一下江南，打其塔木1个营，竟用了4个师。为此，林彪总结："运动战中我与敌是四比一，攻坚战中整个来说是五比一，或六比一。"抗美援朝战争中，敌我双方武器装备差距很大，集中兵力打大规模歼灭战难以奏效，毛泽东提出"只实行战术的小包围"，"零敲牛皮糖"。

"化整为零"就是分散使用兵力的谋略。"化整为零"有两种情况，在平时，"化整为零"就是"分兵以发动群众"；在战时，大体上是依下述情况实施的：（一）因敌取守势，暂时无集中打仗可能，采取对敌实行宽大正面威胁时；（二）在敌兵力薄弱地，进行普遍的骚扰和破坏；（三）无法打破敌之围攻，为着减小目标脱离敌人时；（四）地形或给养受限制时；（五）在广大地区内进行民众运动时。（《毛泽东选集》，第382页。）他同时还强调，不论何种情况，当分散行动时都要保持较大一部分兵力于适当的机动地区，不要绝对地平均分散，一则便于应付可能事变，一则使分散执行的任务有一个重心；同时要给各分散的部队以明确的任务、行动的地区、行动的时间、集合的地点、联络的方法等。

"变换"就是时分时合，转移兵力。为避开敌人的进攻，保存军力，待机破敌，就要把部队开到他处；或者为了进攻他处的敌人，也要把部队开到他处，这都要运用"变换"之法。转移兵力的原则是秘密迅速，"经常要采取巧妙的方法，去欺骗、引诱和迷惑敌人，例如声东击西、忽南忽北、即打即离、夜间行动等。"

毛泽东的这一谋略是非常高明的。1938年抗日战争全面打响后，毛泽东采取这一谋略指导山西的敌后抗战。到了这年年底，八路军、新四军同日军交战1600多次，共歼敌5.4万多人。更重要的是，弱小的人民军队得到了空前的大发展，八路军发展到15.6万人，新四军发展到2.5万人，到抗日战争结束时，我军的力量已经发展到150万之众。弱小的我军不但没有被敌人消灭，反而越打越强，越打越壮大。

八、围城打援，攻城打援，攻城阻援，相机而行

围城打援、攻城打援、攻城阻援，也是毛泽东等老一辈无产阶级革命家常用的谋略。

围城（点）打援，是以次要兵力包围敌人必然增援的城市或要点，诱敌来援，集中兵力歼灭援敌于运动之中。围城打援的目的不在围城而在打援，所以用次要兵力围城，围城是假，却假戏真唱。把敌人打急了，敌人自然要呼救援军，我再集中优势兵力，选择优良阵地于敌人援军必经之路侧，乘敌运动到我阵地时，突然将其包围全歼。

围城（点）打援的主要目的不是夺取敌人的城市或地方，而是歼灭敌人有生力量。经过多次消灭敌人的有生力量之后，敌人的城市和地方就易夺取了。

在我军弱小、敌军强大时期，围城（点）打援是一种较好的进攻谋略。1948年2月24日，西北野战军包围了宜川城，至27日已突破敌外围防御，将敌压迫于城内。胡宗南得知宜川被围后，一面令宜川守军坚守待援外，一面急令整编第二十九军军长刘戡率整编第二十七师、整编第九十师，于2月26日由洛川、黄陵地区出发，沿洛（川）宜（川）公路经瓦子街轻装驰援，于29日进至瓦子街以西地区。料定敌人的企图后，西北野战军除以第三纵队和第六纵队

各一个旅的兵力继续攻打宜川、诱使援敌就范外，还集中主力 9 个旅在瓦子街以东设伏待敌，其他各纵队也隐蔽向敌接近。29 日黄昏，我军在瓦子街完成了对驰援之敌的拦截和包围。3 月 1 日上午，“打援”战正式开始，第一纵队沿公路及其两侧由西向东，第二纵队由南向北，第六纵队（欠新编第四旅第十六团和教导旅第一团）由东南向西北，第三纵队之独立第五旅由东北向西南，第四纵队（欠骑兵第六师）由北向南，四面围攻敌人。在西北野战军猛烈攻击下，至 16 时，敌公路两侧阵地均已失守，敌全部被压缩于沟内，乱作一团，各自逃生。至 17 时，援敌全部被歼，无一漏网。“打援”任务胜利结束，后在我军持续打击下，宜川守敌全部被歼。

攻城打援，是以一部攻取敌人的城市和据点，以另一部歼灭援敌之全部或一部的谋略；打援攻城则是以一部首先包围敌人的城市和据点，吸敌来援，以另一部消灭援敌，然后再攻取敌人的城市或据点。二者没有本质的区别。济南战役是运用“攻城打援”谋略的范例。

1948 年 9 月，国民党军被迫采取重点防御后，以第二绥靖区部队 11 万人守备战略要地济南，并准备以徐州地区主力 17 万人随时北援。华东野战军代理司令员、代理政治委员粟裕，遵照中央军委的指示，采取“攻城打援”谋略发起济南战役。由山东兵团司令员许世友、政治委员（华东野战军副政治委员）谭震林指挥 6 个半纵队和地方武装共 14 万人为攻城兵团，担负攻城；由野战军指挥 8 个半纵队（内中原野战军 1 个纵队）和地方武装共 18 万人，部署在滕县（今滕州）、邹县（今邹城）、金乡、巨野地区，担负阻援。9 月 16 日，攻城兵团分别由东西两面对济南发起攻击，至 18 日攻克外围要点多处，并以炮火封锁了飞机场，19 日晚，国民党军整编第九十六军军长吴化文在华东野战军的军事压力和政治争取下，率 2 万余人起义，攻城兵团乘胜攻击，突破内外两道城垣攻入内城，激战至 24 日，全歼守军，俘第二绥靖区司令官王耀武。徐州地区的国民党军在华东野战军阻援兵团严密监视下，未敢北援。

攻城阻援，则是指集中优势兵力攻取敌人的城市或据点，而以次要兵力阻击敌之援军，以保障我攻击城市或据点获胜的谋略。目的不在打援，而在攻克城市或据点。著名的塔山阻击战就是“阻援”的范例。1948 年 10 月 9 日，东北野战军主力向辽宁锦州发起攻击后，国民党军急调华北第六十二军、第九十二军 1 个师和独立第九十五师会同锦西、葫芦岛第五十四军和暂编第六十二师向锦州驰援。10 日，开始向东北野战军塔山（今属葫芦岛）一线阻援阵地猛攻。东北野战军第四、第十一纵队等部，左凭渤海、右依虹螺岘高地，顽强阻击，经连续 6 昼夜奋战，打退了国民党援军 3 到 5 个师每日 3 次以上的轮番攻击，共歼敌 7700 余人，阻援部队虽付出了较大伤亡，但顽强地守住了阵地，保障了主力兵团攻城任务的完成。

围城打援、攻城打援和攻城阻援，相辅相成，毛泽东等老一辈无产阶级革命家将四者巧妙地配合运用，使敌防不胜防，吃了不少苦头。

九、战略持久，战役速决，内线防御，外线进攻

在战争的谋划指导上，毛泽东运用马克思辩证唯物主义的方法论，在战略、战役各个层次上对持久与速决、进攻与防御、内线与

外线等都有独到的谋略建树。

比如，中外历代兵家都主张“兵贵胜，不贵久”，主张“速战速决”，而毛泽东则反行其道，提出了“持久战”理论；他虽以“持久战”而著称，但又主张战役战术的速决，提出“战略的持久和战役的速决战”。战略持久战的例子不须多说，毛泽东亲自部署的战役速决战就有很多，平津战役的前期部署就是一例。

平津战役前，蒋介石要傅作义军队撤往江南，傅作义则认为，如听从蒋介石的指挥，撤往江南，迟早必被蒋介石所吞并，因而十分迟疑。傅作义还认为，辽沈战役刚刚结束，东北野战军不可能立即入关，起码需要休整三个月到半年左右才能入关作战，他想利用这个时间，借美国提供的武器，扩充50万兵力，以加强平津防务。他自信是能够守住平津的，或退一步说，即使到无法坚守平津时，再撤往绥远“老家”也为时不迟。但是，他犯的最大的错误，就是他忽视了对手是毛泽东。

平津战役能否得手，关键在于能否稳住和网住傅作义集团这只“惊弓之鸟”。稳住它的关键在于行动的隐蔽，网住它的关键在于行动的神速。为达到就地歼灭傅作义集团不使逃窜的目的，毛泽东代表中央军委于11月18日电告林、罗、刘：“望你们立即令各纵以一二天时间完成出发准备，于二十一日或二十二日全军或至少八个纵队取捷径以最快速度行进，突然包围唐山、塘沽、天津三处敌人，不使逃跑，并争取使中央军不战投降。”（《毛泽东军事文集》第5卷，第239页。）针对林彪拖延入关时间，毛泽东批评说，你们是早点入关，抓住敌人，把敌人歼灭在平津地区呢，还是等平津的敌人跑了，你们再去追击，追到很远的地方去歼灭他呢？他要求东北、华北两个野战军必须迅速地完成对平、津、塘、张之敌的分割包围，使敌人既不能西窜，也不能南逃。为完成好这一任务，他又电告东北野战军："部队行动须十分隐蔽，蒋、傅对我军积极性总是估计不足的，他们尚未料到你们主力会马上入关……请东北局及林罗谭令新华社及东北各广播电台在今后两星期内，多发沈阳、新民、营口、锦州各地我主力部队庆功祝捷练兵开会的消息，以迷惑敌人。"（《毛泽东军事文集》，第254页。）同时，要求部队在12月25日以前，不惜疲劳，不怕减员，不怕受冻受饥，在完成上列部署后，再行休整。东北野战军主力遵照毛泽东的指示，提早入关，完全打破了傅作义坚守平津、扩充兵力、加强防务的如意算盘，蒋、傅两系军队完全处于被分割包围的局面，成了一条动弹不得的死蛇，平津战局骤然间落入毛泽东的指掌之中。

在内线与外线的攻防问题上，毛泽东也有自己的谋略思考，面对敌人的进攻，他主张避敌锋芒，诱敌深入，让开大路，占领两厢，瞅准时机，跳出包围，迂回敌后，灵活出击，力求使战场态势敌中有我、我中有敌，广泛实施"外线的速决的进攻战"和"内线的持久的防御战"，有效地改变了战场上敌强我弱的态势。比如抗日战争时期，针对敌人的"扫荡"，我敌后军团采取"翻边战术"，在敌人的"扫荡"一开始，我军即进行反"扫荡"，除留一部分兵力配合地方武装在内线坚持斗争外，领导机关率主力部队及时跳出敌人的包围圈，转到我之外线去，袭击敌人防守薄弱的据点和交通线，迫使敌人退出根据地向敌占区回援。当敌人回援时，再抓住敌人薄弱的一路，内外线协同配合，给敌以歼灭性的打击，给敌人制造了很大的麻烦，敌人想打又打不着，躲还躲不掉，这样就迫使敌人回撤部分兵力或收缩战线，较好地策应了我军内线作战和国民党军队在正面战场的作战。

十、避实击虚，避虚击实，先弱后强，先强后弱

“虚实”是古代军事术语中的一对重要概念，指弱小与强大、被动与主动、无备与有备、怯懦与勇敢、饥饿与饱逸、惰归与锐气等。一言以蔽之，不利的方面是“虚”，有利的方面是“实”。

面对敌强我弱的不利形势，选择何种手段打击敌人？孙子在两千多年以前就提出了“避实击虚”谋略。我军在战略防御时期和战略进攻前期，基本上也是运用“避实击虚”谋略，例如“拣弱的打”、“避敌主力，攻其虚弱”、“先打弱敌，后打强敌”、“先打分散、孤立之敌，后打集中强大之敌”等，都体现了“避实击虚”的特点。长征期间，红军刚到扎西地区，蒋介石就调集人马四面八方向我扑来。毛泽东与中央军委决定避其锋芒，寻敌弱点，甩开敌人，寻机破敌。2月11日开始，红军挥戈东进，把进攻矛头指向敌人营垒中的薄弱处黔军王家烈部。18天中，红军发挥运动战的特长，忽东忽西，忽南忽北，以3万余人之众，摧枯拉朽，一路横扫1100余里，不仅使我军摆脱了险境，而且取得了歼敌两个师又八个团、缴获大批武器弹药和其他军用物资的伟大胜利，极大地鼓舞了红军的士气。

毛泽东的伟大之处，不仅在于巧妙运用孙子的避实击虚的谋略，还在于他灵活采用“避虚击实”谋略。解放战争后期，我军已成绝对优势，敌人已成绝对劣势。为了迅速歼灭敌人的主力，迅速解放全中国，毛泽东果断废止了“避实击虚”而采用“避虚击实”的谋

略，指挥我军以迅雷不及掩耳、闪电不及瞬目的速度，避开敌人的零星部队，首先包围敌人的主力部队而消灭之，然后再消灭敌人的零星部队；首先攻取大城市，然后再攻取中等城市、小城市和乡村，使我军以摧枯拉朽之势，迅速解放了大陆。

先打弱敌、后打强敌也是毛泽东在我军处于不利态势下采取的重要谋略。1931年初，蒋介石发动第二次“围剿”。4月1日，敌人20多万兵力分四路开始向中央根据地大举进攻。当时中央红军只有3万多人，在毛泽东的指挥下，红军采取了“集中兵力，先打弱敌，并在运动中各个歼灭敌人”的作战方针，以少数部队监视北面之敌，主力部队3万余人秘密退至龙冈、上固、东固地区集结。根据敌情报告，西边富田之敌第五路王金钰部所属各师刚从北方调来，地理不熟，水土不服，战斗力较弱，毛泽东决定先打该敌。5月16日至17日，红军待敌进至中洞、九寸岭地区时一举将敌第二十八师全歼，并将敌第四十七师的一个旅大部歼灭，接着向东横扫。5月19日，在白沙又歼灭了企图北逃的敌第四十三师大部和第四十七师一个旅的残部。5月22日，在中村歼灭了前来西援的第二十七师近一个旅。敌人第六路军各师见势不妙，纷纷逃窜，红军乘胜追击，于27日攻克广昌，打死敌第五师师长胡祖玉，敌第五十六师仓皇逃回建宁。这一仗，毛泽东运用“先弱后强”的谋略，达到了“乘瑕则神”。《管子·制分》曰：“攻坚则韧，乘瑕则神。攻坚则瑕者坚，乘瑕则坚者瑕。”意思是先啃硬骨头，则本来好打之敌也会变成难打之敌；先拣弱的打，则本来难打之敌也会变成好打之敌的效果。

避实击虚、先弱后强一般是力量处于劣势的情况下采用的；避虚击实、先强后弱一般是在力量占优的情况下采用的。“先弱后强”

与“先强后弱”指明了打击的顺序，“避实击虚”、“避虚击实”指明了打击的重点，四者构成了在不同情况下克敌制胜之策的完整体系。

十一、你打你的，我打我的，扬长击短，趋利避害

毛泽东用兵打仗的突出特点，是有什么条件打什么仗，有什么装备打什么仗，对什么敌人打什么仗，你打你的，我打我的，扬长避短，以长击短，有利则战，不利则避，打得赢就打，打不赢就走。

你打你的、我打我的，实际上讲的是主动权。美国记者安娜·路易斯·斯特朗曾经有趣地发现：周恩来的华尔兹舞是第一流的，刘少奇的舞步像数学一样准确，朱德的步伐像是长征，而毛泽东呢，他常常按自己的节奏跳舞。即使在跳舞时，毛泽东也是讲主动权的。当毛泽东的舞步转移到战场上时，敌人也总是跟着他的舞步旋转。

毛泽东说：打仗没有什么奥妙，就是两句话：“你打你的，我打我的。”你打我，就扑空；我打你，是歼灭战。“我打我的”又是两句话：“打得赢就打，打不赢就走。”打得赢不打，老是跑，是机会主义；打不赢，三十六计，走为上策。

1930年，红一方面军反“围剿”誓师大会上，毛泽东亲笔写了一副对联：“敌进我退敌驻我扰敌疲我打敌退我追游击战里操胜券；大步进退诱敌深入集中兵力各个击破运动战中歼敌人。”这副对联，既清楚明了地概括了红军作战原则，也生动形象地体现了毛泽东“致人而不致于人”的主动权思想。

保持主动地位就要善于扬长避短、趋利避害。无论战略指导还是战役战术指导，毛泽东都要周密地分析敌人之长处和短处、强点

和弱点，我方的优势和敌方的优势等诸因素，务必找出克敌制胜的战法来。他认为：“‘比宝’不是龙王向龙王比，而是乞丐向龙王比，未免滑稽。”（《毛泽东军事文集》第1卷，第758页。）在抗日战争的战略指导上，他充分认识日本帝国主义武器装备精良，训练有素等长处，分析其侵略战争在政治上不得人心的本质，以及军力、经济力都经不起长期消耗等弱点；认识到我们缺少组织，武器装备短缺等弱点，但实行的反侵略战争能够得到人民的支持，并有广大国土可以周旋等优势，提出了“持久战”的战略，使我方的长处得到充分发挥，敌方弱点得以充分暴露。

在战役战术指挥中，毛泽东同样注重扬长避短，以长击短。坚持你打你的阵地战，我打我的运动战；你打你的正规战，我打我的游击战；你打你的步步为营，我打我的诱敌深入；你打你的分进合击，我打我的各个击破；你打你的扫荡战、围剿战，我打我的地雷战、地道战、麻雀战，始终牢牢把握战场的主动权。同时，通过各种方法，扬己之长，补己之短，力求获利最大，受害最小。为了保存实力，待机破敌，毛泽东坚持避免不利决战，为达到既定的作战目的，不惜“先退一步”，待实力强大后再转入进攻，这样既可以大量歼敌，又可收复失地。始终做到打主动仗、主动地打仗，趋利必得，避害必安，用长打必胜，击短攻必克。

十二、诱敌深入，各个歼敌，歼敌为上，守土为下

面临强大敌人的进攻，我们的首要任务是保存实力，待机破敌。这就必须实行战略退却，躲开敌人的致命打击。在土地革命战争时

期这在四川叫“收紧阵地”，在江西叫“诱敌深入”。

主张“御敌于国门之外”者反对战略退却。理由是退却丧失土地，危害人民，打烂了坛坛罐罐，对外也产生了不良影响。然而事实证明，我军主力如不退让一步而被敌围歼，一切都无从谈起。外国某军事家曾说：“战略守势的作战，大都先避不利的决战，使之有利的情况始求作战。”说的也是这个道理。

诱敌深入首先要做好反“围剿”的准备。退却、征集新兵、筹划财粮、处理政治异己分子等都需要时间。其次是造势。退却的目的除了保存军力之外，就是要造成有利于我不利于敌的条件，以便我举行反攻。“诱敌深入”之后，就要“聚而歼之”。先退一步，目的在于“后发制人”。

第一次反“围剿”作战，我军执行“诱敌深入赤色区域，待其疲惫而歼灭”的方针，敌进我退，诱敌深入，待敌成为分散、孤立、弱小之敌后，一举将其全歼，连敌军师长张辉瓒也被活捉。余敌畏打，纷纷逃窜，第一次“围剿”宣告失败。

诱敌是为了歼敌，歼敌必须集中兵力。毛泽东认为：战略上要以弱胜强，战术上要以多胜少；战略上要以一当十，战术上要以十当一。他反对军事平均主义——两个拳头打人，六路分兵，全线抵御，全线出击，四面出击。主张一个拳头打人，并敌一向，千里杀将。在一个时期内，主要作战方向应有一个，而不应有两个或两个以上。但集中兵力也不是绝对的集中，作战方向也不是绝对只有一个，在兵力十分优势的条件下，也可以同时歼灭多个敌人。

在歼敌与守土问题上，毛泽东历来主张歼敌为上，守土为下。但对这个问题，干部战士的思想工作好做，老百姓的思想工作难做。

毛泽东就打比方说，“一个人背着满包裹的金银财宝，遇到了要抢他财宝的强盗，这个人该怎么办？如果他舍不得扔下包裹，他的手脚就不灵便，跟强盗打起来，就会打不赢，要是被强盗打死了，金银财宝也丢了。反过来，如果他把包裹一扔，轻装上阵，那就动作灵活，能使出全身武艺与强盗对拼，不但能把强盗打退，还可能把强盗打死，最后也保住了金银财宝”。（阎长林：《警卫毛泽东纪事》，第 31 页。）这就是“存人失地，人地皆存；存地失人，人地皆失”的道理。

存人失地，并不是主张轻易地放弃地方的逃跑主义，而是以坛坛罐罐来换取时间，以时间来改变力量对比和攻守态势。通过主动地后退一步，诱敌分开五指，孤军深入，待敌弱点充分暴露后，果断发动进攻，歼灭突出冒进、孤立分散之敌，不断改变战场态势，不断灵活转运兵力，不断寻找新的战机。毛泽东始终能科学地处理歼敌与守土的关系，在任何情况下都毫不动摇地把歼灭敌人有生力量作为主要目标，而不以保守城市和土地为主要目标，既要大量地歼灭敌人，又要有效地保存自己，主要通过大量地消灭敌人，更好地保存和壮大自己，更好地保护和扩大土地。

第七章　毛泽东军事谋略的现实价值

20 世纪 80 年代以来，随着高技术的不断发展及其在军事领域的广泛应用，战争面貌发生了革命性的变化。面对着新情况、新形势，有人产生了疑惑，认为在信息化条件下，毛泽东军事谋略已经过时了，在信息技术和信息化武器装备面前，毛泽东那一套指导中国革命战争的谋略思想和战略战术已经没有多大意义了。显然，这种观点是十分错误的。毛泽东军事谋略作为一种开放的、发展的军事谋略，其中所闪烁的真理光辉、所蕴含的大智谋大智慧，永远是谋划现实军事斗争准备、指导信息化战争的强大武器。

一、以毛泽东军事谋略为指导是我军“以劣胜优”的必然选择

毛泽东军事谋略是以毛泽东同志为代表的共产党人研究和指导中国革命战争高超智慧的结晶，它不仅具有重要的思想价值，而且符合我国我军的客观实际。坚持以毛泽东军事谋略为指导，是信息化条件下我军以劣胜优的必然要求。

（一）主客符合的智慧结晶

同过去相比，当今我国的国情和军情发生了巨大的变化。表现

为：第一，我国已是一个独立的主权国家，已建立起强大的国防。特别是改革开放以来，我国经济建设飞速发展，综合国力不断提升，强大的经济基础为国防和军队现代化建设提供了强有力的物力支持，使我军国防和军队现代化建设取得了长足进步，武器装备不断更新，军队建设水平不断提高，与敌打堂堂之阵的物质基础有了质的飞跃。第二，我军的任务已由夺取政权转变为维护国家主权和领土完整、维护国家和人民的根本利益、为国家经济建设保驾护航。这些情况与过去相比，都是完全不同的。但是从根本上讲，我们未来长期所面临的仍然是反侵略的正义战争，仍然要以人民军队为骨干，仍将主要在中国这个具体环境下进行作战，仍将面对强大的敌人。因此，毛泽东以弱胜强的谋略指导仍然具有重要指导作用。加之我们始终奉行睦邻友好的外交政策、积极防御的战略方针，因此，即使将来军队强大了，我们也不可能去侵略别的国家，不会去搞霸权主义。因此，毛泽东谋划指导国内革命战争、抗日战争、解放战争和建国后的多次防卫作战的奇谋妙计，以人民战争为核心的诸多战略战术原理和战法，在未来很长的一段时间内仍将具有不朽的生命力。

今天，世界新军事变革浪潮扑面而来，我军为适应这一形势需要，正在积极推进具有中国特色的新军事变革。但这种变革不是对毛泽东等老一辈无产阶级革命家所创立的军事谋略思想的彻底抛弃，不是对过去所有行之有效的战略战术的全盘否定。而是要对这些思想进行与时俱进的创新发展，将其推向一个崭新的阶段。善于吸收毛泽东军事谋略中的思想营养，不仅不会影响和减缓中国特色新军事变革，相反，只有坚定地、科学地、辩证地汲取其思想精华，才能加速中国特色新军事变革的步伐，才能使国防和军队建设坚持正确的发展方向，才能更有把握打赢未来的信息化战争。

（二）以劣胜优的常胜法宝

过去同敌人交手，我们都处于弱势，常常是以手榴弹对敌人的原子弹、以小米加步枪对敌人的飞机大炮、以两条泥腿子对敌人的四个车轮子。现在我们的情况有了很大的改善，但在我们加速推进军队现代化的进程中，强敌也在加大军队的改革。因此在当前和未来很长一段时间内，敌强我弱、敌优我劣的基本态势不会得到根本的改变。在长期革命实践中形成的毛泽东军事谋略，仍将是我军的必然选择。

不可否认的是，随着时代的发展，我军过去革命战争中一些行之有效的具体战法今天可能不适用了。就是毛泽东本人也反对套用前一场战争的经验指导下一场战争。但这些谋略和战法中所蕴含的方法论原理、所揭示的战争指导的基本规律是不会过时的，这些原理和规律仍将具有跨时空的、普遍的、相对稳定的指导价值。而且以毛泽东为代表的老一辈无产阶级革命家敢于并善于同强敌交手的雄伟胆略和实战经验，也为我军在信息化条件下勇挫强敌提供了有力的信心勇气和智力支持。

实际上，以毛泽东军事谋略为指导或借鉴，已经成为世界许多国家特别是第三世界国家的自觉选择。越南人民军总司令武元甲指出：毛泽东一系列军事谋略思想“对于我们党领导这场抗战（抗法战争）有着重大贡献。自 1950 年以来，在中国革命胜利后，我国军民更有条件学习中国人民解放军的宝贵经验，学习毛泽东军事思想，并创造性地运用到我国武装斗争的实践中去”。时至今日，在莫桑比克、津巴布韦、安哥拉等许多国家，他们对于毛泽东等老一辈革命家创立的军事谋略思想仍然非常崇拜。在这些国家，人们曾经运用这一思想武器取得了民族的独立和解放。英国迈克尔·麦略特·巴特曼指出："在印度支那，毛泽东的军事学说使越南找到了另外的对策，代替了他们所没有的坦克、飞机、伞兵和凝固汽油弹。"（［英］迈克尔·麦略特·巴特曼著：《东方的失败》。）

美国国防部前助理部长戴维逊曾这样评价毛泽东：他是"一位伟大的战略家。在本世纪20年代和30年代初期，他在一系列辉煌的游击作战中，把蒋介石及其国民党政府弄得苦恼不堪。10年后，他以游击战和运动战相结合，在中国打败了日本人。40年代后期，他在一系列得心应手的运动战中征服了中国。最后，他的部队在朝鲜阵地战中顶住了美国，哪个领袖能够像他这样在这么多的不同类型的冲突之中长期立于不败之地？"（《外国军事学术》，1983年第22期增刊。）作为老一辈革命先驱的接班人，我们更有理由去继承他们留下的优秀思想财富，更好地将其发扬光大。

（三）勇挫强敌的坚强保障

当前，之所以有些人对毛泽东军事谋略特别是对人民战争思想（"用众"谋略）心存疑惑，不是没有一点根据和道理的。这是因为，信息化战争的作战目的、规模和区域有限，速战速决成为实施攻击一方的重要目标，快速动员各种作战力量，形成和发挥人民战争的整体威力十分困难；信息化条件下战场空间空前扩大，交战已扩展到海洋、空中、太空等领域，传统的人民战争只是利用陆地来进行，在广阔的交战空间里，人民群众插不上手、使不上力；信息化战争主要表现为精兵利器的对抗，人民群众对信息化战争的了解很少，难以直接支援战争，等等。可见，毛泽东军事谋略在信息化条件下的确面临着一系列新情况、新问题、新挑战，如果简单地套用毛泽东军事谋略中的只言片语就想打赢一场战争，是不现实的，毕竟毛泽东军事谋略不是可资套用的现成答案，不是包治百病的灵丹灵药。但只要稍作分析就不难看出，人民战争不仅现在没有过时，就是在可以预见的未来，它仍然不会过时。

首先，在信息化条件下坚持毛泽东军事谋略为指导，具有更加坚实的物质基础。从人民战争的物质基础上看，敌强我弱的态势不是现代的信息化战争才出现的，过去革命战争的环境和态势比现在更困难、更恶劣。毛泽东在《抗日时期的经济问题和财政问题》一文中，对当时的困难局面有过描述："五年以来，我们经过了几个阶段。最大的两次困难是在 1940 年和 1941 年，国民党的两次反共摩擦，都在这一时期。我们曾经弄到几乎没有衣穿，没有油吃，没有纸，没有菜，战士没有鞋袜，工作人员在冬天没有被盖。国民党用停发经费和经济封锁来对待我们，企图把我们困死。"在那种艰难的情况下，我军依靠人民，最终渡过了困难。目前，我军虽然在武器装备上与强敌相比还有一定的差距，但总的说来，敌人有的，我们也基本都有了，而且在高技术领域还占有一席之地，加上有人民群众的大力支持，我们完全有能力同敌人打一场信息化条件下的人民战争。

其次，在信息化条件下，人民支援战争的潜力比过去更加强大。过去的年代里，人民群众支援战争只能靠人力、粮食等，支援能力十分有限。随着我国综合国力的不断提高，人民群众不仅可以提供人力、物力的大力支援，还可以提供财力、科技力、精神力等在内的强大支援，足以使我军更有理由进行人民战争。

第三，信息化条件下，人民支持战争的态度比过去更加明确。在革命战争年代，人民群众总体上是积极支援战争的，但由于国民党的高压统治和反动宣传，使有些群众对我党我军的政策还不是十分了解，有些群众对革命战争抱着观望甚至悲观的态度。当前，我军所进行的维护祖国统一、抵抗外来侵略的正义战争一直都为人民群众所坚决支持和拥护。我们有理由相信，未来战争的群众基础一定会更加厚实。

第四，信息化条件下，人民支援战争的手段比过去更加多样。信息化条件下，人民群众支援战争不仅可以通过提供人才、物力、财力的方式，还可以通过提供技术支援的方式。特别是在网络化程度不断提高的今天，人民群众还可以在网络这一无形空间上为战争提供强大支援。据悉，到 2005 年 10 月，中国网民已经突破 1 亿，专业技术人员已突破 100 万人，这个数字正在进一步扩大。面对强敌的侵略或干涉，人民群众不仅可以在有形的战场上直接提供支援，还可以在无形空间里广泛开展信息战、心理战、舆论战、计算机病毒战、网络战，为有形战场提供了强大支援。

关于人民战争问题，徐向前元帅在抗日战争胜利 40 周年前夕接受《中国日报》记者采访时指出："当前，国内外有人认为中国将逐步放弃传统的人民战争的战略思想，这种看法是完全错误的。人民战争是人民革命斗争的最高形式，是有很强的生命力的战争形式。过去我们用大刀、长矛、小米加步枪，坚持打人民战争。现在我们有了飞机、坦克、导弹和核武器，同样还要打人民战争。我们应看到，尽管未来战争与以往战争相比，在武器和规模上发生了巨大变化，但我们人民军队的性质和我们所进行的战争的反侵略的性质都没有改变，我们仍然是依靠人民群众进行反对帝国主义、霸权主义并得到世界人民支持和同情的人民战争，战争的基本规律也没有改变。我们在几十年革命实践中总结出来的、反映人民战争客观规律的战略战术思想的基本原则，仍然是制服敌人的法宝。”邓小平同志则更掷地有声地说：“只要我们坚持人民战争，敌人就是现在来，我们以现有的武器也能打，最后也可以打胜。”（《邓小平论国防和军队建设》，第 32 页。）

二、以毛泽东军事谋略为指导，重在掌握其方法论精髓

信息化条件下，战争情况与以往相比发生了巨大变化，战争理论、战争形态、战争手段都得到了长足的发展。但毛泽东军事谋略所蕴含的谋划战争的方法论原理并没有过时，特别是一切从实际出发研究和指导战争、充分发挥人的主观能动性去争取胜利、着眼战争的特点规律谋划战争等方法论原理，依然是我们研究和指导未来信息化战争有力的思想武器。

（一）一切从实际出发筹划谋略

毛泽东军事谋略的最大特点，是一切从实际出发，力求主观指导符合客观实际，实事求是地指导战争。在长期的革命战争中，我军一直面对强大的敌人，其武器装备和作战能力都要强于我军，因此，我军谋略筹划和运用的立足点始终是以劣胜优。而实现以劣胜优的关键，就是要从战争的实际情况出发研究和指导战争。教条主

义者指导战争，照搬照套外国的战争指导经验，搞城市武装起义，搞总决战，搞阵地战，几乎葬送了中国革命；主观主义者指导战争，则不考虑自己部队的情况，不考虑敌人的情况，单凭主观愿望和一时冲动，也对革命造成了巨大损害。毛泽东认识到在敌我双方施计用谋的对抗中，只有从实际出发，使主观指导和客观实际相符合，先谋自保，确保生存，才能谈得上主动和胜利，因而其谋略运筹始终都是从客观存在的实际情况出发，努力做到主观和客观的统一。在现实和未来军事斗争准备中，如果我们不注重研究国际国内形势，不注重研究对手和研究自己，那么我们对军事斗争实践的指导，就不可能是符合客观实际的指导，就可能招致未来战争中的重大失败。

使主观指导符合客观实际，就要熟知敌我情况。就是要在熟练掌握敌我双方的基本情况下筹划谋略。战争所要面对的情况，不是战争某一方的，而是战争双方的；不是战争某一方面的情况，而是战争双方各个方面的情况。不同级别的指挥员掌握情况的范围不同，但都要将自己所应掌握的情况特别是对于敌情要做到成竹在胸，这样运用谋略才能得心应手。否则就会像刘帅所说：五行（敌情、我情、天候、地形、任务）不定，输得干干净净。目前，一些外军研究机构已经将敌对方指挥员的基本情况尤其是指挥员的任职经历和性格特点输入到数据库中，供己方指挥员临时查阅，以利于其指挥员在需要的时候更有针对性地采取对策。可见，提高指挥员打赢未来信息化战争的能力，必须从平时的点滴积累做起，从熟悉对手开始。只有提前准备，未雨绸缪，方能在未来战场上从容应对，百战不殆。

使主观指导符合客观实际，就要加强学习。毛泽东指出：“做一个高级指挥员，不是初出茅庐或仅仅善于在纸上谈兵的所能办得到的，必须在战争的实践中才能做到。”（《毛泽东选集》第1卷，第182页。）在相对和平年代，就要善于从以往的大量的战例中，从当前正在进行的战争中，从新兴的战争理论中，从计算机模拟系统提供的虚拟现实环境中学习战争、研究谋略，在学习、研究、推演、实践中不断提高用谋水平。对于现代指挥员，设计好知识结构尤其重要。信息时代的指挥员与其他时代指挥员相比，最大的不同是在知识的广度和深度要求更高。因此有人认为，现代军事指挥员要建立“干”字形知识结构。“干”的第一道“一”是基础知识，主要包括哲学、政治、经济、社会发展、科学技术和文化基础知识等；第二道“一”是辅助知识，主要包括战争史、军事思想史、军事技术史、军事地形学、军事气象学、军事仿生学、军兵种知识、心理学、系统论等；“干”的“丨”是专业知识，主要包括马克思主义军事理论、军事谋略学、战略学、战役学、战术学，军队领导学、军队指挥学、军事运筹学、国防经济学、军事心理学、军事决策学等。也有人认为，谋略活动主体应具备“T”形知识结构。在纵向知识积累上，应精通本专业、本领域的知识，精通历史，具有内行的管理和决断能力。在横向知识积累上，应了解邻近区域的发展动态，努力丰富政治学、经济学、法学、哲学、社会学、人文学、心理学、政策学、传播学、人工智能等方面的知识。我们认为，现代指挥员应该具备“米”字形或“井”字形的知识结构，这两种知识结构都是开放型的知识结构，这种知识结构以谋略学、战略学、军事思想等为核心，对哲学、政治、经济、科学技术和文化基础知识兼容并蓄，并广泛吸收军事历史学、军事地形学、军事气象学、军事仿生学、军兵种知识、心理学、系统论、战略学、战役学、战术学、技术学、指挥学、运筹学等知识而形成的科学完整的体系结构。对于未来指挥员，在开放型知识体系中，军事谋略、信息化战争理论、信息作战技术、军事地理、军事气象、社会学、国际法等显得十分重要，处于知识体系的核心，必须牢牢掌握。

一切从实际出发，目的在于使主观指导更加符合客观实际。了解了对手、丰富了知识还不够，掌握科学的思维方法十分重要。毛泽东在指导革命战争中，最得心应手的思维方法就是辩证思维。利与害、进与退、主与客、强与弱、速与久、刚与柔等看似单一的或者只为一方所有的事物，在毛泽东看来，就是中性的、敌我双方共有的，因而可以不被眼前的现象所迷惑，不被敌人的气势汹汹所吓倒，总能使自己的主观指导更加符合客观实际。在信息化条件下，由于战场情况更加复杂多变，因此思维方法的重要性更加突显。除了辩证思维方法外，传统的思维方法如经验思维、逻辑思维、直觉思维，现代的发散思维、求异思维、系统思维、超逻辑思维等思维方法，对于现代指挥员都是十分重要的，应当认真学习把握。

（二）着眼战争特点和规律筹划谋略

着眼战争自身的特点规律研究指导战争，是毛泽东的一贯主张和做法。高技术战争作为战争发展到一定阶段的产物，必然有其自身的特点和规律，必须把握其一般性和特殊性研究和指导战争。一要因“时”筹谋。就是要根据时代的特点和需要灵活地筹划谋略。“战争和战争指导规律都是发展的，各个历史阶段有各个历史阶段的特点，因而战争规律也各个特点，不能呆板地移用于不同的历史阶段。”（《毛泽东选集》第1卷，人民出版社1991年版，第173页。）土地革命战争前期我军主要采取的是游击战，后期主要采取正规战，抗日战争时期转变为游击战，解放战争时期变成正规战，抗美援朝战争时期又变成大兵团正规战。当前，信息化战争已登上战争舞台，着眼信息化战争的特点规律，批判吸收传统谋略的合理因素，借鉴其方法论精髓，在信息技术的辅助下生成实效管用的谋略，是打赢信息化战争的必然要求。二要因“地”筹谋。革命战争时代，作战的空间有限。毛泽东根据不同地形条件，谋划不同的战争指导方法，如山地游击战、平原游击战、阵地战、运动战、地道战、地雷战、麻雀战、蘑菇战等。在信息化条件下，作战空间拓展到了陆、海、空、天、电甚至网络、认知空间，要求谋略的运用要与时俱进，因“地”制宜，必须着眼海上、空中、外层空间、电磁空间乃至网络空间作战的不同特点，灵活地运用谋略。因为这些空间之间的联系正越来越紧密，一个空间的作战失利直接关系到另一空间的安危，而且相对于强敌来说，我们在这些空间上总体上还处于劣势，必须针对这些空间的作战特点，巧妙地运用谋略，才能抢占上风，赢得先机。三要因“敌”筹谋。针对不同的作战对象筹划不同的对策，是毛泽东谋划和指导战争的一贯做法，也是历史上一切杰出谋略家的基本经验。在信息化条件下，战争情况千变万变，但着眼敌人的特点用谋施计的基本制胜原理不会变。要加强可能作战对手民族特点、作战理论、武器装备、民族意志乃至可能面对的敌方指挥员的脾性、修养、用兵特点等方面的研究，以便因敌制宜，因敌施法。总之，战争的特点规律随着历史的发展而发展，战争指导规律也要与时俱进。我们决不能把过去战争中成功的一些具体谋略应用“移植”到高技术战争，更不能期望用千篇一律的模式来指导未来战争。那种不顾每一次战争的具体特点，不考虑不同的时间、空间、敌情乃至我情的差异，僵化教条地照搬照套过去的做法，必然要招致失败。

（三）充分发挥主观能动性筹划谋略

毛泽东指出：战争中的各种条件，还只是决定了战争胜负的可能性，要把胜利的可能性变为现实性，必须加上主观的努力，即发挥人的主观能动性。战争的胜利，就是以智驱力，用智慧把各种条件结合起来，能动地争取胜利的过程。我们的国情、军情和整个世界的发展情况，给我们提供了一个现实军事斗争的基本条件，但是军事斗争目标的实现是一个长期的过程，不是自发完成的，需要我们充分发挥主观能动性。主观能动性发挥得好，我们才能实现既定目标；主观能动性发挥得不好，我们就可能丧失自己的优势。

发挥主观能动性，要从两个方面来努力：第一，要利用当前的和平时期（或者叫战争准备时期）来大力加强军队信息化建设，提高施谋用计的物质基础。第二，要加强信息化条件下谋略运用研究，切实结合信息化战争的特点和技术发展的现状，认真设计运筹符合信息化战争特点的奇谋良策。

发挥主观能动性，还要克服两种错误倾向：一种是谋略万能倾向，认为只要有毛泽东军事谋略的指导，就必然能够攻无不克、战无不胜，把谋略的作用简单化、扩大化；另一种是技术万能倾向，似乎技术优越的一方必然就能够战胜技术较低的一方，“技不如人”的一方不可能战胜技术上占优势的一方。这两种倾向都是要不得的。

中国是“谋略之乡”，具有能谋善略的优良传统。在过去的革命战争年代，我军凭借出神入化的谋略指导，以小米加步枪一次次战胜了武装到牙齿的强大敌人，取得了革命战争的伟大胜利。在信息化条件下，我军仍然要发挥谋略优势来弥补武器装备方面的不足。但是应当看到，以信息技术为代表的高新技术对传统谋略的冲击和影响的确是巨大而深远的，高技术武器装备在信息化战争中的地位越来越重要。纵观近几场高技术战争，获胜者都是装备优良的一方，其中，固然有国家综合实力的因素，但是应当看到：技术装备优于人，战场主动权就多于人；技术装备不如人，谋略运用的条件就少于人。在技谋合一的今天，谁占有技术和装备的优势，谁将同时占有谋略运用的优势。因为技术的优势已经使谋略运用的手段更多样、方法更灵活、效果更显著。一味地局囿于传统经验，满足于以巧制敌，虽可取得一定效果，但在面对“非接触”、高精度打击之敌时，就可能出现“看不见”、“够不着”、“打不准”、“吃不掉”等问题。况且，我军已经许多年没有经受战争的磨炼，各级指挥员的谋略水平是不是一定比对手高，这些都是需要我们客观审视的。

我们常以“谋略型”、“力量型”和“技术型”军队来形容中西方军队的差别，这容易给人以西方军队不重视谋略的误导。实际上，西方军队从来都是重视谋略的。菲力普、亚历山大、汉尼拔、拿破仑、麦克阿瑟等等西方名将，无一不是谋略运用的大师；2000 年前罗马军事理论家弗龙蒂努斯在他的《谋略》巨著中就记载了 580 多个以谋胜敌的生动战例；西方许多彪炳史册的战例，也几乎都是谋略胜敌的典范；甚至《旧约全书》中都有“你应该运用诡计进行战争”的告诫。可见，重视谋略、运用谋略在西方并不是个别现象。近年来，以美军为首的西方军队对军事谋略越来越重视，甚至把

《孙子兵法》等东方谋略经典列为官兵的必读教材。他们希望通过学习和借鉴东方的谋略精华，来实现东方谋略与西方高技术的“优势互补”，从而在“技”与“谋”上实现“双赢”。美军在近几场战争中，正是把高技术与谋略有机结合，从而以较小的代价、较短的时间取得了巨大的作战效益，这是值得我们深刻反思和认真学习的。

当前，我军面临的战略形势十分严峻，对手十分强大，要求我们必须以时不我待的精神加紧推进现实军事斗争准备。一方面，我们要以信息化战争的需求为牵引，大力发展高新技术及其武器装备，努力缩小与强敌在技术装备上的差距；另一方面，要着眼于信息化战争的特点与规律，结合手中的武器装备，依托首长机长演习、实兵演练和计算机模拟等平台，认真设计磨炼实效管用的谋略战法。通过谋略与技术的双向牵引、螺旋上升，实现技术与谋略在信息化战争层面上的有机结合和完美统一，使我军打赢信息化战争的能力实现质的飞跃。只有这样，才能使我军更好地履行党和人民交给的神圣使命，勇往直前，无往不胜。

(四) 创造性地运用传统谋略

毛泽东军事谋略思维的优秀品质，是活学活用，不断创新。他的谋略运筹始终做到根据不同的战争形势，确定不同的战略方针；按照不同的战场态势，选择不同的作战方式；针对不同的时间，不同的地点和不同的敌人，采用不同的战役战术手段，因敌制变，因地制变，因时制变，因情制变，真正做到把古人的战争理论用活，把外军的战争经验用活，把握常规，不循常法，临机处置，活用原则。这种灵活机动的谋略思维方法，对于我们在任何情况下战胜强敌、永立不败之地，都是每用必验的法宝。

着眼战争的特点和发展研究运用谋略，就必须紧密结合信息化战争的特点，着眼战争正在从机械化向信息化过渡这一现实，创造性地运用毛泽东军事谋略，不断提高谋略运用的实际效果。

一要敢于超越，赋“旧”以“新”。毛泽东指导战争的谋略思考始终做到自主、自立、自创、自用，借鉴古人又不拘泥于古人，研究外军又不套用外军；遵循了马克思主义军事学说的基本原理，但无照搬照抄的痕迹；熟练运用了大量古人的战争经验，但通篇都是全新的战略战术。他一切按新的战争情况进行新的思考，研究新的战法，总结新的经验，创造新的理论。这种科学的研究和指导战争的精神，大胆地创新战略战术的勇气，仍将是我们借以研究指导信息化战争的宝贵财富。

二要紧跟时代，以“新”驭“新”。就是要善于运用新的作战思想、新的军事理论来驾驭新兴的军事技术、新式的武器装备、新型的军兵种部队。当前，世界上正在经历一场新军事革命，这是一场以安全态势演变为动因、以高新技术发展为动力、以军事观念转变为牵引、以体制编制调整为中心、以机械化向信息化转型为核心的全方位、全领域、全系统的军事大改革。现代指挥员要想提高驾驭信息化战争的本领，就必须紧跟时代发展的脉搏，紧跟技术发展的前沿，紧贴信息化战争的特点规律，找准技术与谋略结合的切入点，认真地设计筹划信息化战争谋略。

近年来，许多专家呼吁“让技术插上谋略的翅膀”，“让谋略融入高科技的基因”，就体现了这一趋势和要求。在以“新”驭“新”的具体方法上，有的学者提出了“绝技制敌”、“虚拟掩真”、“屏幕示形”等措施，提出了“全维欺敌”、“综合制敌”、“全民扰敌”等手段，提出了“顺流推舟”、“施毒浊流”、“控时成事”等办法，提出了“思维导向”、“谋势慑心”、“信息显能”等举措。有的则提出要“善于利用新型探测与制导技术筹划‘体系瘫痪’谋略”，“充分借助新型伪装与隐身技术筹划‘示形欺敌’谋略”，“充分利用电子和网络攻防技术筹划‘批亢捣虚’谋略”，“充分借助智能决策技术和网络系统精确快速筹划谋略”等等。这些思想都是着眼信息化战争的特点和规律创造性运用传统谋略的结果，是对毛泽东军事谋略的创造性运用，很有启发意义，值得加以深入地研究。

三、以毛泽东军事谋略为指导，必须注重谋略与技术的有机统一

高技术的不断，发展的确给毛泽东军事谋略带来了前所未有的巨大挑战，但实际上，每一次技术革命的到来乃至每一项技术的背后，又都能找到谋略的影子。谋略是技术的“触发器”，决定着技术开发的方向；谋略是技术的“指挥仪”，决定着技术作用的方向和方式；谋略是技术显能的“催化剂”，决定技术威力的发挥程度。无论时代发展到什么程度，谋略的作用是不可置疑的。

在信息化条件下，要使毛泽东军事谋略更好地发挥作用，必须赋予它以新的时代内涵。

一方面，要清楚地看到谋略对技术的导向和决定作用。过去，诸如“声东击西”之类的谋略，主要是通过“人脑”的智谋较量或巧妙地调动兵力形成“战场迷雾”来达成，在信息化条件下，虽然传统手段难以达成预期效果，但人们把谋略思想“物化”成相关的

技术手段，往往也可以取得预期效果甚至可以达成更好的效果。海湾战争中，美军用电子战技术在伊军指挥系统的电子屏幕上造出了从科威特南部海岸登陆之“势”，迫使伊军将重兵集团调到科威特，而美军主力则绕道伊沙边境从伊拉克中部切入，出其不意地出现在伊军后方，成功地达成了“声东击西”。在这里，展示给人们的是技术的威力，而实际上，产生这种技术的根本因素还是人的谋略。没有高超的谋略思想作指导，人们就不会自觉地去发明或正确使用这种技术。高技术及其武器装备不过是人的谋略思想的物质产物和外在体现。在今天的信息化条件下，拥有世界上最先进技术的美军，反而更加重视丘牛大车时代产生的《孙子兵法》，并在对伊拉克的战争中作为官兵必读的书目就足以说明，作为人类思想文化的精髓，其方法论价值不会因时间的推移而失色，其中蕴含的制胜机理仍然具有不朽的生命力。只要善于根据现时现地的实际情况加以灵活地辩证地运用，就依然能够发挥巨大的作用。

另一方面，技术的发展对传统谋略的运用具有巨大的推动作用。谋略与技术是战争制胜要素的两个重要方面，二者是相互矛盾又相互促进的有机整体。特别是伴随着人工智能技术的发展，使得过去一些难以想象的谋略都有实现的可能，而且其效果十分显著。比如，巡航导航、精确制导炸弹的出现，可在千里之外、九天之上“直取上将首级”，轻而易举地达成“擒贼擒王”；侦察卫星、侦察飞机的升空，可在广袤的空间将战场情形尽收眼底，有效地实现“知己知彼”；电子、网络侦察等技术可在无形的空间里将对方的绝密资料尽收囊中，巧妙达成“明察秋毫”；智能武器可对敌方重型装备的薄弱部位实施攻击，自动实现“避实击虚”；新材料技术的出现使示形的手段更加出神入化，更好地实现“瞒天过海”；电子干扰、网络攻击等技术的发展，可使对方指挥系统瞬间变成“聋子”、“瞎子”甚至“呆子”等等。这些都说明，技术的发展，使谋略的作用得到了更充分的发挥，谋略的制胜价值得到了更好的体现。同样，谋略对抗的活动，又迫使技术向更新、更高、更深的层次不断发展。有理由相信，有了毛泽东军事谋略的指导，技术的效能将会得到更充分的发挥，各种信息技术和信息化武器装备将会如虎添翼。

不难看出，时代的发展、技术的进步，并没有改变谋略的内在属性和制胜价值，改变的只是谋略的作用方式、谋略的作用范围和它的表现形式，其运用的基本原理没有变，运行的基本机制没有变，制胜价值没有变。正如毛泽东所指出：“战争就是两军指挥员以军力财力等项物质基础作地盘，互争优势和主动的主观能力的竞赛。竞赛结果，有胜有败，除了客观物质条件的比较外，胜者必由于主观指挥的正确，败者必由于主观指挥的错误。”毛泽东所说的主观能力的竞赛，指挥的正确与错误，主要就是指战争中的军事谋略的作用。科学的、高明的军事谋略是战争胜利的重要因素，谋略失误则必定导致战争的失败，这就是军事谋略的本质。

战争首先在争谋，打仗首先在打将。伊拉克战争是一场典型的高技术战争，但从一定意义上说，也是一场“高智谋”的战争。美军虽然在高技术武器装备方面占有绝对优势，但美军依然大量运用了宣传战、心理战、外交战、经济战、情报战；大量运用了避实就虚、隐真示假、利而诱之、亲而离之；大量运用了政治攻势与军事攻势相结合、文化渗透与作战行动相结合、金钱收买与威逼利诱相结合等等，最终以较小的代价、在较短的时间内获得了较大的作战效益。同样，作为劣势的伊拉克方面，由于零星地运用了一些谋略，所以也起到了一定的效果。但由于萨达姆政权长期的专制统治，对外交恶周边邻国，对内失去军心民心，使得一些本该大放异彩的军事谋略都失去了应有的作用；加之这次战争的作战双方在综合国力、军事实力、武器装备、军事技术等方面极其不对称，所以战端未开而伊方败局已定。因此不能仅以战争的结局来评价谋略运用的成败得失，更不能因此得出谋略过时的结论。不过我们透过作战双方谋略运用的一斑却也可以看出，在信息化的今天，无论是在整体实力处于劣势的一方，还是实力上处于绝对优势的一方，无不高度重视谋略的运用。可以预言，在未来信息化战争中，谋略仍将贯穿战争的始终，仍将发挥着克敌制胜的重要作用。

总之，信息化战争千变万变，但信息化战争的本质不变，仍然是政治的继续；战争的目的不变，仍然是保存自己，消灭敌人；战争的基本形式不变，仍然是攻防矛盾运动，仍然是力量的竞赛，仍然是激烈的精神对抗和智力对抗。我军同技术上占优势的敌人交手，离不开毛泽东军事谋略的指导，离不开人民战争，离不开灵活机动的战略战术。毛泽东对于诸如持久与速决、内线与外线、扬长与补短、趋利与避害、攻城与攻心以及虚与实、奇与正、战与和、走与打乃至建设国防、领导军队、谋划作战等等，大量奇妙生动、永远不朽的谋略思考，是我们巩固现代化国防、建设信息化军队、打赢信息化战争的取之不尽、用之不竭的精神财富。

第八章　毛泽东军事谋略的武装斗争实践

一、确立“党指挥枪”的原则

对于武装斗争，毛泽东胜敌最主要的一个法宝，就是制定和贯彻党指挥枪的原则。党指挥枪，是毛泽东掌握和领导人民军队的智慧方略，也是人民军队之所以能够久战不殆、战无不胜的奥秘所在。

孙中山先生

近代以来，以八旗、绿营为标志的国家军队衰落，以湘军兴起为标志，一支以亲戚、同学、同乡为主组成的私家军队开始出现，开近代军阀军队之先河。在近代军阀中，兵为将有，军队成了个人的私产，袁世凯最为典型。随后，皖系、直系、奉系，在中国舞台上演出一幕幕军阀混战的闹剧，都是军队为个人拥有而为个人争权夺地盘而战斗。

孙中山曾有感于“南北军阀，皆一丘之貉”，以俄为师，从俄国革命党指挥军队的经验中，建立一支听命于国民党的“党军”。黄埔建军迈出了以党领军的第一步。在中国历史上，“党指挥枪”的创始人并非共产党而是国民党，但国民党则是效法苏俄红军的。由于孙中山的去世，军权旁落于各派新军阀之手。在孙中山之后，毛泽东建军，根据实际将党指挥枪的原则向前大大推进了一步。

在蒋介石叛变革命后，中国共产党毅然发动了反抗蒋、汪血腥屠杀的南昌起义，打响武装反抗国民党反动派，武装夺取政权的第一枪。然而，八一南昌起义，虽然是在共产党的独立领导之下进行的，但是当时打出的旗号仍是“左派国民党”。1927年9月，毛泽东领导秋收起义，他一开始就打出了共产党的旗帜，“军叫工农革命，旗号镰刀斧头”口号像一声霹雳响亮地把共产党领导武装斗争的旗帜亮出来了。秋收起义后部队南下，部队状况非常糟糕。一些急于革命胜利的官兵失望，原来工农义勇队的许多成员则不愿远离家乡，许多人不辞而别。在沿途部队不断受到袭击，损失惨重。

为了摆脱敌人的围追堵截，毛泽东率领起义部队翻山越岭，沿着湘赣边界崎岖的山路急行，9月23日到达芦溪。不料，第二天清晨出发时，突遭敌一个团的伏击，总指挥卢德铭为掩护部队撤退，壮烈牺牲。总指挥卢德铭牺牲后，失败主义和离队现象更为严重。

毛泽东率主力逼向敌人力量相对较弱的莲花县，并于9月25日，在当地工农的配合下，攻占了莲花县城。

起义部队连续多日征战劳顿，险象环生，面对革命低潮的形势，一些人产生了悲观情绪，开小差离队现象有增无减，部队已不到1000人。为了整顿队伍，增加凝聚力，9月29日，毛泽东在部队到达江西省永新县三湾村时，召开党的前敌委员会，决定把已不足千

秋收起义

人的队伍，由原来的一个师缩编为一个团，称工农革命军第一军第一师第一团。同时，为了加强党对军队的领导，决定将党的支部建在连上，并成立各级士兵委员会，官兵在政治上平等，实行民主管理。这就是著名的“三湾改编”。

在三湾改编中，毛泽东对部队果断进行了一系列组织整编措施，其中，最重要的一项是将军队掌握在党的前敌委员会手里，在部队各级分别建立党的组织；营团建立党委，支部建在连队上，班排设小组；连以上设党代表，由同级党组织的书记担任。部队的一切重大行动都必须经党组织集体讨论决定。这就形成了从前委到党委、从支部到党小组的完整的组织体系。

毛泽东在连队中建立党的支部，一改以往在团一级才设立党支部的做法（如北伐时共产党掌握的叶挺独立团就只在团一级设党的支部），这在当时困难条件下或许还只是权宜之计，但是，不久，这个措施很快就显示出了它的强大生命力。井冈山斗争，“红军所以艰难奋战而不溃散，‘支部建在连上’是一个重要原因”。（《毛泽东军事文集》第1卷，人民出版社1993年版，第30页。）

“支部建在连上”，是中国共产党指挥枪迈出的重要一步。在此以前，中共在国民党军中发展组织，渗入军队，但是完全没有抓住士兵，即使在叶挺部也只是一团只有一个支部，也不能说抓住了士兵，所以经不起严重的考验。支部建在连上，就把党组织与军队士兵连接起来，在两者之间形成了牢固的联系。党的组织在军队的建制上上下沟通，纵横交汇，这就把军队凝聚成一个坚强的整体。支部建在连上是毛泽东在武装斗争中统领军队的重要组织方略，加强了党对军队的绝对领导。

红军初创时期，在党对军队绝对领导问题上是不断有争论，甚至有斗争的。红四军转战赣南闽西期间，一些人对党委、支部讨论和决定问题的制度不习惯，感到受约束，主张由长官说了算；更有人认为党委领导是“自上而下的家长制”，把党的领导说成是“书记独裁”。这些问题的严重存在，引发了红四军内的一场大争论。但是，在如何治军上、如何处理党与武装力量的关系上，毛泽东毫不含糊坚持党指挥枪的原则，宁愿离开军队也不愿迁就错误认识。后来，周恩来主持起草的中央“九月来信”肯定和支持了毛泽东的正确意见。根据“九月来信”精神和红军建设实际，红四军召开了古田会议，毛泽东起草了指导红军建设的纲领性文件《古田会议决议》，从各个方面确定了党领导军队的一些基本制度和措施，明确规定在军队中要建立党的“领导中枢”。在党领导武装斗争问题上，古田会议的历史意义是毛泽东进一步发展了他在井冈山时期提出的关于在军队进行党组织建设的思想，第一次明确揭示了党的组织建设和政治任务之间的关系、党与军队之间的关系。

首先，毛泽东指出，红军是执行党的政治任务的武装集团，军事只是完成这一任务的工具之一。红军不仅担负打仗的任务，还执行筹款、做群众工作的任务，即三大任务。因此，那种认为军队的政治系统隶属于军事系统、军事好政治自然会好的观点是完全错误的，它会导致军队摆脱无产阶级的领导，走上如国民党军队那样的军阀主义道路。

古田会议会址

其次，既然军队是完成党的政治任务的武装集团，那么，要完成这一任务，毛泽东认为，就必须建立坚实可靠的物质基础，这个基础就是军队中党的组织。毛泽东特别强调了组织建设对于完成党的政治任务所起到的重要作用，他指出，红四军党员的质量之差和组织的松懈，非常严重地影响到红军的领导和政策的执行，如不切实地加以改进和提高，将担负不起党的政治任务。在这里，完成党的政治任务，成为红军建设的目的和意义所在。

以古田会议为标志，党对红军的领导地位开始确立。在全国红军中，毛泽东领导的红一方面军中党的领导地位是最为突出和鲜明的，由此也促进了红一方面军的迅速发展。

党对武装力量的领导思想更加明确。由于重视党对军队的领导，军队一步步成为党领导下的坚强的为中国革命浴血奋战的强大武装力量，在与敌对力量和党内错误思想的斗争中显示出了战斗性。

二、坚持党对军队的绝对领导

在处理党与军队的关系上，毛泽东把党的领导作为革命军队取得胜利的前提和保证，使党的武装力量忠实地执行党的指示，成为坚不可摧的力量。在与敌对势力进行斗争的过程中，毛泽东更是绝对地维护中国共产党对自己军队的领导，不允许其他党派或势力干扰军队。

西安事变后，国共再度合作，共同对敌。

在国共两党谈判中，国民党居心险恶地要共产党交出军队，并且提出朱德、毛泽东和师职以上将领解职出洋，半年后召回按才录用，各师之参谋长与师内各级副职，皆由国民党派充。这就是要解除共产党对自己军队的领导权，显然是一种不战而瓦解红军的毒计。

这一阴谋遭到中共严词拒绝。一计不成，随后，国民党又提出红军不能编独立的指挥部，而且须要国民党派员来红军担任要职。毛泽东和中共坚持设置独立的指挥部，并拒绝国民党当局派员来红军任职，但同意国民党派联络人员，以便协同作战。由于国民党当局坚持其无理要求，谈判未能达成协议。

国共合作共同抗日

1937 年 7 月抗战爆发后，在空前的民族危机前，国共两党联合起来共同抗敌更为迫切，为了削弱中共对红军的领导，国民党又提出要派特务头子康泽来红军任政治部副主任，毛泽东对此予以拒绝。他在给与国民党谈判的周恩来等的电报中说："三个师以上必须设总指挥部，朱（德）正彭（德怀）副，并设政治部，任弼时为主任，邓小平为副主任（不要康泽），以便指挥作战。"（《毛泽东军事文集》第 2 卷，第 18 页。）"八一三事变"后，战火烧到国民党统治的腹心地区，蒋介石急需调红军开赴前线，才被迫同意中共的要求。毛泽东坚持党对军队的领导原则获得了胜利。

为了挽救民族危机，国共两党联合起来抗击外寇，在国共合作建立统一战线过程中，毛泽东和中共作出了巨大的让步，甚至同意红军换上曾长期作为射击目标的青天白日帽，但是，毛泽东决不容许蒋介石的人渗入八路军。在保持党对军队绝对领导上，毛泽东体现出了毫不退让的坚定的原则性。

抗日民族统一战线建立后，王明从苏联回国，一改过去“左”的面孔，鼓吹“一切经过统一战线”，主张八路军、新四军同国民党军实行“统一指挥，统一编制，统一武装，统一纪律，统一待遇，统一作战计划，统一作战行动”，这实际上要取消共产党对军队的绝对领导。对于这样的错误论调，毛泽东针锋相对提出了统一战线中的独立自主方针，并且明确指出：共产党领导的人民军队不是统一战线的组织。1939年12月，他在一个指示中说：“八路军是共产党领导的工农的又是中国人民的武装，不是统一战线的武装。”（《毛泽东军事文集》第4卷，第500页。）

人民军队有了党的领导，就有了胜利的保证。随着战车驶入解放战争中，毛泽东要求各部队建立健全党委制。他告诫全军将士必须时刻牢记：“我们是伟大的人民解放军，是伟大的中国共产党领导的队伍。只要我们时刻遵守党的指示，我们就一定胜利。”（《毛泽东军事文集》第4卷，第294页。）为了保证党对军队的绝对领导，毛泽东在建军中逐步建立健全了一整套党领导军队的政治、组织制度。这个制度中，毛泽东确定了几个重要环节：

一是政治领导。用党的路线、方针和政策统一全军的思想和行动，坚持正确的政治方向，同中央和军委保持高度的一致。

二是思想领导。用马列主义武装干部、战士，树立无产阶级世界观。通过党的思想领导把一支大部分由农民群众和来自旧式军队官兵组成的队伍改造成为无产阶级军队。

三是组织领导。建立与部队建制体系相适应的党的组织系统。连队建立党支部，营以上建立党委，实行党委、支部领导制度。同时，在部队中实行党委集体领导下的首长分工负责制。在部队中建立和保持一支坚强的党员队伍。

中国共产党要对军队实行绝对领导，这是毛泽东根据中国的国情，从实际出发而制定的中国革命武装斗争道路，“外国的资产阶级政党不需要各自直接管领一部分军队。中国则不同，由于封建的分割，地主或资产阶级的集团或政党，谁有枪谁就有势，谁枪多谁就势大。处在这样环境中的无产阶级政党，应该看清问题的中心”（《毛泽东军事文集》第4卷，第421页。）在存在浓厚的封建主义、军阀主义、山头主义和分散主义的国度里，在“有枪就有一切”、“有枪就是草头王”的国度里，毛泽东规定党指挥枪的原则，对于防止军阀割据、防止国家分裂具有重要的意义。这也成为毛泽东建设和领导军队的重要原则。

中国革命的武装力量正是有了党的正确领导，才能在与反动军队的较量中，坚不可摧，所向披靡，成为不可战胜的力量。实践证明：毛泽东党指挥枪的原则使他和他领导的中国共产党牢牢地把握了对军队的领导权，人民军队成为党领导人民翻身解放的有力工具，最终成为了推动中国历史车轮前进的力量。

三、战争的伟力存在于民众之中

在与敌军进行武装斗争的过程中，依靠什么去获取战争的胜利？

在中国革命战争的长期实践中，毛泽东集中党和群众的集体智慧，借鉴古今中外著名军事家进行战争的丰富经验，运用马克思主义的唯物史观指导战争，把战争的基点建立在依靠人民群众，进行人民战争上面。

毛泽东在充分肯定人民群众在战争中的决定作用的基础上，紧密结合中国革命战争的实际，创造性地提出了适合中国国情的人民战争的理论。由此形成灵活机动的战略战术，构筑了毛泽东指导战争，依靠人民获取战争胜利的根本路线。

毛泽东的人民战争就是群众的战争。广大群众参加和支持战争是人民战争的基本特点之一，毛泽东的武装斗争胜敌法宝的一个基本原则就是人民群众进行战争。

解放战争不过3年多的时间，蒋介石先后投入了8000万军队，但是在与毛泽东领导的人民军队的较量中悉数瓦解。战争胜利之速，不但作为敌手的国民党不明白，就是中共的朋友也感到很突然。

1949年5月，民主人士柳亚子专就这个问题请教毛泽东。柳亚子说："今天胜利了，这是我们企盼已久的。我们都很清楚，蒋介石早晚是要垮台的，因为他们腐败无能，太不得人心了。共产党要胜利，这是肯定的。共产党的政策正确，合乎民意，人民拥护支持，这是胜利的基础。但是，我们没有想到胜利会这么快，人民解放军很快渡江成功，并且占领了南京，我们不知道毛主席用的是什么妙计。"

毛泽东听后，呵呵一笑，回答说："打仗没有什么妙计，如果说有什么妙计的话，那就是知己知彼，根据实际情况作出正确的决策。

还有，就是先生说的，人民的支持是最大的妙计。我们100万军队渡江，如果没有人民的大力支持，是不能成功的。比如用100万军队带上轻武器，完全游泳泗渡是不行的，这就需要工具。我们没有兵舰、轮船，就要靠人民用土办法造木船、木排划子。在漫长的江面上，上万只木船一齐出动，直奔对岸，加上我们有很多大炮掩护，很快就过去了30万军队。你能说这是妙计吗？这是一般的常识，但是，像这么一个普通的常识，蒋介石是不知道的。他想的只是长江天险，只是美帝国主义的援助。”

毛泽东主席与柳亚子先生

“得民心者得天下。”这就是毛泽东不仅深知这一真谛，而且更懂得人民创造历史的世界观。他把一切为了人民的利益作为发动群众、动员群众和争取民心归附的出发点和归宿点，因此他远远超出了一般的“得民心者得天下”的范畴。作为一位伟大的军事家和政治家，毛泽东从来不是就打仗谈打仗，他总是从政治上看军事，看作战。军事政治仗，政治军事仗，是他作战指导上颇具特色的一个内容。这是他比其他军事家更为伟大和杰出的地方。但是，在毛泽东的战略胜敌思想中，地盘和实力不是最为关键的因素，在他看来战争取胜的关键因素是人心。“打起仗来，人心如不属我，我就输了。”（《毛泽东文集》第4卷，第199页。）他认为，战争中“一切问题的中心是老百姓问题”。战争的伟力在于民众之中，人民群众是战争力量的源泉。

在土地革命时期，由于“左”倾机会主义路线的推行，曾在一些地方出现了严重脱离群众，引起群众不满的情形。

实际上，“左”的政策是一种“为渊驱鱼”、“为丛驱雀”，脱离群众、孤立自己的政策。毛泽东后来曾沉痛地说：我们在“土地革命战争时期非常孤立”。对于这些“反水”的群众，毛泽东说：对他们决不要放枪，但要放“纸枪”（即传单、标语），多做群众工作，孤立和打击反革命分子。

在长期的武装斗争过程中，毛泽东把人民群众视为自己的父母，全力依靠他们与反动派进行军事斗争，不断获得胜利的力量，夺取了一个又一个战役的胜利。在总结国内革命战争和抗日战争初期的经验后，毛泽东明确指出：“战争的伟力之最深厚的根源，存在于民众之中。”（《毛泽东选集》第2卷，第511页。）在毛泽东的战争制胜法宝中，人民群众是战争力量的源泉，革命战争如果离开了人民群众，那就是无源之水，无本之木，也就失去了进行战争的雄厚的物质基础。

中国革命战争的实践证明，人民群众中蕴藏着战争所需要的巨大人力、物力、财力。在与中外各类敌人进行军事较量的过程中，毛泽东正是依靠群众，进行人民战争，才取得了抗日战争和解放战争的胜利。

四、放手发动群众

全国抗战一开始，中国共产党就号召全国人民总动员，主张开放民主，改善民生，广泛发动群众，武装群众，实行全体人民参加战争、支援战争的全面抗战路线，亦即实行人民战争的路线。只有实行这样的路线，才能引导中国的抗战取得最后胜利，并使这个胜利成为人民的胜利。

1937 年 7 月 7 日，日本帝国主义者以制造卢沟桥事变为起点，发动了全面侵华战争。

全面抗战爆发后，国民党政府总是寄希望于英美等国制裁日本，调停中日战争，但英、美、法等国出于各自的战略考虑和利害关系，态度暧昧，中国抗战在国民党的政策下显得前途渺茫。

1937 年 7 月 23 日，毛泽东发表《反对日本进攻的方针、办法和前途》一文，指出对付日本的进攻有两种方针和两套办法，也有两个前途。一个是坚决抗战的方针，一个是妥协退让的方针。在坚决抗战的方针下，必须实行全国军队和人民的总动员以及革新政治等一整套办法。

8 月 22 日至 25 日，中共中央在陕北洛川冯家村召开政治局扩大会议（即洛川会议），讨论制定动员全国军民开展民族解放战争，实行全面持久抗战的方针，进一步确定了党在抗日战争时期的任务及各项政策。

1938年5月，毛泽东集中全党的智慧，写了《论持久战》和《抗日游击战争的战略问题》两篇重要的军事理论著作，总结抗战以来的经验，批评了关于抗战的错误思想，进一步阐明了中国共产党关于抗战的战略方针和争取抗战胜利的正确道路。

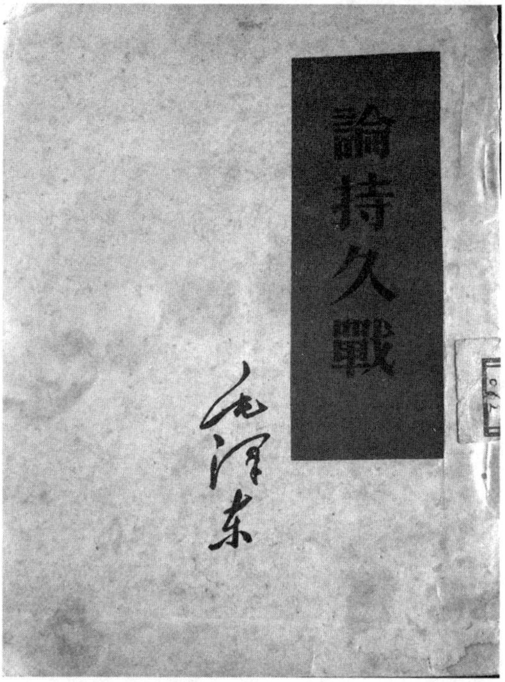

《论持久战》书影

毛泽东在《论持久战》中指出："战争的伟力之最深厚的根源，存在于民众之中。日本敢于欺负我们，主要的原因在于中国民众的无组织状态。克服了这一缺点，就把日本侵略者置于我们数万万站起来了的人民之前，使它像一匹野牛冲入火阵，我们一声唤也要把它吓一大跳，这匹野牛就非烧死不可。"（《毛泽东选集》第2卷，第511～512页。）就从理论与实践的结合上，阐明了进行革命战争必须依靠人民群众的思想。结果，在全民抗日的形势下抗战转入相持阶段。

1941年秋，日、伪军7万余人多路出动，对晋察冀根据地北岳、平西地区进行"扫荡"，企图对边区党政军领导机关和主力部队进行"铁壁合围"。边区部队留一部兵力同民兵结合，在内线迟滞、消耗敌人，边区党政军领导机关迅速转移到安全地区，主力部队则按计划进到铁路沿线和日、伪军的侧后，打击敌人，使“扫荡”之敌连连扑空，疲于奔命。在日、伪军转入分区“清剿”后，抗日军民又内外线策应，频频打击敌人。在此期间，晋西北、太行、太岳、冀南、冀中等区军民也积极对各自的当面之敌发动攻击，配合北岳和平西军民的反“扫荡”斗争。9月末，日、伪军被迫撤退，晋察冀军民迅速集中力量乘机开展袭击、伏击和追击作战，有力地打击了敌人。这次反“扫荡”作战，历时两个多月，作战800余次，歼敌5500余人，粉碎了日军摧毁北岳、平西抗日根据地的企图。

在反“扫荡”的斗争实践中，敌后军民创造了很多极为有效的歼敌方法，发展了人民战争的战略战术。如在华中的水网地带，军民利用河湖港汊广泛展开水上游击战。在华北的平原和山区，广大军民创造了地道战、地雷战和麻雀战等战法。平原地区的抗日军民，在一家一户挖的土洞、地窖的基础上，建成户户相通，村村相连，能打、能藏、能机动转移的巨大地道体系。有些地区还把发展地道同改造地形和村落结合起来，构成房顶、地面、地道三层交叉火网，形成立体作战阵地，人自为战，村自为战，有效地打击敌人，保存自己。

敌后军民还在游击区开展了激烈的反“蚕食”斗争。1941年6月9日，中共中央军委在《关于冀南平原对敌斗争的指示》中指出，敌在冀南之蚕食政策，其目的在于缩小我之活动地区，扩大其占领地，若不予以击破，则我在平原将立足困难。击破这种政策的中心环节，在于有正确的政策，主要应从政治上着手，而不能只是军事进攻，或以军事进攻为主。指示强调，对被“蚕食”的地区，应多采取革命的两面政策，一方面加强对伪军、伪政权组织的工作，引导其在适当范围内为我服务；另一方面，抗日团体及政权组织应采取隐蔽的方式，注意保存自己。遵照这一指示，敌后军民紧密结合，从政治、经济、军事等多方面广泛深入地开展反“蚕食”斗争。他们在对死心塌地的汉奸进行坚决镇压的同时，尽量做争取伪军、伪政权组织成员的工作。对俘获的伪军官兵，一般在教育后予以释放，以促使他们反正。当敌军向游击区“蚕食”推进时，以主力部队、游击队和民兵密切配合，乘敌人立足未稳给予坚决打击，斩断敌人“蚕食”的魔爪。当敌人在游击区建立据点、碉堡时，根据地军民密切协作，以坑道爆炸和地面游击相结合，对敌进行围困，使其断粮、断水，难于立足；在有利时机，则集中优势兵力，进行交通破袭战，坚决拔除敌军据点。1941 年 5 月上旬，冀南军民两万余人展开五昼夜大破袭，一举切断了敌人的主要交通运输线。7 月中旬至 8 月底，冀中军民乘“青纱帐”时期，破坏公路、铁路共 150 多公里，攻克敌据点、碉堡多处，打开了青县、大城、任丘、高阳等地区的局面。在反“蚕食”斗争中，山东的八路军提出“翻边战术”，即敌打进我这里来，我打到敌那里去，有力地打击了敌人。

在广大人民群众的支持下，华北各抗日根据地军民坚决地进行反“扫荡”、反“蚕食”斗争，有力地打击日、伪军，保卫和扩大了抗日民主根据地，1943 年 7 月至 9 月，在山东国民党正规军和省政府离鲁入皖的情况下，山东根据地军民独立支撑起抗战大局，打退日、伪军的进攻，基本上控制沂鲁山区和诸（城）日（照）莒（县）山区，打通鲁中、滨海、胶东各区之间的联系，大大改善了鲁中地区的抗日斗争形势。1943 年底，清河区和鲁南区收复被“蚕食”地区，基本上改变了被敌分割、封锁的局面。北岳区军民于 1943 年 9 月至 11 月粉碎 4 万余日、伪军的“扫荡”，歼日、伪军 1 万余人。冀鲁豫军区和太行军区也于七八月间先后发起卫（河）南战役和林（县）南战役，取得歼灭日、伪军 1. 2 万余人的重大胜利，开辟了卫南、豫北广大地区。1943 年，八路军在华北与敌作战 2. 48 万余次，毙伤日、伪军 13. 6 万余人，俘日、伪军 5 万余人，争取伪军反正、日军投降 6600 余人，攻克据点 740 余处。

华中抗日根据地，由于日、伪军加紧“扫荡”、“蚕食”和“清乡”，这时仍处于严重困难的局面。敌后抗日军民在华中局和新四军军部的领导下，开展了艰苦的斗争。1943 年，新四军在华中与日、伪军作战 4500 余次，粉碎敌千人以上的“扫荡”30 多次，毙伤俘日、伪军 3. 6 万余人，争取伪军反正 9300 余人，攻克据点 200 余处，逐步扭转了华中敌后抗战的困难局面。1943 年，华南抗日游击队也先后粉碎日军对东莞、宝安沿海地区和海南岛地区的围攻、“扫荡”和“清乡”，巩固和扩大了东江、琼崖抗日根据地。

党领导的人民武装力量得到恢复和发展，进一步增强抵御敌大规模进攻的能力，逐步掌握了战争的主动权。到 1943 年夏，人民武装力量已经基本打通了从华北到华中的战略联系，使根据地连成一片。与此同时，日军作战日陷被动，战斗力日益减弱，在兵力严重不足的情况下，被迫收缩战线，实施重点守备。到 1943 年 12 月，日本华北方面军被迫基本停止了向抗日根据地的进攻。对敌后战场形势出现转折的原因，日本当局认为：是由于“中共方面自百团大战以后，用两年多的时间，极力扩充势力，进行地下渗透与政府工作。最近，为了策应盟国方面的攻势，在军事、政治、思想各方面，再次开始积极行动，并得到多数民众的同情，从而迅速扩大了势力”（《华北治安战》（下），天津人民出版社 1982 年版，第 340 页。）

不断扩大的抗日民主根据地，已经形成对日军占领的许多中心城市和交通线的包围。共产党领导的敌后军民的局部反攻，不仅在战略上有力地策应了国民党正面战场和英美盟军的对日作战，同时也为对日全面反攻、夺取抗日战争的最后胜利准备了重要的条件。

在毛泽东军事胜敌的策略中，民众是战争人力的源泉，他把人民群众当作战争的主体，他实行人民战争，以人民的汪洋大海去淹没一切敌人，所以战无不胜，所向无敌。

五、人是决定胜负的第一要素

决定战争胜负的因素是人不是物。古今中外的一切战争，人和武器是它的基本要素。在军事史上，对人与武器的关系及其作用的看法上，历来存在着两种错误认识。一种是认为武器的好坏是战争胜负的决定因素；另一种认为战争的胜负是由人的意志和精神决定的。

在人和武器这两个因素的统一体中，哪一个因素对战争胜负起着主导的决定的作用呢？毛泽东在指导中国革命战争的过程中，阐述在处理人与武器的关系中，认为人民群众是战争胜负的决定因素。他指出：“武器是战争的重要因素，但不是决定的因素，决定的因素是人不是物。力量对比不但是军力和经济力的对比，而且是人力和人心的对比。军力和经济力是要人去掌握的。”(《毛泽东选集》第2卷，第469页。)毛泽东在这里所指的人，就是人力和人心；所指的物，就是武器、军力、经济力等各种物质条件。毛泽东的这一精辟论断，既深刻阐明了战争中人和武器的辩证关系，又是他夺取战争胜利的重要法宝。

在战争中，毛泽东的人民战争战术中重要的思想是“决定的因素是人而不是物”。

在长期的军事斗争中，毛泽东通过对战争性质之正义性和非正义性的分析，指出战争的性质决定人心的向背，人心的向背又决定战争的胜负。他认为，正义战争代表了最广大人民群众的根本利益，因而能最大限度地激发人民群众的斗争热忱，最充分地动员人民群众参加战争。“动员了全国的老百姓，就造成了陷敌于灭顶之灾的汪洋大海，造成了弥补武器等等缺陷的补救条件，造成了克服一切战争困难的前提。”(《毛泽东著作选读》上册，人民出版社1986年版，第232页。)这也就是“得道多助”。

在抗日战争时期，面对貌似强大的日本帝国主义侵略军，许多人吓破了胆，中国抗日战争的正义性，唤起了全国的团结，激起了敌国人民的同情，争取了世界多数国家的援助，因而最终取得了战争的胜利。而一切非正义战争，由于其违背人民群众的根本利益，不得人心，尽管武器装备精良，最终也难免失败的命运。

在人与武器这两个因素中，人是主导方面，人是武器的制造者和使用者。因为任何武器技术装备，如果没有人的研制和生产，就不会制造出来，而武器装备效能的发挥，又要靠人去操作和使用。

离开人，武器自身不会发生变化，威力再大的武器也不能成为战斗力，而且武器发挥效力的程度也因掌握者的素质不同而不同。

毛泽东认为，人和武器在战争中是不可分割的，二者只有在相互结合中才能发挥各自的作用。因为人没有武器，就不能从事战争，武器只有借助于人才能运用于战争，发挥其效能。他指出："我们是共产党，我们要领导人民打倒敌人，我们的队伍就要整齐，我们的步调就要一致，兵要精，武器要好。如果不具备这些条件，那末，敌人就不会被我们打倒。"（《毛泽东选集》第3卷，人民出版社1991年版，第811页。）

1946年6月26日，国民党不顾全国人民的强烈反对，以围攻鄂豫边宣化店为中心的中原解放区为起点，相继在晋南、苏皖边、鲁西南、胶济路及其两侧、冀东、绥东、察南、热河、辽南等地，向解放区展开大规模的进攻，全面内战爆发。国民党用于进攻解放区的兵力总计为193个旅（师）160万人，占其全部正规军86个整编师抗日战争胜利后，国民党政府拟定了整编军队的计划，准备分三期陆续将其86个军缩编为整编师（每师辖2至3个旅），师缩编为旅（绝大部分旅辖2个团）。全面内战爆发时，已完成陇海路以南部队的整编。（军）248个旅（师）兵力的80%。蒋介石声称，只需3个月到6个月，他就可以取得胜利。国民党军参谋总长陈诚也吹嘘："也许3个月至多5个月便能解决"中共军队。陈诚1946年10月17日对记者的谈话，《中央日报》1946年10月18日。

全面内战开始时，国民党在军队数量、军事装备、后备资源及外来援助等方面，都明显地超过中国共产党。国民党得到美国的支持，而这个拥有强大的经济、军事实力并垄断着原子武器的美国，似乎是不可战胜的；中国共产党在国际上则没有得到任何公开的支持。因此，对处于劣势的中国共产党及其领导的人民革命力量能否打败国民党的进攻，党内一部分人存在怀疑和顾虑。为了谋求国内和平，许多中间派别人士也认为中国共产党应当进一步对国民党采取退让政策。

这时的国际形势也发生重要的变化，美英等国与苏联之间开始了“冷战”。由此，有关“美苏必战”、“第三次世界大战即将爆发”的舆论盛行一时。在这种情况下，苏联担心中国革命会导致美国大量出兵干涉，并把它卷进去，由此引发新的世界大战，因此对中国革命持消极态度。

在这种严峻的形势面前，敢不敢以革命战争反对反革命战争，能不能打败国民党反动派，便成了中国共产党必须迅速回答和解决的两个根本性的问题。

针对一些人对国际形势产生悲观估计和不敢用革命的手段反击国内反动派进攻的倾向，还在全面内战爆发的前夕，即1946年4月，毛泽东就写了《关于目前国际形势的几点估计》一文。他认为：战后新的世界战争的危险虽然存在，然而是可以克服的。在主要帝国主义国家美、英、法等国同苏联之间可能实行某种妥协，但这种妥协只能是全世界一切民主力量向帝国主义作坚决有效的斗争的结果，而且这种妥协并不要求资本主义世界各国人民随之实行国内的妥协，反而要求他们按照不同的情况进行不同的斗争。也就是说，中国人民坚决地以革命战争反对蒋介石的反革命战争，并不会因此而导致第三次世界大战；恰恰相反，中国人民以自力更生的原则发展自己的力量，取得革命战争的胜利，将成为阻碍帝国主义发动新的世界战争的重要因素。

1946年8月，毛泽东在同美国记者安娜·路易斯·斯特朗的谈话中，进一步发展了上述思想。他明确指出："美国反苏战争的口号，在目前的实际意义，是压迫美国人民和向资本主义世界扩张它的侵略势力"，因为它在没有压服本国人民和辽阔的中间地带的国家之前，是谈不到进攻苏联的。因此，"美国人民和一切受到美国侵略威胁的国家的人民，应当团结起来，反对美国反动派及其在各国的走狗的进攻。只有这个斗争胜利了，第三次世界大战才可以避免，否则是不能避免的"。在这次谈话中，毛泽东提出了帝国主义和一切反动派都是纸老虎的著名论断。他说："一切反动派都是纸老虎。看起来，反动派的样子是可怕的，但是实际上并没有什么了不起的力量。从长远的观点看问题，真正强大的力量不是属于反动派，而是属于人民。""蒋介石和他的支持者美国反动派也都是纸老虎。"就中国的战争来说，我们所依靠的不过是小米加步枪，但是历史最后将证明，这小米加步枪比蒋介石的飞机加坦克还要强些。这原因就在于反动派代表反动，而我们代表进步。在这里，毛泽东阐明了一个根本的战略思想，这就是，革命人民在战略上、在整体上必须藐视敌人，敢于同他们进行斗争，敢于去夺取胜利。毛泽东对于国际国内形势、对于反动派的本质、对于中国革命的前途所作的科学分析，从理论上武装了中国共产党人和中国人民，使他们极大地增强了同帝国主义支持的国民党反动派作斗争的勇气和信心。

毛主席与安娜·路易斯·斯特朗

为了能够以劣势兵力挫败国民党军队的进攻，争取自卫战争的胜利，实现国内和平，中共中央在军事上、政治上、经济上确定了一系列正确的、富有远见的方针和政策。

在政治方面，中共中央确定了放手发动群众，团结一切可以团结的力量，建立最广泛的民族民主统一战线，彻底孤立国民党反动集团的原则。中共中央明确指出：在农村中，要紧紧依靠贫农、雇农，团结中农，坚决地解决土地问题；对一般富农、中小地主，应同汉奸、豪绅、恶霸加以区别，以减少敌对分子，使解放区得到巩固。在城市中，要依靠工人阶级，团结小资产阶级、民族资产阶级和一切进步分子，并注意争取中间分子，孤立反动派。在国民党军队中，应争取一切可能反对内战的人，孤立好战分子。

毛泽东始终把“人”看作决定战争胜负的第一要素。他依靠人民、发动群众，创造了人民战争的路线。在正确方针和政策的指引下，解放区军民奋起反击国民党的军事进攻，在自卫作战中不断地赢得胜利。

六、三十六计走为上

中国革命应该选择一个什么样的形式？半殖民地半封建的中国没有民族独立和民主制度，中国的反动统治势力总是长期占领中心城市，凭借强大的武力对人民实行独裁恐怖统治。并且，中国许多城市又是外国列强长期侵略和盘剥中国的基地。这是中国革命的国情，这种特殊的国情决定了实力弱小的人民军队只能放弃城市，到农村发展队伍。

1927 年，在中国革命史上是极为沉重的一年。正当毛泽东等人积极组织全国农民协会的时候。4 月 12 日，蒋介石在上海发动了反革命政变。18 日，蒋介石在人民的血泊中建立了南京国民党政府。在这个革命的危急关头，中国共产党于 4 月 27 日至 5 月 9 日在汉口召开了中共五大。在会上，毛泽东提出了支持农民开展土地革命，猛烈发展农民武装，建立农村民主自治政权的提案。但是，由于陈独秀和彭述之等人的模糊认识，毛泽东的意见没有引起大会注意。

春夏之交，血雨腥风。但是，毛泽东和一批共产党人团结国民党左派，力挽狂澜。他和蔡和森等人多次接见逃亡到武汉的工农干部，了解“马日事变”的真相。到6月底，湖南已处于白色恐怖之下，工会农会干部及国民党左派被杀者已达500人以上。在这紧要关头，毛泽东冒着生命危险回到湖南，在长沙、湘潭、衡山农村奔波，了解工农情绪和工农武装情况，恢复党、工会、农会组织，并将党、工会、农会工作转入地下。毛泽东在湖南对工作进行了全盘规划，特别是对工农武装作出了妥善的安置之后，于7月初去武汉参加中共中央常委扩大会议。

1927年7月4日，会议在讨论湖南问题时，毛泽东多次发言，针对陈独秀右倾机会主义的错误主张，毛泽东提出“工农武装”“改成安抚军合法保存，此条实难办到”，应该“上山”；“不保存武力，则将来一到事变，我们即无办法”，“上山可造成军事势力的基础”。为此，毛泽东还主张办军事“训练班”。在这次会上，蔡和森也主张农民自卫军上山和“迅速发展乡村中的党组织”。毛泽东“上山”的正确主张符合中国国情和当时形势，得到了瞿秋白为首的中共中央的重视。

7月15日，在风雨飘摇中，汪精卫集团也叛变革命。7月下旬，毛泽东即着手起草“中共湖南省委关于湖南运动的大纲”，多次给湖南省委成员写信，催促提供所需详细军事报告。月底大纲拟就了。在这个大纲中，毛泽东贯穿了以军事暴动为主，在湖南农村开展武装斗争，深入土地革命，建立工农民主政权的思想。“枪杆子里面出政权”的观点在这里已有萌芽。8月1日，“大纲”经中央同意寄往湖南省委。

1927年8月7日，中共中央在汉口召开了紧急会议，即“八七”

会议。这是在中国革命的关键时期召开的一次有重大历史意义的会议。在这次会议上，毛泽东提出了“枪杆子里面出政权”的重要命题，指出“从前我们骂中山专做军事运动，我们则恰恰相反，不做军事运动专做民众运动。蒋、唐都是拿枪杆子起的，我们独不管。……湖南这次失败，可说完全由于书生主观的错误，以后要非常注意军事。须知政权是由枪杆子中取得的。”（《毛泽东军事文集》第1卷，人民出版社1993年版，第47页。）毛泽东的发言，在党领导革命的根本问题上不但总结了以往的经验教训，而且提出了今后的方针。8月9日，毛泽东参加由瞿秋白主持召开的临时中央政治局第一次会议，进一步讨论了湘、鄂、赣、粤四省秋收起义的问题和党的地方工作。会议结束后，毛泽东没有接受瞿秋白邀他到上海党中央工作的要求，主动要求回到湖南去领导湘赣边界的秋收起义，进行武装斗争。

在中国怎么开展武装斗争，我党当时并没有经验。自马克思主义诞生以来，欧洲各国的无产阶级革命运动，都把工作重心放在城市，在城市中组织工会，发动工人阶级进行反对资产阶级的罢工，直至发动城市武装起义。1871年的法国巴黎公社武装起义是这样，俄国十月革命也是这样，都是走的以城市为中心的道路。在中国，20世纪早期的革命斗争，也是以城市为中心开展的。辛亥革命是在大城市武汉首先爆发并取得成功的，北伐战争采取的也是长驱直进、重点攻打大城市的战略。但是，在1927年大革命失败后的中国，国民党凭借其掌握的强大的武装力量，占据了所有的城市。他们在城市中建立反动政权，实行白色恐怖，到处破坏共产党组织，封闭革

巴黎公社起义

命工会，疯狂屠杀共产党人和革命群众。革命力量受到致命的打击，敌我力量对比悬殊。在这样的情况下，走以城市为中心的道路实际上已不可能，必须寻找一条新的革命道路，去争取革命的胜利。

革命实践给了党的领导者以深刻的教训。当时，各地武装起义的领导人在起义失败以后，为了站住脚跟，保存有限的力量，纷纷转到敌人统治薄弱的偏僻乡村，与广大贫苦农民结合，开展艰苦的武装斗争，建立了一块块革命根据地。经过一年多的努力，武装斗争和土地革命在各地广泛开展起来，燃起了复兴革命的星星之火。各根据地的领导人，在实践中对中国革命的新道路作出了有益的探索。其中贡献最大的是毛泽东。

毛泽东不仅从思想理论上率先提出了“政权是由枪杆子中取得的”这一著名论断，而且历尽千难万险在农村开展武装斗争，建立农村根据地，为开创具有中国特色的农村包围城市、武装夺取政权的革命道路，进行了实践上的探索。

1927年8月中旬，毛泽东和彭公达秘密回到长沙，根据临时中央政治局的决定，改组了中共湖南省委，并于8月16日正式组成了以彭公达为省委书记，毛泽东、易礼容、夏明翰、贺尔康、毛福轩等9人为委员的湖南新省委。

8月30日晚，毛泽东乘火车离开长沙，首先到达株洲，会见了株洲党组织负责人朱少连、陈永清等人，了解了当地工农武装的情况，并对株洲的暴动部署作了具体指示。随后，毛泽东到达江西安源，在张家湾安源工人补习学校召开了有部分起义地区党和军事负责人参加的军事会议。毛泽东传达了党中央“八七”会议精神和湖南省委关于秋收暴动的决定，并和与会同志一起详尽地讨论了各地暴动的准备工作和军事部署。

1927年9月9日，秋收起义爆发。

当天，长沙60多名铁路工人分成若干行动小组，按预定计划，破坏了长沙至岳阳、长沙至株洲之间的铁路线，致使粤汉、株萍两路火车停驶达一周之久，限制了敌人的军事行动。与此同时，驻扎在修水的工农革命军第一团于9月9日出发，向平江长寿街挺进。9月10日抵达渣津，这时原警卫团团长卢德铭奉党中央命令从武汉赶回部队，担任起义总指挥。9月11日第三团越过平修边界，占领龙门厂。9月12日，当第一团进距长寿街15公里的金坪时，师长余洒度收编的邱国轩部（编为第四团）突然倒戈，袭击第一团，双方激战两小时，第十团两个营遭受较大损失。第十师师部得知情况后，立即组织人去收容被打散的部队，准备再次夺取长寿街。这时敌人已从后方包抄起义部队，总指挥卢德铭随机应变，为保存有生力量，率队退往平浏边界，向第三团靠拢，途中接到毛泽东暂退萍乡的通知，遂指挥部队转移浏、铜边界，向第三团跟进。

毛主席去安源

驻扎在安源的工农革命军第二团于9月10日晚按计划分两路出发进攻萍乡。9月11日大部队包围萍乡，先用土炮轰城，后架云梯强攻，均未奏效。这时宜春之敌前来增援。第二团久攻不下，放弃攻占萍乡的计划，向西挺进攻取老关。老关守敌只有一个排，被起义军全部解决。9月12日，二团乘胜进攻醴陵，在当地农民武装的配合下打进了县城，共俘敌100多名，缴枪七八十支，并解救出300多名被关押的革命同志和群众。9月14日，敌纠集优势兵力从三面向醴陵反扑，二团主动撤出醴陵，分二路北上浏阳。9月16日，二团主力在浏阳农军的配合下，从西门攻入城内，一举占领浏阳县城。二团几天来接连攻下三城，团长王新亚不免有些轻敌，忙于筹款，疏于设防，在17日下午陷入敌人的包围之中。在突围中二团损失了大部分人马。

在毛泽东直接指挥下，工农革命军第三团于9月11日清晨由驻地铜鼓出发，向浏阳境内白沙挺进。下午4时左右行至距白沙8里的濠溪时，与守敌交火，激战一小时，毙敌10余人，敌军不支逃往东门市。第三团乘胜追击，于9月12日一举攻克东门市，召开群众大会，处决了当地反动团总及罪大恶极的反革命分子。9月14日，败退、达浒和平江之敌向东门市反扑。三团在不利的形势下，奋力抗击，与敌激战数小时，伤亡百余人。为保存实力，毛泽东果断指挥部队分成三路自马鞍山下向上坪撤退。

工农革命军三个团起义之后，长沙县以及醴陵、平江、株洲、浏阳、湘阴等地的农民在中共湖南省委的统一部署下，纷纷起来暴动，策应工农革命军的行动。当秋收起义进入高潮的时候，长沙为之震动。

但是，由于当时革命总的形势是处于低潮，敌我力量对比相差悬殊，再加上缺乏经验，各路起义部队先后受挫，各地暴动的农民也随之溃散，只剩下工农革命军第一师的部分骨干力量，并且，面临着何去何从的艰难抉择。

起义部队受挫之后，9月14日，毛泽东率第三团撤至上坪。当晚在上坪陈锡虞家召开连以上干部会议，讨论部队的去向问题。在此危急的时刻，毛泽东分析了敌强我弱的客观形势，毅然决定改变原来的部署，放弃攻打长沙的计划，并以前委书记名义通知第一团迅速向第三团跟进。

9月19日，毛泽东带领第三团出其不意进抵文家市，击溃了当地的挨户团，营救出不少被捕的革命同志和群众。随后，第一团也到达文家市与三团会师。二团大部分失散，只有少数战士在二营营长吴杰、六连连长熊坤山的带领下，闻讯赶到文家市与部队会合。此外，二团爆破队奉师部命令也赶到文家市参加了会师。当天晚上，毛泽东在文家市里仁学校后栋教室主持召开前敌委员会会议。会上，师长余洒度等人仍然坚持“取浏阳直攻长沙”的原定方案，毛泽东坚决主张放弃继续攻打长沙的军事行动，并从保存革命力量的角度出发，主张起义部队退却到湘粤赣边界坚持斗争，待将来湘粤赣三省“任何一省的农民暴动时，我们随时都可以参加”。经过激烈争论，毛泽东的意见获得总指挥卢德铭等多数同志的拥护。前敌委员会遂决定迅速脱离平江、浏阳地区，转兵进入江西，沿罗霄山脉南下，寻找立足点。

这一关键性的决策，不仅为中国革命保存了秋收起义的骨干力量，而且在实践上，开始了从进攻大城市到向敌人控制薄弱的农村进军的伟大转折。

前委会议结束后，于 9 月 20 日清晨，毛泽东在里仁学校操场向工农革命军第一师 1500 多人发表了重要讲话。他说，这次秋收暴动，虽然打了几个败仗，受了点挫折，但这算不了什么！常言道，失败是成功之母。重要的是我们要从失败中总结出经验教训。这次长沙虽没有打下来，但是我们打了土豪，分了谷子给穷人，这个事我们还要继续干下去。我们并不孤立，我们的事业受到湘、鄂、赣、粤四省广大工农和全国人民的支持。我们的力量是伟大的。反动派并不可怕，只要我们团结得紧，继续勇敢地战斗，最后的胜利一定是属于我们的。毛泽东还打了个比喻说，我们好比一块小石头，蒋介石好比一口大水缸。我们这块小石头总有一天会要打烂蒋介石那口大水缸的。中国有句古话："万事开头难。"要革命嘛，就不能怕困难，只要我们咬咬牙，挺过这一关，革命总有出头的一天。最后，毛泽东阐明了不能打长沙的道理。他说：原计划要去打长沙，大家也都想进长沙。可是目前长沙那样的大城市，还不是我们蹲的地方。我们要到敌人管不着的地方去，到乡下去，到山上去。在乡下和农民一起去进行土地革命。

毛泽东的这番话深入浅出，语重心长，解决了红军将领和战士心中的疑团和困惑，统一了部队的思想。会后，工农革命军在毛泽东的率领下，离开文家市，开始了新的征程。

10 月 7 日，毛泽东率领的秋收起义部队历尽千辛万苦终于到达井冈山北麓的宁冈县茅坪，从此为中国革命找到了一个稳固的立脚点。10 月 27 日，毛泽东率部进驻井冈山茨坪，开始了创建农村革命根据地的伟大斗争。井冈山由此成为中国革命的摇篮。

暂时退出城市，不是逃避，而是毛泽东根据中国实际做出的战略选择。三十六计走为上，这种以退为进的斗争思想，被毛泽东发扬光大了。

七、创建农村革命根据地

在全党为挽救革命、寻找革命新道路，与强大的反革命势力进行的艰苦斗争中，以毛泽东为主要代表的中国共产党人，经过创建、发展红军和农村革命根据地的实践，逐步找到了一条推动中国革命走向胜利的道路。

1927 年 10 月，毛泽东率领湘赣边界秋收起义的工农革命军，开始创建以宁冈为中心的井冈山农村革命根据地的艰苦斗争。

工农革命军首先在边界各县进行打倒土豪劣绅、发动群众的游击暴动，建立县、区、乡各级工农民主政权。1927 年 11 月，工农革命军攻占茶陵县城，成立湘赣边界第一个红色政权——茶陵县工农兵政府，谭震林任主席。1928 年 1 月，工农革命军攻占遂川县城；2 月上旬，打破江西国民党军队的第一次“进剿”。至此，奠定了井冈山根据地的基础。

从 1927 年冬到 1928 年冬，井冈山根据地在发动群众打倒土豪劣绅的基础上，开展分田斗争。1928 年夏，宁冈全县，永新、莲花的大部分地区，遂川、酃县的部分地区实行了分田。

为了加强党对井冈山斗争的领导，以毛泽东为书记的前委先后派出党员干部，恢复、整顿和发展各县的党组织。到 1928 年 2 月，先后成立了宁冈、永新、茶陵、遂川四个县委和酃县特别区委，莲花县也开始建立党的组织。

1928 年 4 月，朱德、陈毅率南昌起义保留下来的一小部分部队和湘南起义农军 1 万余人陆续转移到井冈山地区，与毛泽东领导的部队在宁冈砻市会师。会师后，毛泽东和朱德所率部队合编，成立工农革命军第四军（后改称红军第四军），朱德任军长，毛泽东任党代表，王尔琢任参谋长，下辖第十、第十一、第十二师（不久改编为四个团）。在这期间，还召开第四军党的第一次代表大会，成立了第四军军委，毛泽东任书记。毛泽东和朱德所率部队的会师，增强了井冈山地区工农武装的力量，为进一步扩大革命根据地创造了条件。

1928年12月11日，彭德怀、滕代远等率领平江起义后组成的红五军700多人，从湘鄂赣边的平江、浏阳地区到达井冈山，与红四军会师。这两支红军的会师，进一步增强了井冈山地区工农武装的力量。

毛泽东确定在井冈山建立根据地，是因为：党在这个地区的群众基础较好，大革命时期各县曾建立过党的组织和农民协会，并有袁文才、王佐领导的地方农民武装在这里坚持斗争，他们愿意同工农革命军相结合；这里地势险要，易守难攻；周围各县有自给自足的农业经济，易于部队筹款筹粮；由于地处两省边界，距离国民党统治的中心城市比较远，加之湘赣两省军阀之间又存在矛盾，敌人的统治力量比较薄弱。因此，毛泽东反复教育干部和战士，坚决为建立以宁冈为中心的罗霄山脉中段政权而奋斗。

从1927年10月到1928年2月，以毛泽东为书记的前敌委员会领导井冈山军民，利用国民党新军阀之间发生战争、井冈山地区敌人兵力空虚的大好时机，采取积极发展的方针，逐步开创了工农武装割据的局面。

工农武装割据是农村包围城市道路的重要内容，但它的实行，并不等于就是完整形成了以农村包围城市的革命道路。农村包围城市的革命道路的核心，是全党工作要以农村为中心。不解决党的工作重心应当放在哪里的问题，新道路的坚持和发展是不可能的。但是，这时虽然全党上下几乎都认识到建立武装割据的必要，但占统治地位的观点仍然是必须以城市为中心。

这个问题的障碍一方面来自共产国际。共产国际对中国国情缺乏深刻的了解，在对中国革命道路的指导上，习惯于套用俄国革命的经验。他们担心中国共产党长期在农村会失去无产阶级先进性，变成农民党；担心红军长住一地，会像大肚子女人一样，把农民的最后一只老母鸡吃光，势必会遭到农民反对。他们不主张建立巩固的根据地，要求中共把工作重心放在城市，重视对工人运动的领导，红军要配合城市的斗争。共产国际的城市中心论对中国共产党人产生了严重影响。

另一方面，在根据地内，也有不少人对建立革命根据地缺乏深刻的观念，有的人甚至对农村斗争的前途表示悲观，提出了“红旗到底能打多久”的疑问，并且不愿过根据地的艰苦生活，主张走州过府式地到处游击。

这时，毛泽东对各帝国主义分割统治的半殖民地半封建的农业大国的国情，以及经济政治发展不平衡决定的中国革命战争的特点，有了较为深刻的认识，已经摆脱了以城市为中心的思想，形成了以农村为中心的思想。

在1929年12月的古田会议上，毛泽东批评了不要根据地的流寇主义。1930年1月5日，他又在给林彪的信（即《星星之火，可以燎原》）中，系统论述了建立农村根据地对中国革命的战略意义。他指出，党内一些领导人希望用比较轻便的流动游击方式去扩大政治影响，等到全国各地争取群众的工作做好了，或做到某个地步了，然后再来一个全国武装起义，那时把红军的力量加上去，就成为全国范围的大革命。他们这种全国范围的、包括一切地方的、先争取群众后建立政权的理论，是于中国革命的实情不适合的。此种错误产生的原因，就在于他们对中国的国情没有认识清楚。毛泽东总结各地武装割据的经验，认为“朱德毛泽东式、方志敏式之有根据地的，有计划地建设政权的，深入土地革命的，扩大人民武装的路线是经由乡赤卫队、区赤卫大队、县赤卫总队、地方红军直至正规红军这样一套办法的，政权发展是波浪式地向前扩大的，等等的政策，无疑义地是正确的”，并强调说：“必须这样，才能树立全国革命群众的信仰，如苏联之于全世界然。必须这样，才能给反动统治阶级以甚大的困难，动摇其基础而促进其内部的分解。也必须这样，才能真正地创造红军，成为将来大革命的主要工具。总而言之，必须这样，才能促进革命的高潮。”（《毛泽东选集》第1卷，第98～99页。）

党指挥人民军队实行一系列人民战争的战略战术，在敌强我弱的形势下，在反对敌人的“围剿”、“扫荡”的反复战斗中，一步一步地积累胜利，发展胜利。随着战争的进展，一步一步地把落后的农村改造成先进的革命阵地，并发展这种阵地，最后赢得以农村包围城市、武装夺取全国政权的伟大胜利。

八、农村包围城市的道路

在农村建立根据地，以农村包围城市、武装夺取政权道路，实现中国革命的胜利，是以毛泽东为主要代表的中国共产党人的集体创造。这是毛泽东等人把握中国革命发展的特殊规律后，选择的中国革命走向胜利的唯一正确的道路。

由毛泽东等开辟的以农村包围城市的道路，并没有立即被全党接受。1930年，李立三“左”倾冒险主义错误提出要“会师武汉，饮马长江”，要求红四军向中心城市进攻，夺取九江和武汉。对毛泽东不积极执行中央进攻中心城市的指示，多次严厉批评。1931年，王明“左”倾教条主义者统治中央后，仍坚持城市中心论，多次要求集中弱小的红军攻打中心城市。他们对毛泽东等坚持正确意见的同志，实行“残酷斗争，无情打击”，剥夺了毛泽东对红军的指挥权，使红军在第五次反“围剿”中遭到惨败，被迫长征。

但是，毛泽东对中国革命道路的探索没有停止，红军长征到达陕北以后，毛泽东通过对土地革命战争经验教训的深刻总结，逐渐形成了农村包围城市、武装夺取政权革命道路的系统理论。1936年底，他在《中国革命战争的战略问题》中，强调要从中国的实际出发，寻找中国革命战争的规律。对中国革命战争的四大特点作了精辟的分析，得出了中国革命战争必胜但不能速胜，革命具有长期性的结论之后，对中国发展不平衡特点进行分析。阐明了走农村包围城市道路的国情依据和重要的理论意义。

抗日战争爆发后，王明等人仍然只重视城市、不重视农村，毛泽东针对这种错误倾向，并结合对日作战的新形势，指出中国革命必须继续走农村包围城市的道路。在《战争和战略问题》等著作中，他进一步系统地总结了土地革命战争的历史经验和抗日战争的新鲜经验。批判了在中国革命道路问题上照抄照搬外国经验的教条主义。科学地论证了中国革命为什么必须走农村包围城市的道路，而且能够走这条道路夺取革命的胜利，形成了完整的农村包围城市、武装夺取政权道路的理论。它的主要内容是：

第一，中国的国情决定中国革命必须走农村包围城市、武装夺取政权的道路。

毛泽东指出：革命的中心任务和最高形式是武装夺取政权，是战争解决问题，这个马克思列宁主义的革命原则是普遍地对的。在资本主义各国，国家内部没有封建制度，有的是资产阶级的民主制度；外部没有民族压迫，有的是自己民族压迫别的民族。基于这些特点，资本主义各国的无产阶级政党的任务，在于经过长期的合法斗争，教育工人，生息力量，准备最后推翻资本主义。但是，中国不是一个独立的民主的国家，而是一个半殖民地半封建的国家；在内部没有民主制度，而受帝国主义压迫。无议会可以利用，无组织工人举行罢工的合法权利。因此，“在中国，主要的斗争形式是战争，而主要的组织形式是军队”，“共产党的任务，基本地不是经过长期合法斗争以进入起义和战争，也不是先占城市后取乡村，而是走相反的道路”（《毛泽东选集》第1卷，第98～99页。）即必须把工作重心放在农村，在敌人统治薄弱的广大农村积蓄和发展力量，准备最后以武装斗争夺取政权。

第二，要走农村包围城市、武装夺取政权的道路，就要建立巩固的农村根据地。

毛泽东指出：如果革命的队伍不愿意和帝国主义及其走狗妥协，而要坚持地奋斗下去，如果革命的队伍要准备积蓄和锻炼自己的力量，并避免在力量不够的时候和强大的敌人作决定胜负的战斗。那就必须把落后的农村造成先进的巩固的根据地，造成军事上、政治上、经济上、文化上的伟大的革命阵地。借以反对利用城市进攻农村区域的凶恶敌人，借以在长期战斗中逐步地争取革命的全部胜利。

第三，正确处理农村斗争与城市斗争的关系。

毛泽东指出，把工作重点放在农村，并不是不要城市斗争，更不是除了武装斗争之外，就不要其他形式的斗争了。没有武装斗争以外的各种形式的斗争相配合，武装斗争也不能取得胜利。同样，没有城市工作和其他工作，农村根据地就处于孤立，革命就会失败。农村斗争和城市斗争的关系是以农村为主，城市为辅，城市斗争配合农村斗争。党的城市斗争应以防御为主，尽量利用合法方式去组织群众，开展斗争。党的白区工作的方针，是“隐蔽精干，长期埋伏，积蓄力量，以待时机”。这样，就使农村包围城市、武装夺取政权的革命道路得到了全面的理论阐述。

在毛泽东的正确理论指导下，全党在抗日战争中自觉地走农村包围城市道路，广泛开展游击战争，建立巩固的敌后根据地，使党领导的革命力量迅速发展壮大，为夺取新民主主义革命的胜利奠定了坚实的基础。抗日战争胜利后，党中央分析了形势和敌我力量对比，清醒地认识到革命力量尚处于劣势，及时地放弃了立即夺取大城市的计划，决定继续走农村包围城市的道路，广泛发动群众，深入开展土地改革，建立巩固的农村根据地。经过几年的努力，各革命根据地迅速扩大并逐步连成一片，形成了对城市的包围。

随着全国革命即将胜利的局面的到来，党中央及时地提出了工作中心由农村转向城市的问题，并在 1949 年 3 月的七届二中全会上着重进行了讨论。毛泽东在报告中指出：“从 1927 年到现在，我们的工作重点是在乡村，在乡村聚集力量，用乡村包围城市，然后取得城市。采取这样一种工作方式的时期现在已经完结。从现在起，开始了由城市到乡村并由城市领导乡村的时期。党的工作重心由乡村移到了城市。在南方各地，人民解放军将是先占城市，后占乡村。”（《毛泽东军事文集》第4卷，第1426～1427页。）工作重心的转变，标志着中国民主革命已取得决定性胜利。党领导的新民主主义革命的实践证明，农村包围城市道路是夺取中国革命胜利的唯一正确的道路。

农村包围城市是毛泽东与国民党反动军事力量进行较量，武装争取政权的重要形式。毛泽东领导的中国革命在与强大的反动势力较量能够从小到大，不断发展并且最终夺取胜利，关键的就是他选择了一条中国革命武装斗争的以农村包围城市的正确道路。

九、积极防御的战略

武装斗争，就是与强大的敌人进行军事斗争和较量，这必须经过无数次的战争和战斗，才能取得胜利。毛泽东在与反动军事势力较量的过程中，并不是纸上谈兵，而是实实在在地进行一个又一个战役的较量，在战场的兵戈相见中分高低，争胜负。

战争是力量的对比与竞赛。这是古今中外兵家的共见。决定战争胜负的不单是客观的物质条件，更主要的是掌握和客观特质条件的人。因此，正确的战略战术同为决定战争胜负的因素。

毛泽东之所以能战胜敌人，主要在于战略上的高明，战役战术上的灵活机动，在于它的原则的实践性、群众性和发展性。

“积极防御”是毛泽东指挥作战，战胜军事对手的一个重要原则。

毛泽东在《中国革命战争的战略问题》中指出：“积极防御，又叫攻势防御，又叫决战防御。消极防御，又叫专守防御，又叫单纯防御。消极防御实际上是假防御，只有积极防御才是真防御，才是为了反攻和进攻的防御。”（《毛泽东选集》第1卷，第198页。）又说：“基本的原则是承认积极防御，反对消极防御”（《毛泽东选集》第1卷，第200页。）对于毛泽东的积极防御的胜敌军事战略，连不太懂行军事的宋庆龄也说：“无产阶级政党在领导武装起义之后转入战略防御，这是毛泽东的创造。”

在湘赣边界秋收起义遭受挫折之后，毛泽东就认识到了当时敌强我弱和革命处于低潮的客观现实，毅然率部向敌人统治薄弱的农村，开始了战略防御的实践，经过3年斗争，不但将革命力量得以保存下来，而且部队由几千人发展到3万多人，开创了井冈山根据地和赣南、闽西根据地，开辟了“农村包围城市，武装夺取政权”这样一个适合中国国情的、唯一正确的、中国革命的道路。在与敌人进行军事较量过程中，毛泽东认为：“革命和革命战争是进攻的，但是也有防御和后退——这种说法才是完全正确的。为了进攻而防御，为了前进而后退，为了向正面而向侧面，为了走直路而走弯路，是许多事物在发展过程中所不可避免的现象，何况军事运动。”（《毛泽东选集》第1卷，第196页。）

因此，在暂时的“敌强我弱趋势”下，毛泽东很注重积极防御的战略退却，总目的就是“保存军力，准备反攻”。

1930年10月中原大战结束后，蒋介石立即调集重兵，对中国共产党领导的红军和农村革命根据地进行大规模的“围剿”，并把“围剿”的重点放在毛泽东和朱德领导的红一方面军和中央革命根据地，而且扬言要在3个月至6个月内彻底解决问题。

在蒋介石加紧调兵遣将的同时，以毛泽东为书记的总前敌委员会及时制定了“诱敌深入”的战略方针。毛泽东认为：在红军和苏区还不巩固和全国范围内敌强我弱的基本情况远未改变的条件下，对敌人的大规模“围剿”，红军应该先向苏区内退却，依靠苏区人民的支援和有利的地形条件，发现和造成敌人的弱点，使力量对比发生有利于我和不利于敌的变化，然后集中兵力实施反攻，于运动中各个歼灭敌人，以粉碎敌人的“围剿”，亦即采取“诱敌深入”的战略方针。10月30日，总前委在新余县罗坊召开的会议上，通过了毛泽东提出的“诱敌深入”的战略方针，并决定红军主力立即先行退却，东渡赣江。

11月1日，毛泽东、朱德签发了“诱敌深入赤色区域，待其疲惫而歼灭之”的命令。11月上旬，红一方面军所属各部4万人，全部移师赣江以东，进入指定的地区。

在这段时间里，毛泽东多次召开会议，研究战略退却的终点问题。毛泽东认为，退却的终点（亦即战场），必须具备以下六个条件：1. 积极援助红军的人民；2. 有利于作战的阵地；3. 红军主力易于全部集中；4. 敌人交通阻塞不便联络；5. 使敌人耳目闭塞容易发生过失；6. 我与敌人周旋时能使敌人疲劳沮丧，并且补给困难。其中，人民这个条件，对于红军来说是最重要的条件。但是，这些有利条件在根据地的边缘则很难具备，而在白区红军的行动则更容易被敌人发现，所以最理想的地区是在根据地的中部。因此，总前委再次动员部队离开赣江东岸地区，有计划地向根据地的中心地区退却。自11月18日起，我军有计划地进行了第二次大踏步的战略撤退，主动放弃了吉安、吉水、东固、张辉瓒乐安、永丰等赣江以东地区。12月1日，我红军主力全部转移到宁都西部的黄陂、小布地区——即退却终点，隐蔽集结，待机破敌。

12月28日，蒋介石南昌行营主任鲁涤平下达命令，要求已经深入苏区的5个师，立即向宁都以北的黄陂、小布地区实施总攻。这时，敌前线总指挥兼第18师师长张辉瓒，急于抢功，便顾不得其他军队的位置，以其第五十四旅留守东固，自率主力第五十二、五十三旅和师部，趾高气扬地于29日进占龙冈，企图对我军实行三面包围。

龙冈圩，位于永丰县南端，东邻君埠，北靠上固，南连兴国县，西接吉安县。周围峰峦叠嶂，群山环抱，中间是一个狭长谷地，最窄的地方约150米左右，最宽的地方也不过5华里，群众称之为“锅子”。张辉瓒的师部就设在“锅子”底，他的部队就配置在“锅子”里的村镇中。“锅子”周围的地形便于隐蔽接近敌人，而敌人的兵力则不容易展开，正是围歼敌人的良好阵地。

张辉瓒师进占龙冈后，毛泽东、朱德认为这是歼灭张辉瓒师的极好战机，便当机立断作了周密的作战部署。

30日凌晨4点钟，毛泽东、朱德进入龙冈、君埠之间的黄竹岭临时指挥所，亲临现场指挥作战。当时群山云雾弥漫，红军静悄悄隐蔽在阵地前沿。八九点钟，群山雾气尽散。张辉瓒率部由龙冈出发，浩浩荡荡东进。我军突然从四面山头居高临下发起猛烈攻击，打得敌军乱作一团。张辉瓒一面慌忙命令部队抵抗，一面急电留守东固的第五十四旅驰援，同时电告鲁涤平要公秉藩师向龙冈迂回。下午3时许，又突然大雾弥漫。我军熟悉地形，进攻更加凶猛，而敌军则好像陷入“迷魂阵”，更加晕头转向。接着，我军发起总攻，敌军随即四处逃窜。赤卫队、少先队喊声震天，他们配合红军主力奋勇冲杀，一起搜索敌人。黄昏前，战斗胜利结束。留守东固的第五十四旅在驰援途中闻讯张辉瓒已全军覆没，便慌忙又逃回东固。

这次龙冈战斗，全歼敌军第十八师的两个主力旅和一个师部近1万人，缴获各种武器9000余件，并活捉前线总指挥兼师长张辉瓒。鲁涤平在南昌闻讯后，当日便慌忙向蒋介石报告说：“龙冈之役，十八师片甲不归！”蒋介石迅即回电斥责说：“我兄每闻共党，便张惶失措，何胆小乃尔！使为共党闻之，岂不为之所窃笑乎？”

龙冈首战大捷是毛泽东积极防御战术的胜利，全军振奋。毛泽东作《渔家傲·反第一次大“围剿”》词一首，以示纪念。词中写道：

万木霜天红烂漫，

天兵怒气冲霄汉。

雾满龙冈千嶂暗，

齐声唤，

前头捉了张辉瓒。

毛泽东的积极防御理论，不是主观臆造的，而是根据中国革命战争的实际，深入地研究了古今中外的战争历史经验，在领导革命战争的实践中，逐步形成起来的，具有强大的威力。一旦违背这一原则，就会遭到失败。

在中央革命根据地取得第一、二、三次反“围剿”胜利后，红军的全部作战原则已经形成。1931 年至 1934 年，在党中央处于领导地位的“左”倾机会主义者，推行军事冒险主义，在作战问题上，否认敌强我弱的前提，废弃前几次毛泽东反“围剿”中行之有效的积极防御的方法，实行“进攻路线”，要求“全线出击”和“两个拳头打人”，反对诱敌深入，把必要的转移当作所谓“退却逃跑主义”。进行所谓的阵地战和单纯依靠主力的所谓正规战，提出“短促突击、堡垒战、消耗战、持久战”与大后方主义，实行绝对集中指挥，搞进攻时的冒险主义，“御敌于国门之外”，“先发制人”。结果，使红军元气大伤，反“围剿”举步维艰。

1933 年 9 月下旬，国民党军北路军开始进攻中央根据地，28 日占领黎川。博古、李德等震惊于黎川一城之失，急忙命令红军主力北上应敌。红军主力在洵口与敌遭遇，打了一个胜仗。博古、李德又贸然命令红军向敌军已修筑坚固阵地的硝石、资溪桥等地进攻，结果连战不利。至 11 月中旬，红军连续作战近两个月，不仅没有能在敌占区或敌我交界区打败敌人，反而因辗转于敌军的主力和堡垒之间，遭到很大损失，陷于被动地位。

由于违背毛泽东等人提出的“积极防御”的御敌之道，红军在北线进攻作战中遭受几次挫折以后，临时中央领导人又由军事冒险主义转变为军事保守主义。他们采取消极防御的战略方针和“短促突击”，“短促突击”是李德在第五次反“围剿”中提出的战术原则。这一战术原则要求红军在敌人修筑堡垒、步步为营地向前推进的情况下，也修筑堡垒防御阵地，以堡垒对堡垒，当敌人走出堡垒前进时，则在短距离内对敌人进行突击。“短促突击”作为战术手段是可以运用的，但把它上升到战法，用以支撑消极防御的方针则是错误的。强令装备很差的红军同用新式武器装备起来的国民党军队打正规战、阵地战、堡垒战，同敌人拼消耗。1934 年 4 月中下旬，国民党军队集中力量进攻广昌。毛泽东和张闻天都不主张进行广昌保卫战，但李德不采纳他们的正确意见。博古、李德等命令红军主力保卫并不利于坚守的广昌，同敌人进行“决战”。从 4 月 10 日开始，国民党军队向广昌发动进攻。参加保卫战的红一、红三军团和红五军团第十三师等部英勇奋战，坚守阵地，付出很大牺牲。4 月 27 日，国民党军队集中 1 个师的兵力，在飞机、大炮的支援下会攻广昌。红军各部队依托阵地，打退敌军多次进攻，并实施“短促突击”战术，但未能摆脱被动局面。博古、李德被迫放弃坚守广昌的计划，命令红军撤离广昌。4 月 28 日，红军退出广昌。

广昌保卫战是红军历史上最典型的阵地战、消耗战，使红军遭受重大伤亡。在历时 18 天的战斗中，红军毙伤俘敌 2600 余人，而自身伤亡高达 5000 余人。这对以后红军的作战，造成了极为不利的影响。国民党军队占领广昌后，分兵向根据地中心兴国、宁都、石城等地突进，红军又奉命实行“六路分兵”、“全线防御”，结果，进一步陷于被动局面。

广昌失守后，根据地日益缩小，军力、民力和物力消耗巨大。国民党军队调整部署，加紧对根据地中心地区的“围剿”，红军虽经顽强抵抗，但节节失利，陷入困境。到9月下旬，中央根据地仅存瑞金、会昌、雩都、兴国、宁都、石城、宁化、长汀等县的狭小地区。在这种情况下，红军只能被迫撤离中央根据地了。

中央根据地第五次反“围剿”的失败，给中国革命战争造成了严重的损失。1935年1月党的遵义会议，纠正了王明“左”倾冒险主义，重新确立毛泽东在党和红军的领导地位，用灵活机动的战略战术，进行积极防御，才使红军转危为安，胜利完成北上抗日的战略转移，从而开创了中国革命战争胜利发展的新局面。

历史和中国革命战争的发展都说明，毛泽东积极防御是弱军制胜强敌的基本作战原则，是中国革命战争总的战略方针。中国革命22年的战争史证明，执行积极防御方针，革命战争就胜利；违背这个方针，革命战争就遭受挫折。

积极防御的战略方针，在不同的战争时期或阶段，由于敌我情况和作战任务不同，还需要有不同内容的具体作战方针和作战原则。在各个战争时期，毛泽东出色地解决了这方面的问题。

其中，如1930年第一次反“围剿”前，提出了“诱敌深入”的方针；1935年6月在红一、四方面军于四川懋功会师后，确定“集中主力向北进攻，在运动中大量消灭敌人，首先取得甘肃南部，以创造川陕甘苏区根据地”的方针；1937年抗战爆发后，对挺进敌后的八路军提出“独立自主的山地游击战”的方针；1938年提出抗日战争的“持久战”方针；1945年抗战胜利后，针对蒋介石假和平、真内战的阴谋，提出“向南防御，向北发展”的方针；1946年，蒋介石向解放区发动全面进攻时，提出“以歼灭国民党有生力量为主而不是以保守地方为主”的方针等。毛泽东提出的这些具体战略方针和作战原则，都是积极防御总的战略方针在不同战争时期的具体贯彻和运用。

毛泽东这些方针的正确执行，确保了中国革命战争在度过了第五次反“围剿”严重失败的危难阶段后，转败为胜，从小到大，以弱制强，一个胜利接着一个胜利地夺得了1949年的最终胜利，把一条弯路走直了。

十、渔人撒网：随时打开，又随时收拢

“渔人撒网”是毛泽东领导红军的游击战术，是在群众的游击战争中弱军对强敌的基本战术。

1930年1月5日，毛泽东在《星星之火，可以燎原》一文中，明确地表述了这种“渔人撒网”战术。他说：“我们的战术就是游击的战术。大要说来是：‘分兵以发动群众，集中以应付敌人。’‘敌进我退，敌驻我扰，敌疲我打，敌退我追。’‘固定区域的割据，用波浪式的推进政策。强敌跟追，用盘旋式的打圈子政策。’‘很短的时间，很好的方法，发动很大的群众’。这种战术正如打网，要随时打开，又要随时收拢。打开以争取群众，收拢以应付敌人。3年以来，都是用的这种战术。”（《毛泽东选集》第1卷，第104页。）

“敌进我退，敌驻我扰，敌疲我打，敌退我追”，俗称“十六字诀”，这是毛泽东和朱德在游击战争中总结出来的胜敌战术。

1927年秋至1929年底前后，在中国12个省130个县的广大地区，中国共产党英勇地领导了100多起较大的武装起义。但大部分起义均遭到挫折和失败。血的教训，迫使共产党人从中觉醒，继续探索中国人民革命战争的特点、规律与正确的作战方法。1927年9月，毛泽东领导湘赣边秋收起义遭受挫折之后，率领起义部队上了井冈山，利用当时军阀混战的有利时机，趁周围敌军薄弱之际，积极向四周开展游击战争，创建了中国革命的第一个农村革命根据地——井冈山革命根据地，成为中国革命胜利发展的起点。1927年11月中旬，工农革命军第一团一营由宁冈西进，击溃茶陵靖卫团，占茶陵县城。12月底，敌一个团来犯，革命军拼力据守一天多，伤亡较大，撤回宁冈。1928年1月初，毛泽东亲率第一团由宁冈向南发展，在大坑击溃敌靖卫团一部，占领遂川县城。随后，敌人优势兵力进攻遂川，革命军马上敌进我退，主动返回宁冈。同时，万安县的农民自卫军，也争取围攻城镇，袭击小敌，同敌进行了多次较大的战斗。当月，毛泽东在遂川县城主持工农革命军前委和遂、万两县委联席会议，批评了茶陵扼守、造成消耗的打法，赞扬了万安县委在领导农民暴动和反击敌人围攻时，采取的“坚壁清野，敌来我退，敌走我追，敌驻我扰，敌少我攻”的二十字军事策略。

井冈山有个“山大王”叫朱聋子，造反几十年，反动政府军捉不到他。他的经验就是“不要会打仗，只要会打圈”。在井冈山斗争过程中，毛泽东细心研究他的游击经验，提出“红军不但要会打圈，还要会打仗”。1928年2月18日，毛泽东指挥一、二两团和部分赤卫队，利用进占宁冈县新城的敌人一个营态势孤立，思想麻痹之机，

井冈山

发起突然进攻，数小时全歼守敌，俘敌 300 人，打破了敌人对井冈山根据地的第一次“进剿”。4 月，朱德、陈毅率领部队到井冈山与毛泽东率领的部队会师。红军继续采用灵活机动的游击战术，于 5 月上旬在遂川县的五斗江歼敌一个多营，乘胜追击又歼其一部，占领永新城，打破了敌人第二次“进剿”。5 月中旬，在永新县的草市坳歼敌一个团，乘敌不备，第二次攻占永新城，再歼敌一个营，打破了敌人的第三次“进剿”。毛泽东朱德及时总结这些作战的经验，提出了红军的游击战术。这就是毛泽东 1936 年 12 月在《中国革命战争的战略问题》中所述：“从一九二八年五月开始，适应当时情况的带着朴素性质的游击战争基本原则，已经产生出来了，那就是所谓‘敌进我退，敌驻我扰，敌疲我打，敌退我追’的十六字诀。”(《毛泽东选集》第 1 卷，第 204 页。) 后来，毛泽东运用十六字诀的游击作战经验，又取得了粉碎湘、赣两省敌人对井冈山根据地发动的三次“会剿”的胜利，以及1929年粉碎赣、闽、粤三省敌人对闽西根据地发动的两次“会剿”的胜利。

“十六字诀”是“渔人撒网”战术的主体。红军在井冈山、赣南和闽西的3年作战史证明，这也是毛泽东战胜敌人的游击战法宝。

毛泽东在“十六字诀”基础上，又创造了一种对跟追之强敌采用盘旋式打圈子的办法。盘旋式的打圈子办法，是对强敌跟追的打法。强敌闯入根据地寻我主力决战，如取死守硬拼，必遭敌算，跳出根据地，又要失去群众动援和隐蔽的优势。怎么办？毛泽东的克敌制胜策略就是采用盘旋式的打圈子办法。

1928年7月，湘、赣两省敌人（湘敌2个师、赣敌11个团）向红军发动第二次“会剿”，夹击井冈山根据地。当时，在根据地的红军，是朱德任军长、毛泽东任党代表的红四军，是中国工农红军的第一支基干力量，下辖二十八、二十九、三十一、三十二共4个团6000余人。湖南省委代表杜修经不察当时险恶的环境，不顾特委、红四军军委和永新县委联席会议的决议，只知形式地执行湖南省委命令，附和红二十九团的乡土观念，鼓动部队向湘南冒进，致使红军主力在湘南遭到失败，红二十九团大部散失，造成红军历史上的“八月失败”。当红军主力冒进湘南时，赣敌十一个团全力侵占永新，毛泽东指挥红三十一团在人民群众的配合下，用盘旋式的打圈子方法，四面游击，在永新城周围30里内，与赣敌周旋达25天之久。然后以红三十一团第一营和红三十二团守井冈山，亲率红三十一团第三营往湘南，迎回受挫的红二十八团。8月30日，坚守井冈山的红军，进行了胜利的黄洋界保卫战，守住了井冈山阵地。9月8日，红四军主力回到井冈山南麓的黄坳，在根据地人民的配合下，采用避强击弱、机动作战的方针，从9月中旬至11月上旬，先后占领遂川，收复宁冈，进占永新，四战四捷，迫使敌人转入守势，粉碎了敌人的第二次“会剿”。随即毛泽东领导根据地军民开展整党、分配土地和战备工作，准备迎接新的更艰巨的战斗。

分遣与集结是军事上两种基本的用兵形式，其目的是要达到有利于保存自己和消灭敌人。“渔人撒网”的游击战术，正是这种分遣与集结的恰当运用。它的行动，是神出鬼没，秘密神速，有如疾风流水，捉摸不定，来去无踪，即打即离，袭击、伏击、夜间行动，奇兵制胜和打内应等。

早在土地革命战争时期毛泽东就曾指出：“打开以争取群众，收拢以应付敌人。……这里所谓‘打开’，就是指近距离的分兵。……至于远距离的分兵，则要在好一点的环境和在比较健全的领导机关两个条件之下才有可能。因为分兵的目的，是为了更能争取群众，更能深入土地革命和建立政权，更能扩大红军和地方武装。”（《毛泽东选集》第1卷，第104页。）至于集中呢？他认为：“集中了才能消灭大一点的敌人，才能占领城镇。消灭了大一点的敌人，占领了城镇，才能发动大范围的群众，建立几个县联在一块的政权。这样才能耸动远近的视听（所谓扩大政治影响），才能于促进革命高潮发生实际的效力。”（《毛泽东选集》第1卷，第103页。）“打开”与“收拢”，既是军事斗争的需要，也是红军宗旨和群众革命战争性质所决定的。因为中国的红军，不是单纯的为打仗而打仗的，它除了打仗消灭敌人有生力量之外，还担负着宣传、组织群众、帮助群众建立革命政权，以至建立共产党的组织等项任务，从而发展壮大红军本身，巩固和扩大红军赖以进行群众革命战争的根据地。

土地革命战争初期，毛泽东率领秋收起义部队于1928年创建湘赣边井冈山革命根据地，1929年又创建赣南、闽西革命根据地，都是“及时”、“适度”集中兵力战胜敌人的结果。1928年湘赣边界革命军第一次打下永新时，二十九团和三十一团在永新境内的分兵；1928年6月，红军第三次打下永新时，二十八团往安福边境、二十九团入莲花、三十一团往吉安边界的分兵；1929年4至5月，红军在赣南各县的分兵；7月在闽西各县的分兵，都歼灭了敌人，扩大了红军和革命根据地，是分兵的成功例子。

但是，中共中央1929年2月给红四军前委的信中，对红军的行动策略问题上，提出将队伍分得很小，以连或营为单位，散向农村，朱、毛离开队伍，隐匿大的目标的分兵，则是错误的消极分兵，是完全不符合当时作战实际的。毛泽东在当时就指出，这种分兵从1927年冬天以来，实行多次都遭失败了。因为，红军主力不是本地人，和地方赤卫队来历不同；分小则领导不健全，恶劣环境，应付不来；容易失败；易被敌人各个击破；愈是环境恶劣，队伍愈须集中，领导都愈需坚决奋斗，方能团结内部，应付敌人。又如1928年7月杜修经的分兵湘南，造成“八月失败”，也是错误分兵的例子。

“渔人撒网”的游击战术，是土地革命战争初期的创造，它是毛泽东关于把武装斗争、根据地建设和土地革命三者结合起来，实行工农武装割据的思想，在军事斗争上的具体体现。这一方法，在以后的游击作战，特别是抗日游击作战中，又得到新的发展和提高。如“声东击西”、“袭击”、“武工队”、“游击小组”、“敌进我进”、“到敌后之敌后”、“各种民兵游击战术”……也都是各种不同情况下进行游击作战的经验总结。这些都成为了毛泽东与各类军事对手进行较量和斗争的利器。

十一、“蘑菇战术”显神威

“蘑菇战术”是毛泽东在与强敌进行军事较量中的一大创造。所谓蘑菇战术，就是与敌人采取盘旋式打圈子的办法，在运动战中抓住敌人的薄弱环节寻机歼敌。

转战陕北途中

到解放战争时期，陕北著名的青（化砭）、羊（马河）、蟠（龙）战役三战三捷就是毛泽东实行“蘑菇战术”典型的成功战例。

1947年3月，蒋介石的“全面进攻”白白送掉65个旅之后，仍然野心不死，被迫改为“重点进攻”，集中兵力进犯我陕甘宁边区和山东解放区。仅陕甘宁边区，敌人就调集了胡、马军23万多人，妄图以绝对优势的兵力，一举消灭西北解放军，夺取延安，摧毁中国共产党的领导中枢。当时，解放军在陕甘宁边区的部队只有2.5万余人，形势十分严重。在敌强我弱的情况下，毛泽东决定与敌进行“蘑菇战术”，主动撤离延安，在运动中寻机破敌。

对于撤离延安，当时许多战士甚至不少干部想不通，感情上一时转不过弯来。毛泽东耐心地给同志们讲解道理。他说，我们在这里住了10年，挖了窑洞，种了小米，学了马克思列宁主义，培养了干部，指挥了全国革命，全中国、全世界都知道有个延安，不能不保，但是延安又不可死保。他反复说明，作战不在于一城一地的得失，主要是消灭敌人的有生力量。“存人失地，人地皆存；存地失人，人地皆失。”这是个显而易见的真理。从全国战局、敌我军事力量对比方面看，暂时放弃延安，无损于人民解放战争胜利的大局。过去8个月内，蒋介石已损失了60多个旅，他能用于进攻解放区的机动兵力越来越少，因此被迫放弃“全面进攻”，改在解放区的两翼：山东和陕北，实行“重点进攻”。这正表示蒋介石已走近穷途末路，离灭亡之日不远了。目前全国正面临着人民大革命高潮的前夜，我们要用百折不回的毅力，去克服所有的困难，促进新的高潮很快到来。对于如何解决对陕甘宁边区进犯之敌，毛泽东说，敌人有23万人，我们才两万多。两万多人要消灭23万人，是有困难的。要战胜敌人，得有正确的作战方针，现在，就靠你们作“磨心”。牵敌人，磨敌人，让敌人围着团团转。这种办法就叫“蘑菇”战术。陕北山高路隘，你们牵上敌人去爬吧。等它爬够了，疲劳了，饿饭了，就寻找机会歼灭它。毛泽东的话，给大家拨亮了心中的明灯，增添了争取胜利的信心和力量。

3 月 16 日，敌人在付出巨大代价后，进抵垦区金盆湾、南泥湾一带，逼近延安的大门。在敌人兵临城下的时候，毛泽东仍然在那里坚持工作。18 日，敌人窜到延安城郊 20 里外，枪声已清晰可闻，毛泽东最后离开办公室。

延安宝塔山

3 月 19 日，西北野战军教导旅和警备七团已歼敌 5000 余人，胜利完成了掩护中央机关安全转移的任务，而自动撤离延安。在敌人占领延安后，西北野战军一纵用少数兵力，故意摆出阵势，漫山撒开，向西北方向的安塞转移，诱敌前进。敌机跟踪侦察，果然以为是大兵团行动，即以其主力五旅之众追扑上去。

敌人占领中共主动放弃的延安空城后，就拼命吹嘘“胜利”。而此刻，西北野战军的新四旅、教导旅和刚由河东过来的二纵，已到延安东北的青化砭一带隐蔽埋伏。毛泽东在离开延安时，就已决定要在这一带打一个歼灭战。而且判断，敌人一定会跟来，并且是实力较弱、便于歼灭的部队。

青化砭，30 里大川，公路两边都是高山，正像张开一条口袋。只是青化砭有个土寨子，要使敌人全部进入伏击圈，就得让出寨子。但这样一来，就会增加攻击时的困难；不让出来，又不能全歼敌人。最后有人建议，拆北墙留南墙。因为敌人由南边来，既可以挡住敌人的视线，又减少了我军攻击时的障碍，这个巧妙的主意立刻被毛泽东等人采纳了。

3 月 24 日拂晓，西北野战军主力部队在彭德怀司令员的指挥下，神不知鬼不觉，进入指定地区。一纵把敌人牵到安塞后，又掉头向东，赶到青化砭参加战斗。刚刚布置妥当，就得到情报，敌三十一旅、一三五旅自延安分兵北犯，已进至拐峁、刘家沟了。但战士们等了一天，却不见敌人的到来，原来敌人在拐峁补给粮食，宿营了。

第二天天刚亮，敌人两架飞机到西北野战军设伏地点侦察一番，当确信没有伏兵的时候，他们的部队才出动。将近 10 点，敌人的先头部队闯进了伏击圈，他们虽然得到了“无有伏兵”的报告，但还是例行公事地朝半山腰扫了一阵机枪，火力侦察了一番。战士们一动不动。敌人没有发现目标，前进的胆子更壮了。这时，西北野战军 1 万多人，就集结在这里，吃饭睡觉，竟没有留下丝毫痕迹。由于有广大群众掩护，封锁消息，传送情报，敌人一举一动我军都了如指掌。敌人得不到群众支持，完全像瞎子一样乱撞乱窜。当敌人全部进入伏击圈时，我二纵就在尾部打响了，新四旅在前头捏住了敌人的脖子，一纵、教导旅自两侧合击，分割穿插，把敌人斩成数段。顿时，枪炮齐鸣，杀声四起，战士们个个如猛虎下山，似蛟龙入海，向敌人猛打猛冲。由于山高沟深，敌人躲无处躲，逃无处逃，只好等着挨打。

仅仅经过一个多小时的战斗，敌三十一旅旅部并一个团近 3000 人全部被歼。还活捉了敌旅长李纪云，缴获了大量的枪支弹药。撤出延安仅 6 天，我军初试锋芒，就旗开得胜。这一仗大大打击了敌人的嚣张气焰，鼓舞了我军的士气。俘获的人员、马匹、弹药、物资，又充实了我们的力量。敌主力 5 个旅，武装游行到安塞，扑了一个空，听说三十一旅被歼，慌忙赶回救援，而我军已撤往几十里以外休整了。

青化砭战斗的胜利，不仅使敌人大为震惊，就连我军内部许多人也不曾想到会如此顺利。其实，马到成功这是毛泽东预料之中的。为着迎合敌人急于寻找我主力决战的心理，在撤出延安的时候，毛泽东指示西北解放军一部，公开向安塞方向转移，以调动敌人主力到西北方向，而我主力则隐蔽在延安东北一带寻找战机。毛泽东分析，敌人在延安立足未稳，必然会派出警戒部队，向延安东北方向蟠龙一带伸展，以便确保外围。青化砭是去蟠龙的必经之路，地形险要，便于我军用兵。就一般而言，敌人会把战斗力较强的部队用来对付我军主力，战斗力较弱的放出警戒。而我军则可集中绝对优势兵力，事前做好充分准备，以逸待劳，一举歼灭之。

三十一旅在青化砭被歼，敌人认为是分兵所致，于是便迅速改变战术，一出动就是八九个旅，一下子摆开几十里的方阵，行则同行，住则同住，以为采用这个新制定的所谓“方形战术”，就不会暴露弱点，被我“各个击破”。其实，分兵也罢，“方形”也罢，在毛泽东的战略战术面前都失去了效力。不久，敌人又在羊马河受到一次比青化砭更沉重的打击，一个美械装备的整旅被我野战军完全歼灭。

羊马河战斗是在一种错综复杂的情况下进行的。青化砭战斗刚一结束，我军主力便转移隐蔽休整，养精蓄锐，只派出小部队作“磨心”，牵敌人，磨敌人，使其暴露弱点，出现过失，便于我们歼灭。果然，当敌人发现我军主力就在延安东北时，立即以董钊、刘戡两个军共八九个旅，紧追不舍。然而我军主力却按兵不动，只由新四旅两个营佯装大兵团，牵着敌人的鼻子，经延长、延川、清涧至瓦窑堡，又来一次长途大旅行。我“磨心”由于是小部队，机动灵活，且有广大群众的支援掩护，使敌人到处扑空。敌人的大部队，不仅行动不便，补给困难，还要不断受到民兵游击队的袭扰打击，简直是苦不堪言。

敌人到瓦窑堡，见不到解放军的影子，粮食也吃完了。于是留整编一三五旅守备瓦市，主动南下集结于蟠龙、青化砭一线，进行补给。4 月 6 日，西北野战军于蟠龙附近的永坪地区，给从瓦窑堡南退的敌整编二十九军重大杀伤。敌人发现我军就在背后，马上又掉头北上。对于敌人这一阶段的行动，毛泽东作了极其精确的估计：“目前敌之方针是不顾疲劳粮缺，将我军主力赶到黄河以东，然后封锁绥德、米脂，分兵‘清剿’。敌三月三十一日到清涧不即北进，目的是让一条路给我走；敌西进瓦窑堡，是赶我向绥、米。现在因发现我军，故又折向瓦市以南以西，再向瓦市赶我北上。”（《毛泽东选集》第4卷，第1222页。）因此，毛泽东指示部队继续在现地区同敌人周旋，然后寻机歼灭它。

根据毛泽东的部署，一纵便乘机诱敌。敌人误认牵制部队即为野战军主力，便紧紧追来。敌人在瓦窑堡的一三五旅也急忙南下，企图与其主力会合。我指挥机关发现这是个“可乘之隙”，立刻命令主力部队坚决截击歼敌。在一纵继续牵着敌人向西游行之时，我新四旅、二纵和教导旅则在延榆公路两侧隐蔽集结，准备夹击敌人。

敌一三五旅在14日拂晓进至羊马河附近伏击圈，我军主力立即对敌人进行攻击。我军集中优势火力，层层排除敌人的抵抗。二纵和教导旅由东往西攻，新四旅由西往东压。阵地上，炮弹开花，浓烟滚滚。敌人见势不妙，急忙给胡宗南发电求援。胡宗南一边令一三五旅就地构筑工事，“固守待援”，要不惜一切代价，把我紧紧吸住；一边令董钊、刘戡急速回转同我军决战。其实，他要消灭我军主力只不过是黄粱美梦罢了。这时董钊、刘戡的部队已被我一纵紧紧拖住，要回来已不可能了，何况只有后卫部队一个旅，跟一三五旅隔着一道山，可是又被我十六团二营顶住。不能前进一步，只好胡乱地打一阵炮，权作“声援”。而一三五旅由于一直等待主力接应，因此连逃跑的机会也错过了。我军以压倒的优势，猛打猛冲。经过6个小时的激战，敌一三五旅的4000余人被全歼，代旅长麦宗禹也被活捉，并缴获大量武器装备。由于我军坚决执行了毛泽东的作战方针，机动灵活，善于造成和发现敌人的过失，善于制造和利用敌人的“可乘之隙”，在运动中捕捉战机，取得全歼敌人的战果。所以，敌一三五旅尽管有 9 旅之众作为接应，仍然遭到全军覆没的命运。

我军撤离延安还不到一个月，就连打两个胜仗，歼敌近两个旅，鼓舞了士气，改善了装备，补充了人员。敌人连打败仗，士气低落，开小差的屡屡发生。毛泽东正确估计了敌人的情况，要求西北野战军继续采用“蘑菇战术”，将敌磨得精疲力竭，使其达到十分疲劳和十分缺粮的程度；并攻击敌人的薄弱部分，断其补给，使其饿饭。这样，下一次战役就以攻打蟠龙最为有利。

40 公里是敌人的大“粮库”。如果打下蟠龙，就断绝了敌人的补给，无异于釜底抽薪。我军经过两次歼敌的锻炼，炮火大大加强，已具备一定的攻坚力量。蟠龙原有敌整编一六七旅把守，周围还有几个旅来往活动，要打，就必须把敌主力调开，使其孤立无援。因此，能不能调动敌人就成了攻打蟠龙的关键问题。毛泽东判断，当时敌人正急于赶我向北，因此我三五九旅便“投其所好”，积极出击，诱敌沿咸榆公路北上；同时，又遵照毛泽东的指示，组成南进支队，到延安以南破坏交通，断敌粮运。我军主力则隐蔽集结于瓦窑堡到清涧大路以南，等敌人一到绥德，就在蟠龙打响。敌人再想回援，至少需六七天，胜利就有绝对把握了。

敌人发现我三五九旅，便像鱼看到了诱饵，紧紧追上来。敌人 9 旅之众，再加上前面机枪开路，也算得上浩浩荡荡了。敌人主力一上钩，西北野战军主力便立即进入蟠龙周围，严密封锁了消息。经过两昼夜的紧张侦察，加上被敌人抓去挖工事的老乡跑回来提供的材料，我军已基本掌握了敌人工事构筑和火力配置的情况，并按顺序把敌人的工事标为5个阵地。其中的5号阵地是主要支撑点，其火力配备还不十分清楚。为了彻底弄清楚，便在附近的山沟里捉到两个去抓鸡的俘虏。这样，西北野战军对整个蟠龙的防御体系都了如指掌了。

4月30日，西北野战军担任攻击蟠龙的部队，进入攻击准备位置。一纵在西南，二纵独四旅在东南，新四旅在东北，完成四面包围。一切准备就绪，定于5月1日拂晓打响。不料天不作美，头天突然狂风暴雨，雷电交加。由于山洪暴发，遍地泥泞，部队难于运动，只得推迟一天。

5月2日，云收雨住，天刚拂晓，战斗便打响了。各路部队在强大炮火掩护下，连续夺取个几处前沿阵地。东线兵团突破鹿砦、铁丝网，以对壕作业迅速逼近敌阵，直捣蟠龙。敌人仓促应战，也不知解放军来了多少，山炮、迫击炮、化学炮，只管乱轰一气。

战斗进展极其顺利，次日即将遍布群山的30多个碉堡外壕大部占领。前来助战的两架敌机，一架被击落，一架慌忙逃走。独四旅和新四旅七七一团借着炮火掩护，扫除了前沿阵地密布的地雷，接近敌人的主要支撑点5号阵地。敌人依仗纵深工事，和猛烈的炮火配合，进行顽抗，攻击难以奏效。解放军重新调整火力，发起猛攻。七七一团一个排冒着敌人密集的炮火，逼近5号阵地前沿，迅速挖好单人掩体，紧紧贴在那里，分批轮流向敌人阵地投掷手榴弹，给敌重大杀伤和消耗。最后敌人不支，慌忙派来一连人换防。我军乘机发起攻击，夺取了 5 号阵地。接着又攻下了 3 号阵地，摧毁了敌人的山炮阵地。

4 日黄昏，各部队由四周居高临下，向镇内之敌猛攻。敌人狼狈向沟里逃窜。战士们发扬勇敢战斗不怕疲劳的精神，奋力追歼。夜半，敌人的精锐部队整编一六七旅就被我全部歼灭。毙俘敌旅长李昆岗以下 6700 余人，缴获山炮 6 门，军衣 4 万多套，面粉 12 万余袋，骡马千余匹。

与此同时，野战军教导旅在青化砭以北地区阻敌，歼敌保警队一部。4 日驻青化砭之敌整编四十八旅、八十四旅各一个团附坦克两辆，去解蟠龙之围，被阻于青化砭以北 10 里处。5 日晚该敌才得知蟠龙守敌被歼的消息，连夜冒雨南逃。南进支队也在这以后不久，攻克延安以南的门户金盆湾。三五九旅则紧紧拖住敌人北上主力。就在攻下蟠龙的当天，敌人得知后方告急，仓皇南下。等敌人抵达蟠龙，我军主力已到安塞地区休整了 7 天。

撤出延安仅仅 40 多天，西北解放军在毛泽东的指挥下，三战三捷，歼敌 1. 4 万多人，彻底粉碎了敌人打击我党我军首脑机关，并将西北野战军主力赶到黄河以东的妄想。

战争的整个进程，完全证实了毛泽东的论断：敌人的优势只是暂时的。在西北战场上，尽管敌人骄横一时，侵占了陕甘宁边区的所有县城，但由于西北野战军采用了毛泽东制定的灵活机动的“蘑菇战术”，巧妙地与敌人周旋，对敌人一拖再拖，一磨再磨，使敌人越打越孤立，越打越弱，越打越少，陷入绝境。仅仅过了一年多，革命圣地延安就重新回到人民手中，敌人在损兵折将 10 万人之后，不得不狼狈逃出边区，落了个“人地皆失”的悲惨结局。

毛泽东总揽全局，胸中装有百万兵，蘑菇战术显神通，在弱胜强敌的战争史留下了一段佳话。

十二、诱敌深入专拣弱的打

毛泽东并没有系统地学习过军事，他是在与敌人进行军事斗争实践中成长起来的军事巨人。诱敌深入，专拣弱的打，是毛泽东与敌人进行军事较量，克敌制胜的又一法宝。

毛泽东“诱敌深入”的打法，是在红军从游击战向运动战转变的过程中，于中央苏区第一次反“围剿”时提出来的。这一战法是经过三年游击斗争，扩大了红军，创建和扩大了革命根据地后，红军反“围剿”斗争的主要方法。毛泽东在《中国革命战争的战略问题》中指出：“到了江西根据地第一次反‘围剿’时，‘诱敌深入’的方针提出来了，而且应用成功了。”又说：“对于我们，当敌举行大规模‘围剿’时，一般的原则是诱敌深入，是退却到根据地作战，因为这是使我们最有把握地打破敌人进攻的办法。”（《毛泽东选集》第1卷，第204、211页。）

毛泽东领导的中央革命根据地的第一次反“围剿”，就是采取诱敌深入的方针，在敌我力量悬殊的情况下，打破敌人“围剿”的。

1930年5月开始的蒋（介石）、冯（玉祥）、阎（锡山）中原大战，到10月以蒋的胜利而告结束。随即蒋介石先后调集11个师另3个旅（张辉瓒第十八师、谭道源第五十师、罗霖第七十七师、许克祥第二十四师、毛炳文第八师、公秉藩新编第五师等部及3个航空队），共10万人的兵力，分布于樟树、抚州、南昌、靖安、高安、上高及闽赣边界地区，由国民党江西省主席兼第九路军总指挥鲁涤平为陆海空军总司令南昌行营主任，张辉瓒为前线总指挥，采取“分进合击”的战法，准备对江西中央根据地的红一方面军发动第一次“围剿”。

赣江

这时，红一方面军有第一、第三两个军团，共约4万人。部署在清江至分宜的袁水两岸地区，以战备姿态进行群众工作和筹款。在大敌临危情况下，总前委书记毛泽东和总司令朱德，根据10月下旬总前委和江西省行委新喻县罗坊联席会议精神，于11月1日向全军下达了“诱敌深入赤色区域待其疲惫而歼灭之”的命令。随即红军主力从袁水两岸地区撤至赣江以东的吉水、新淦、崇仁、宜黄、乐安、永丰一线地区，进行反“围剿”的准备工作。

11月5日，敌人向袁水流域推进，扑空后转向赣江东岸逼近。

红军以少数兵力配合地方武装，迟滞、迷惑敌人，诱敌就范，主力实行退却，于12月1日退至预计诱敌深入的终点而予以歼灭的黄陂、小布、安福圩地区，隐蔽待机，进行作战准备。12月16日，各路敌军向根据地中心区进攻，至28日，先后进占万安、泰和、东固、源头、广昌、建宁一线，东西相距800里。红军主力集结地区周围有敌5个师：左路第十八、第二十八两师进至富田、东固、南垄；中路第五十师进至源头；右路第二十四、第八两师进至洛口、头陂。敌进入根据地后，战线拉长，兵力分散，又不断遭受红军和赤卫队、少先队的袭扰，士气沮丧，饥饿疲惫，急躁忙乱等弱点都暴露出来了，造成了红军反攻的必要条件和有利态势。

根据敌情，红军决定实行中间突破，集中优势兵力一路一路地歼灭敌人，以打破“围剿”。

12月29日，敌第十八师主力向龙冈推进，急于寻红军主力决战。该地区人民与地形条件有利于红军歼敌，敌又是孤军深入，毛泽东、朱德决定首先歼灭此敌，实现中间突破，命令主力秘密西进，埋伏在龙冈附近山中。12月30日，敌张辉瓒率其师部及两个旅，由龙冈进至小坪附近时，即遭红军猛烈伏击，一举全歼该敌，毙俘敌师长张辉瓒以下9000余人，取得反“围剿”第一仗的胜利。

敌前线总指挥张辉瓒以及师主力被歼，对敌震动很大，在源头的谭道源师仓皇东撤。红军乘敌阵势混乱，挥戈东向，尾随该师急进，于1931年1月3日，在东韶歼灭该师一半，俘敌官兵3000余人，残敌向南丰方向溃逃，其他各路敌军慌忙撤退。第一次反“围剿”，红军将2.5倍于己的敌军，诱至根据地内，待机破敌，5天之内，连打两个胜仗，歼敌近一个半师，活捉敌前线总指挥，其反革命“围剿”被彻底粉碎，中央根据地得到进一步的巩固和扩大。中央根据地第一次反“围剿”胜利后，红军继续执行“诱敌深入”的方针，又胜利地粉碎了蒋军更大优势兵力的第二次、第三次、第四次“围剿”。而在第五次反“围剿”时，由于当时“左”倾错误的中共中央领导，排挤了毛泽东在红军的领导，否定“诱敌深入”的打法，实行消极防御路线，单纯依靠正规军进行阵地战和短促突击，先是“御敌于国门之外”，接着是节节抵御，“六路分兵”，后又实行逃跑主义等完全错误的方针，导致根据地丧失，红军受到极大损失，被迫实行战略转移——长征。

关于诱敌深入方法，一般是一个“诱、弱、优、歼”的过程。即多取示利、假象、迫使、骄纵以诱之，使其就范；在诱进中削弱磨疲敌军，暴露和造成敌军弱点；依靠根据地有利条件从弱敌开刀，多取集中优势兵力，伏击歼敌，各个击破之法，以达彻底粉碎敌之进犯企图，转入准备下一作战为止。第一、二、三次反“围剿”的胜利，都是这么取得的。1933 年 12 月至 1934 年 9 月，徐向前等指挥红四方面军粉碎刘湘对川陕革命根据地六路围攻的胜利，也是这么取得的。抗美援朝作战中，1950 年 11 月 25 日至 12 月 24 日的第二次战役，就是利用第一次战役胜利后，敌尚不明我情况，还妄图冒进鸭绿江之际，彭德怀力排他议，经毛泽东同意，采取诱敌深入的打法，歼敌 3. 6 万人，把敌赶至三八线以南，初步扭转战局，为抗美援朝战争的胜利奠定了基础。

“拣弱的打”，是毛泽东从战术上以多胜少的原则出发，为人民军队制定的又一基本作战方法。毛泽东指出："弱军对于强军作战的再一个必要条件，就是拣弱的打。"（《毛泽东选集》第1卷，第208页。）"拣弱的打"战法，既适应于敌处战略进攻、我处战略防御阶段的作战，也适应于敌处战略防御、我处战略进攻阶段的作战，因而是一种通用的，完全主动作战的政策和方法。正如毛泽东所说："先打弱的，后打强的，你打你的，我打我的（各打各的）政策，亦即完全主动作战政策。"（《毛泽东军事文集》第4卷，第41页。）

毛泽东的"拣弱的打"一法，是他克敌制胜的基本方法之一。运用这一打法制胜的成功战例很多。解放战争初期，由刘伯承、邓小平指挥的定陶战役即是典型的一例。

定陶战役是晋冀鲁豫野战军主力在战略内线进行的一次运动战战役。1946年6月底，蒋介石在完成了他的向解放区进攻军事部署之后，公然撕毁国共两党停战协定，对解放区发动了全面进攻。8月28日，蒋介石从徐州和郑州两个绥署集中了15个旅约10万余人的兵力，由东西两个方向，向晋冀鲁豫解放区4个主力纵队发动了进攻，企图钳击和消灭人民解放军该4个主力纵队于陇海路以北的定陶、曹县地区，并引黄河水入故道，分割解放区，控制鲁西南，然后出漳河，打通平汉路，消灭晋冀鲁豫区人民解放军主力。

根据蒋军部署，8月29日，毛泽东和中央军委在给刘伯承、邓小平并告陈毅的电报中指出："孙震令第三师（两个旅）、四十七师（两个旅）先肃清定陶以南之张庄等地，而后再攻定陶。……望令我主力在一星期内休整完毕，俟第3师2个旅进至适当位置时，集中全力歼灭其一个旅，而后相机再歼其一个旅。该师系中央军，如能歼灭、影响必大。”根据这一指示，刘伯承、邓小平等将郑州和徐州的两敌作了比较研究认为，东路徐州之敌虽少于郑州之敌，却全是蒋介石的嫡系部队，拥有美式装备，战斗力强，西路郑州之敌人数虽多，是进攻的主力，但战斗力不强，是两敌中的弱敌，如粉碎了西路敌人的进攻，则徐州、郑州两敌的钳形攻势便可自行瓦解。所以主力打郑州方向敌人，应为战役主攻方向。而在郑州之敌中，整编四十一师、四十七师、五十五师、六十八师，都不是蒋之嫡系部队，战斗力较弱，唯整编第三师是蒋之嫡系部队，战斗力较强，但却有许多内在的弱点：

一是骄傲轻敌，行动易发生过失是“弱”。

二是与其他“杂牌军”矛盾较深，如遭打击，“杂牌军”不会积极增援也是“弱。”

三是该师刚刚从中原战场仓促调来，情况不明，地形不熟，部队疲劳，驻足未稳，又显示出“弱”；另外，该师与同向定陶地区进攻的整编第四十七师相距约 15～20 华里间隔，便我分割围歼，又是“弱”点。

这些决定了整编第三师这支战斗力较强的敌军，反成了郑州诸敌中的弱点、弱敌。经过这一由此及彼、由表及里的仔细分析判断，找准了弱敌、弱点，掌握了整个战役可能的发展趋势，刘邓定下了以小部钳制徐州之敌，主力先打郑州之敌，郑州之敌中又先集中优势兵力从打整编第三师入手，实施整个定陶战役的正确部署。

经过周密计划和部署，9 月 2 日，徐州出动之敌被刘、邓兵力钳制在城武以东地区，距郑州方向进攻之敌 200 公里。郑州敌整编第

四十一、五十五、六十八师，分别被我地方武装阻滞于东明西南和曹县西南地区。9月3日，刘、邓以少数兵力，巧妙地诱使敌整编第三师按计划的时间、路线进入预设战场大黄集地区。当夜23时，我军集中主力，采取“猛虎掏心”战术，将敌整编第三师分割包围，首先重点攻击第二十旅，经两天激战，至6日中午，于秦寨、白茅集地区全歼敌整编第三师师部及其2个旅，随即追歼攻击溃敌，8日各路敌军溃逃，战役胜利结束。

定陶战役历时5天，共歼敌军4个旅，含敌人整编第四十七师两个旅，共17000多人，粉碎了郑、徐两敌的钳形攻势进犯。

“拣弱的打”一法，不仅在陆上作战中适应，而且在空战、海战中也同样有着重要作用。例如，人民海军诞生后，曾打过多次小规模的海上歼灭战——1955年1月14日击沉蒋“太平号”；1965年“八六”海战击沉蒋“剑门号”和“漳江号”两舰；1974年1月西沙自卫反击战等战斗，就是抓住了敌人为“不义之师”、“孤军冒进”、“远离基地”和“缺乏支持”等等弱点，以坚决果断的突然攻击予以歼灭的。

诱敌深入，打敌弱点，拣弱的打，是毛泽东克敌制胜的法宝之一。在与强敌进行军事较量的过程中，毛泽东采取“诱敌深入”，“拣弱的打”的办法，一口一口地吃掉敌人，使整体上的敌强我弱态势转化为局部上的我强敌弱态势，然后夺得战役战斗的胜利。因此，无论在什么敌人面前都具有无比强大的威力。

十三、集中优势兵力各个击破

在军事战略中，集中优势兵力就是一个一个地歼灭敌人，以夺取战役的胜利。这是毛泽东运用最娴熟的克敌方法之一。

中华苏维埃共和国临时中央政府

1929 年 4 月 5 日，红四军前委在给中共中央 1929 年 2 月 9 日来信的复信中，提到了集中优势兵力，“各个击破”的问题。信中提出，中央来信要红军高度分兵农村游击，是一种不切实际的想法。红四军曾实行多次，都失败了，原因之一就是容易被敌人“各个击破”。毛泽东吸取其经验教训，在“诱敌深入”粉碎了蒋军第一次“围剿”胜利的基础上，于 1931 年 5 月 16 日至 31 日，在中央革命根据地的第二次反“围剿”作战中，又成功地创造了集中优势兵力，

“各个击破”的战术。

蒋介石在第一次“围剿”失败后，于1931年2月，派军政部长何应钦代行司令职权兼陆海空军总司令南昌行营主任驻南昌指挥，调集18个师另3个旅，约20万人的兵力，“以厚集兵力，严密包围及取缓进为要旨”，采取“稳扎稳打，步步为营”的作战方针，自北向南，积极部署对红一方面军的第二次“围剿”，于3月下旬部署完成。由蔡廷锴指挥第十九路军3个师1个旅由兴国向龙冈头、宁都进攻；王金钰指挥第五路军5个师由吉安、泰和、吉水、永丰向东固、藤田方向进攻；孙连仲指挥第二十六路军3个师，由乐安、宜黄向东韶、小布进攻；朱绍良指挥第六路军4个师，由南丰、八都向广昌、黄坡进攻；韩德勤1个师担任维护赣江交通和当地“清剿”；3个航空队执行侦察、轰炸任务，另3个师2个旅去宁化、长江等地区，从南和北堵截。

这时红一方面军仍是第一、三两个军团的3万余人，但经过第一次反“围剿”的锻炼和胜利后的养精蓄锐，斗志非常旺盛。毛泽东提出的“诱敌深入”的打法，已为广大军民所接受。根据地党政军民，从各方面做了反“围剿”的准备。

此间，中共中央在六届三中全会后，派项英到中央根据地，任中央局书记和军委主席，朱德任军委副主席、红一方面军总司令，毛泽东任军委副主席、总政治部主任和红一方面军政治委员。4月，受王明“左”倾冒险主义影响的中共中央代表团，又到中央苏区领导工作，于是在领导层中，对第二次反“围剿”的打法产生了分歧。“进入白区歼敌”、“分兵退敌”、“先打强敌”等错误主张都提出来了。经过反复讨论，才接受了毛泽东的正确主张，决定继续采取“诱敌深入”，实行由西向东横扫，集中优势兵力，先打弱敌，各个击破的打法。部队从根据地北缘的永丰、宜黄、南丰一线，转移到广昌、石城、宁都、瑞金等地整训备战。

4月23日，敌各路军先后进至江背洞、龙冈头、富田、水南、严坊、招携、广昌等地。与此同时，红军主力则秘密地转移到了预定的退却终点——龙冈、上固、东固地区。在东固山区，为待机歼敌，迫敌而居达25天。这是战争历史上少见的大胆、稳健、隐蔽与果断。

敌人此次“围剿”，虽然兵力6倍于红军数量，又有何应钦驻南昌指挥，但都不是蒋介石的嫡系。以蔡廷锴、孙连仲、朱绍良三路敌军为强。进驻富田之王金钰第五路军的郭宗华、郝罗龄、上官云相3个师，从北方新到，另两个师对红军有恐惧心理。敌军各路各部之间也不统一。虽红军兵力只有3万多人，但是第一次反“围剿”胜利后，经过了4个月养精蓄锐的胜利之师，内部团结统一，素质高，可以全部集中，机动自如，又有良好根据地为依托和根据地的整体作战力量。据此，毛泽东决定集中兵力，在局部上造成优势，各个歼灭敌人。

5月13日，敌王金钰部所属第二十八师和第四十七师一个旅，开始自富田向东固前进。5月16日至17日，红军在中洞、九寸岑地区，包围该敌，歼其大部，夺得第二次反“围剿”的首战胜利。接着向东横扫，打郭（宗华）、打孙（连仲）、打朱（绍良）……一路一路各个歼灭。5月19日，在白沙歼敌第四十三师大部和第四十七师一个旅的残部，5 月 22 日，在中村歼敌二十七师的一个旅，5 月 27 日，在广昌歼敌第五师一部，5 月 31 日，突袭建宁，歼敌第五十六师三个多团。红一方面军从 5 月 16 日至 31 日的 15 天内，从弱敌打起，各个击破，自西向东横扫 700 余里，连打 5 个胜仗，歼敌 3 万余人，缴枪 2 万余支，痛快淋漓地打破了蒋军的第二次“围剿”。红军粉碎敌人“围剿”后，乘胜转入进攻，分兵发动群众，打土豪分田地，筹粮筹款，解放了赣东、闽西的黎川、南丰、建宁、泰宁等广大地区，根据地又进一步巩固和扩大了。

后来，红军在中央根据地的第三次、第四次反“围剿”作战，鄂豫皖根据地 1932 年 3 月 21 日至 5 月 8 日，徐向前等指挥的苏家埠战役，陕北、陕甘革命根据地 1935 年 5 月至 7 月的第二次反“围剿”作战等，都是采用“集中优势兵力，各个击破”战术的范例。抗日战争，尤其是解放战争的许多战役、战斗中，毛泽东都更强调了集中优势兵力、各个歼灭敌人的打法，从而使我军的作战取得了一个接着一个的伟大胜利。

其中，“围城打援”，是毛泽东集中优势兵力，各个击破敌人战术的绝妙运用。“围城打援”就是以部分兵力包围城市或据点，诱敌增援，集中主力歼灭援敌于运动之中的一种打法。

围城打援，是毛泽东得心应手的打法之一，总的精神是“攻敌所必救，消灭其救者，攻敌所必退，消灭其退者”。在与军事对手的较量中，毛泽东运用这一方法时有个特色，就是“以歼灭敌人有生力量为主要目标，不以保守或夺取城市和地方为主要目标”，这是一种完全主动作战的方法和原则。

太行山脉

抗日战争时期的神头岭战斗，是运用“围城打援”战胜敌手的一个成功战例。1938 年 2 月中旬，已占太原的日军又集结 3 万余人的兵力，向晋南、晋西进犯，先后占领长治、临汾、风陵渡等重要城镇，并继续向晋西黄河各渡口进犯。为钳制敌军，并策应一一五师、一二○师保卫河防的作战，中共中央军委和毛泽东命令一二九师集中部分主力于晋东地的武乡、襄垣地区，寻机歼敌，破坏敌人的后方补给线。

横贯太行山脉的邯（郸）、长（治）公路，是由晋东南通向晋西南的交通要道，沿途各县均有敌军驻守，其分布是：涉县有日军一○八师团的 400 余人；黎城有敌步骑兵千余人，系一○八师团的一个下属分支，且系其重要兵站基地；潞城有敌一○八、十六师团 2000 余人。八路军一二九师根据敌一处受袭，他处必出援的规律，决心对黎城实施强袭，吸引潞城之敌出援，于中途集中优势兵力歼灭之。黎、潞两城相距较近，有浊漳河相隔，便于断敌交通；公路两侧有国民党军队溃逃前修筑的沟堑工事可资利用，便于我军设伏。于是一二九师的具体部署是：以三八五旅七六九团强袭黎城并阻击涉县援敌；以三八六旅辖七一一团、七二二团、补充团，设伏于潞河村至微子镇之间，重点在神头岭公路两侧地区。

3月15日晚，一二九师各部队进入设伏地区。16日晨4时，七六九团第一营按预定计划突入黎城，与敌展开激战。潞城的日伪军闻讯，立即出动1500余人向黎城增援。一营完成诱敌出援任务后，旋即撤出黎城，该团主力在黎城东北之东西黄须阻击涉县来援之敌。七七一团特务连于战斗打响后迅速将浊漳河上的赵店木桥焚毁，切断敌黎城与潞城之间的通路。8时30分，潞城援敌先头部队汽车2辆及少数骑兵，通过神头岭，被阻于浊漳河边。9时，援敌主力抵达神头岭附近，稍事集结，并派骑兵向设伏地区侦察搜索。由于设伏部队沉着，伪装严密，敌未发现。9时30分，敌继续向黎城方向前进。当日军行军纵队完全进入我设伏地区后，各部队按统一信号同时出击，七一一团截敌之头，七七二团三营断敌之尾，七二二团主力与补充团从公路两侧向敌突击，将敌切成数段，展开激战。日军顿时建制溃乱，失去指挥，仓促间不能应战，大部当即被歼；一部逃窜至神头岭内凭借民房抵抗。战斗至11时半，敌除百余人由于设伏部队未及时断其退路逃出圈外，其余全部被歼。被阻于浊漳河南岸之敌先头部队亦被七七一团消灭。13时，潞城之敌又乘两辆汽车来援，被七七二团七连消灭在神头岭西南。14时，日军又乘7辆汽车来援，被我炮兵击毁3辆，其余回窜潞城。

当神头岭围歼战正激烈进行时，黎城之敌向神头岭方向增援，但在浊漳河北岸遭七七一团特务连阻击，且木桥被毁，无法通过。该敌在炮火掩护下抢修桥梁，未及修好，神头岭围歼战已经结束，援敌撤回黎城。

由于采取集中优势兵力进行各个击破歼灭敌人的战术，此次战斗，共毙伤俘日伪军1500余人，毙伤和缴获骡马600余匹，缴获长短枪800余支，给日军以沉重的打击。我方仅伤亡240余人，围城打援收到了预期效果。

解放战争时期的宜川、瓦子街战役，是在毛泽东亲自指导下，由彭德怀具体组织指挥的，是成功运用集中优势兵力各个击破围城打援方法获胜的又一战例。1948年2月，人民解放军西北野战军以两个纵队的各一部兵力，围攻敌一个旅守备的宜川，调动胡宗南集团位于洛川、黄陵的主力来援。同时集中主力9个旅的优势兵力，隐蔽埋伏在宜川西南的瓦子街南北地区，待机歼灭援敌。当敌整编第九军4个旅，由洛川、黄陵沿洛宜公路出援宜川，进到瓦子街地区时，西野即以1个纵队突然出击，向敌侧后猛攻，切断敌人退路；而以主力从南北两侧向敌展开猛烈突击，经30小时激战，全歼该敌24000余人。瓦子街大捷，使宜川守敌陷于动摇混乱，西野乘胜扩大战果，一举攻克该城两个师部5个旅约3万人，取得了先歼援敌、后克城池的双重胜利。

“敲牛皮糖”战术是毛泽东面对强敌战胜对手，集中优势兵力各个击破战术的又一创造。

牛皮糖是湖南乡村用稻米精制的一种黏力很强的传统糖块，一般是几斤或十多斤重一块，糖味很甜，当地群众很喜欢吃，但必须用铁占一小块一小块地敲下来，才便于吃。1951年，毛泽东用这种敲牛皮糖的方法，启示在抗美援朝前线指挥作战的彭德怀等，创造了痛打美军的“敲牛皮糖”战术。

1950年6月，中国人民革命战争刚刚结束，朝鲜战争爆发，接着美国等10多个国家进行武装干涉，同时美军侵占中国的领土台湾省。10月，侵略军进至中朝边境的鸭绿江，企图乘势入侵中国东北，还妄想配合逃至台湾的蒋军，从上海、广东方向登陆反攻。在此紧急关头，中共中央应朝鲜民主主义人民共和国政府请求，毅然作出抗美援朝、保家卫国的英明决策，于1950年10月8日组成中国人民志愿军，任命彭德怀为司令员兼政治委员。10月19日，志愿军跨过鸭绿江，开赴朝鲜，同朝鲜人民军一道，抵抗美帝国主义及其走狗的侵略。经过四次战役之后，于1951年4月，中、朝军队已进至38度线至37度线（水原一线）地区，基本上恢复了朝鲜失地，扭转了危局，出现了双方对峙的局面。

但是，侵朝的美英军队是具有现代化装备的诸兵种合成军队，他们多数参加过第二次世界大战，虽经打击，但“还有颇强的战斗意志和自信心”；中朝军队虽有高度的政治觉悟，丰富的作战经验，但装备较差，机动能力也较弱，物资运输和供应比较困难，很难大建制地歼灭敌人。一次歼灭1个营建制的多，一般夜晚包围不能歼灭时，第二天白天，美军便可依仗其机械化优势救援出去。从入朝作战的前几次战役看，虽然集中优势兵力，歼灭了大量敌人，但都未能歼灭敌人较大建制的部队。如第一次战役，志愿军以 6 个军歼敌 3 个多师，经 12 昼夜激战，重创敌 3 个多师，歼敌 15000 多人，其中全歼最大的单位是 1 个营。第二次战役，以 9 个军准备歼敌数个师，后改为六七个团，结果虽消灭敌人 36000 多人，但全歼最大的单位只是 1 个团。再如，第五次战役，第一、第二阶段作战，准备以 15 个军歼敌 7 个师，由于口张得太大，加之供应接济不上等原因，不仅没有打成大歼灭战，反而给自己造成了一些损失。据此，毛泽东电示彭德怀等："对英美军作战，口不能张得太大，必须采取'敲牛皮糖'的办法，一点一点地去敲。"（《彭德怀自述》，人民出版社 1998 年版，第 262 页。）打小歼灭战。毛泽东指出："历次战役证明我军实行战略或战役性的大迂回，一次包围美军几个师，或一个整师，甚至一个整团，都难达到歼灭任务。这是因为美军在现时还有颇强的战斗意志和自信心。为了打落敌人的这种自信心以达最后大围歼的目的，似宜每次作战野心不要太大，只要求我军每一个军在一次作战中歼灭美英土军 1 个整营至多 2 个整营也就够了。……这就是说，打美英军和打伪军不同，打伪军可以实行战略或战役的大包围，打美英军则在几个月内还不要实行这种大包围，只实行战术的小包围，即每军每次只精心选择敌军 1 个营或略多一点为对象而全部地包围歼灭之。"（《毛泽东军事文集》第 6 卷，第 282 页。）根据战场实际和毛泽东的指示，中朝军队用"敲牛皮糖"战术，广泛开展了"你歼敌 1 个班，我歼敌 1 个排"的小歼灭战运动，打得敌人惊恐万状，士气低落，迫使敌方联军总司令克拉克上将于 1953 年 7 月 27 日在停战协定上签字，夺得了抗美援朝作战的伟大胜利。

从第五次战役结束到朝鲜停战协定签字的两年多时间里，中朝军队贯彻毛泽东的打小歼灭战原则，用“敲牛皮糖”的方法，为配合停战谈判，多次举行反击作战。每战均选择适当的歼击目标（营以下单位），集中绝对优势兵力、火力，发挥近战夜战特长，速战速决，达成一个个小的歼灭战。例如，1953年夏季战役，第三次反击作战，志愿军与朝鲜人民军在对敌展开的全线性有限目标的进攻中，第一线各军选准敌排、连支撑点和个别营防御枢纽部共66个目标，在炮火支援下，集中兵力，依托阵地，突然行动，先后进行77次进攻作战（朝鲜人民军3次），打退敌排以上兵力反扑作战480余次，全歼敌2个营部、1个连、69个排、8个班，大部歼灭敌2个团、1个营、7个连、8个排、5个班，44天共歼敌2.7万余人。作战实践证明，“敲牛皮糖”式的打小歼灭战方法，是毛泽东集中优势兵力各个击破原则的具体化，是人民军队用劣势装备战胜优势装备的美英军队的一个重要作战方法。

“敲牛皮糖”是集中优势兵力打小歼灭战的一个形象化的提法，是毛泽东“打歼灭战”、“持久与速决”、“藐视与重视”等作战原则在抗美援朝战争中的运用和发展，是劣势装备之军制胜现代化优势装备之敌的有效战法。这种战法，可以不断歼灭敌人的有生力量，打击敌人的士气，动摇其军心，消耗其力量。对我，则可使部队得到锻炼，提高战术、技术水平和指挥水平，不断增强战斗力，为打大歼灭战创造条件。正是由于无数次战役战斗上的小歼灭战，积小胜为大胜，由小歼灭战发展到大歼灭战，最后迫使美帝国主义只得停战言和，创造了世界战争史上的一个奇迹。在与强敌进行军事较量中，毛泽东的这一战法具有强大的生命力，在反对和抗击各种反动军事势力中成功地战胜装备优良之敌，具有重要的指导意义。

毛泽东运用这一战术的特点是："战略上藐视敌人，战术上重视敌人"；"与伤其十指，不如断其一指"；在军事斗争中达到消灭敌人、保存自己的作战目的，以及每战要以消灭敌之有生力量为主要目标。这一战术也是毛泽东在与强大的敌人进行长期军事斗争实践中总结出来的胜敌法宝。

十四、机动灵活的作战原则

"机动灵活"是毛泽东指挥作战，战胜军事对手的又一个基本原则。他认为，主动性是军队行动的自由权，这种行动自由是军队的命脉，而灵活性则是具体表现其主动性的东西。毛泽东与军事敌手进行较量指挥作战，总是主动行动，很少被动挨打，运筹帷幄，决胜千里。

灵活机动的战略战术是毛泽东战胜对手的主要方法。

灵活地使用兵力是战争指挥的中心任务。"灵活性就是具体地表现主动性的东西。"《毛泽东选集》第 2 卷，第 412 页。毛泽东指挥作战的艺术风采，就是最善于在总的战略原则指导下，根据当面的具体情况，采取灵活多样的、秘密的突然行动，使用最合适的兵力，使自己的主观意图符合具体的客观实际，主动地指挥作战运动的发展。

其中，造成敌之错觉与不意是毛泽东用兵机动灵活的一大特点。

毛泽东在《论持久战》中指出："错觉和不意，可以丧失优势和主动。因而有计划地造成敌人的错觉，给以不意的攻击，是造成优势和夺取主动的方法，而且是重要的方法。”（《毛泽东选集》第 2 卷，第 491 页。）古代兵书讲，“兵不厌诈”，“出其不意，攻其不备”，也都是这个意思。毛泽东在与敌人进行战争较量中希望采用各种欺骗敌人的方法，造成敌之错觉与不意，使其陷入判断错误和行动错误的境地，吃尽战争不确切性的苦头，而至丧失其优势和主动。人民军队则尽可能大地获得战争中各种情况的确切性，发挥优势，夺取主动，造成作战胜利的条件。

在中国革命战争中，毛泽东用兵如神，每每造成敌之错觉，使敌受到不意攻击的战例是很多的。

“四渡赤水”，是毛泽东指挥中国工农红军，采用运动战的方针，在长征中进行的一次高度机动灵活的作战，从而使红军从被动转为主动。

1931 年 9 月，中央根据地红军在取得三次反“围剿”胜利之后，随着九一八事变后的全国抗日浪潮，红军的革命根据地进一步扩大，红军主力得到了很大发展。但在中央占统治地位的王明“左”倾教条主义的错误路线，竭力在根据地的党和红军中加以贯彻，作出所谓《关于争取革命在一省与数省首先胜的决议》，反对和否定了第一、二、三次反“围剿”的正确作战原则，排除毛泽东在红军的正确领导，由军事冒险主义到军事保守主义，最后变成了逃跑主义，使第五次反“围剿”遭到失败，中央红军 8 万余人，在 1934 年 10 月中旬，从福建的长汀、江西的瑞金等地出发，撤出根据地，开始长征。途中遭敌人的围追堵截，到通过敌人的四道封锁线后，已只有3万多人了，眼看红军有陷进敌人“口袋”，导致全军覆灭的危险。在紧急关头，毛泽东力主放弃与红二、六军团会合的原计划，改向敌人力量薄弱的贵州进军。周恩来、朱德赞同这个正确主张。此时“左”倾冒险主义者已经束手无策，只好接受毛泽东的意见。政治局黎平会议，肯定毛泽东的正确意见，正式决定红军向贵州前进。1935年1月，红军强渡乌江，占领遵义。1月15日至17日，中共中央在遵义召开政治局扩大会议，参加会议的有王稼祥、毛泽东、朱德、刘少奇、张闻天、周恩来、陈云、博古、何克全、邓发、刘伯承、李富春、林彪、聂荣臻、彭德怀、杨尚昆、李卓然、邓小平、李德、伍修权等20人。在会上，党中央主要负责人博古作了正报告，周恩来作了副报告，毛泽东等作了重要发言，集中解决了最迫切的军事路线与组织领导问题。会议重新肯定了毛泽东为代表的正确的军事路线，指出第五次反“围剿”失败的原因，是战略指挥上单纯防御路线的错误。明确了中央红军应发挥运动战特长，灵活机动，战胜敌人，在云贵川地区创建新根据地的战略方针。反对一切仓皇失措、悲观失望的右倾机会主义和单纯防御路线。会议选举毛泽东为政治局常委，取消博古、李德的最高军事指挥权。随后常委分工，由张闻天接替博古负总责，主持党中央的日常工作，由毛泽东、周恩来、王稼祥负责军事指挥小组。从此扭转危局，红军在毛泽东、周恩来、王稼祥及朱德总司令等指挥下，继续北上，扔掉笨重行李、辎重，精简机关，充实战斗连队。中央红军缩编为16个团（红一军团编为2个师6个团；红三军团编为4个团，红五、红九军团各编3个团）与干部团，采取高度机动灵活的运动战方针，进行了四渡赤水战役。

当时，蒋介石为了实现阻止中央红军北进四川同红四方面军会合，或东出湖南同红二、红六军团会合，围歼中央红军于乌江西北的川黔两省边界地区，纠集其嫡系部队及川、黔、湘、滇四省地方军，另广西一部分地方军，共150余个团的兵力，约40万人（当时中央红军只有3万多人），从四面八方向遵义地区中央红军主力进逼包围。部署为：薛岳8个师，从贵阳向遵义挺进；王家烈3个师，从东南两面向遵义急进；潘文华（川军）12个旅集中川南，防止红军入川；湘军4个师，在沿河、思南线防红军东进；滇军4个旅进到毕节，阻红军经滇北上；桂军3个师，进到独山都匀一线；蒋系上官云相2个师，向万县、重庆开进。据此严重敌情，中共中央军委决定，由红四方面军在四川西北方面实行总的反攻，红二、六军团在川黔湘鄂边积极活动，配合中央红军在赤水河一线高度机动作战，粉碎敌之围攻，保存力量，继续北上创建根据地，开创抗日斗争新局面。

据此方针，中央红军于1月19日从遵义地区向赤水、土城开进，29日在土城地区先后打败黔军侯之担部和川军郭勋祺部，因敌增援，再战不利，于是从元厚、土城南北地区，向西一渡赤水河，入川南向古蔺、叙永地区前进，准备相机从宜宾上游北渡金沙江。这时，张国焘违背策应红一方面军渡江北上的中央指示，兵出陕南，使得川军12个旅得以沿长江两岸设防，严重地破坏了红一方面军北渡计划。毛泽东根据情况变化，当机立断，高人一筹地毅然放弃渡江，趁贵州敌军空虚之际，由扎西地区突然回师向东，于2月18日

四渡赤水形势图

至21日，从太平渡、二郎滩二渡赤水河，占领桐梓地区，组织著名的遵义战役。红五、九军团于桐梓西北阻滞川敌，主力于2月25日攻占娄山关，歼敌一部，27日在董公祠击溃敌3个团的阻击，28日晨再占遵义城，歼敌吴奇伟部两个师的大部。遵义战役历时5天，击溃和歼灭敌人20个团，俘敌约3000人，夺得了长征以来第一个大胜利，沉重地打击了敌人的反动气焰，大大地鼓舞了红军的士气。

遵义战役后，蒋介石亲飞重庆策划，采取在江西第五次“围剿”

中用过的堡垒主义，加上重点进攻结合，实行南守北攻的战法，企图围歼红一方面军主力于遵义、鸭溪地区。毛泽东将计就计，指挥红一方面军伪装在遵义地区徘徊，以吸引更多敌人前来围攻。当敌军逼近时，又挥师西进，于3月16日在茅台向西三渡赤水河，再进川南，以一支小部队佯向古蔺、叙永方向前进，又摆出渡江北上姿态，将敌军主力引至赤水河西。在敌军聚集川南之后，红军主力却又突然东进，于3月21日至22日，在二郎滩、九溪口、太平渡向东第四次渡过赤水河，把敌人重兵甩到了赤水河西岸地区。随即声东击西，用少部向东佯动，作出东进湖南之势，主力则于3月29日南渡乌江，威逼贵阳。此时，蒋介石正从重庆赶到贵阳督战，急调滇军3个旅到贵阳“保驾”，消除了红军进军云南，从金沙江北渡入川战略行动的阻碍。于是红军趁云南兵走空虚之机，以每天120里的急行军直奔昆明。敌军恐昆明有失，又忙调兵回滇，这时红军已转头北上，直扑金沙江。等敌援昆扑空，再向金沙江时，红军已由刘伯承、聂荣臻、杨得志率领的先头部队于5月3日抢占皎平渡，经过6天6夜，红军全部胜利地渡过金沙江，达到川西南的会理地区，取得了“四渡赤水”和北渡金沙江的光辉胜利。从此，中央红军跳出了10多倍于己的几十万敌军围追堵截的圈子，夺取了战略主动权，实现了渡江北上的战略意图，取得了战略转移中具有决定意义的胜利。杨得志在《横戈马上》一书中回忆道：四渡赤水之役，是毛泽东高超的指挥艺术的生动体现，是我军战史上以少胜多、变被动为主动的光辉典范，不要说敌人，就是我们自己的一些同志，对于时而贵州，时而云南，一会又到了四川，这样大的迂回、穿插、奔袭、激战，当时也不能完全理解。后来，我们才知道，毛泽东这一决定的主要目的，是要如惊弓之鸟的蒋介石，调云南军阀龙云带主力出滇为他“保驾”，而我们则可乘龙云大兵出滇之机，直扑云南，威逼昆明，把敌人甩掉。正如毛泽东曾说：“调出滇军就是胜利！”聂荣臻在回忆四渡赤水时说：“使我军由被动变为主动，以后陈毅同志对我说过，毛主席说四渡赤水是他一生中的‘得意之笔’。毛泽东同志在军事指挥艺术上运用之妙，用兵真如神！”

“四渡赤水”，是毛泽东亲自指挥的一次高度机动作战的战役，其战役指导、具体的战役实施，用兵之妙，以弱制强，变被动为主动的战役、战略意义，以及巧妙的战术手段，都不愧是毛泽东战法中机动作战的一种典型打法。解放战争中著名的三大战役，从每个战役的部署、各战场的关照、作战阶段的发展、兵力的转换等方面，都采取了许多欺骗、调动敌人的方法，把蒋军指挥员弄得思想紊乱，惊慌失措，从而使三大战役完全按照毛泽东的作战图示决胜，共歼敌 154 万余人。这是正规作战中，毛泽东大展谋略，迷乱敌人，驱使敌人，主动灵活，夺取决战胜利的典范。

莱芜战役，是毛泽东指导，陈毅、粟裕、谭震林等领导的华东野战军于 1947 年 2 月进行的一次关照全局的运动战战役。这个战役，共歼敌 6 万余人，收复城市 13 座，使鲁中、渤海、胶东三个解放区连成一片，进一步巩固了我军后方，夺取了战区的主动权。

当时的情况是，国民党从 1946 年 6 月下旬开始，大举围攻中原解放区，发动了全面的内战。华东解放区是敌人进攻的主要方向之一。蒋介石集中了进攻解放区总兵力的三分之一，共 62 个整编旅

（相当于师）约 50 万的正规军，企图首先侵占苏皖解放区，消灭在该地区的解放军主力，或压迫解放军北撤山东，然后寻机与主力决战。到 1947 年 1 月底，华东野战军在连续进行苏中、皖北、鲁南等战役，取得歼敌近 20 万人的重大胜利以后，为了继续执行内线歼敌的作战方针，主动放弃一些城市和地方，将主要战场转到山东境内，主力则集结在临沂地区休整待机。

蒋介石为取得侵占我苏皖边区一些城市和地方的表面胜利冲昏头脑，错误地判断我军“伤亡惨重，续战能力不强”。又侦悉华东野战军主力集结在临沂地区，认为临沂为山东解放区中心城市，解放军必将固守。因此，急忙制定了“鲁南会战”计划，派他的参谋总长陈诚代替薛岳指挥，以 31 万余人的兵力向我进攻。陈诚发明了个“豆腐渣”战术，让欧震领着 8 个整编师 20 多个旅，从陇海路东段新安镇以北 60 华里的正面上，分左、中、右三路从南向临沂杀来：以第四十二集团军郝鹏举部配置在白塔埠、驼峰地区担任侧翼掩护；以 4 个整编师为预备队，随后跟进。北线以第二绥靖区副司令李仙洲所部 3 个军为辅助突击集团，由淄川、博山、明水一线分两路南下莱芜、新泰。各路敌军实行南北对进，分进合击，妄图围歼华野主力。陈诚说，30 多万人马“即使都是豆腐渣也能胀死共军!”同时，他还有个自鸣得意的安排，在南线的三路进犯之敌中，“烂葡萄”里夹上“硬核桃”，左路夹个整编十一师，中路夹个整编七十四师，右路夹个整编二十五师。

在鲁南战役即将胜利结束之际，华东野战军首长依据南线敌军紧逼我军北上，威胁临沂安全的情况，拟将作战重心放在南线。待部队略事休整后，即准备南下打南线的欧震集团第七十四师。并以一部兵力牵制北线进攻之敌。毛泽东根据华东战区的情况，多次致电华野："你们应以歼灭欧震六个旅至八个旅为目标"，"如果你们感觉打欧震需要集中更大兵力，则四、九两师可否留下一个师，打完欧震再回鲁中，即使泰安失守也不要紧"，"目前除以一部打枣庄，翌日起全军整训两星期，集中一切力量歼灭欧震"。毛泽东把城市和地盘失守看作"不要紧"，正是从全局战役出发考虑的。华野遵照毛泽东的指示，抓紧休整部队，调整部署，往前线运送粮食弹药，积极进行战役前的组织准备工作，并拟定了攻歼欧震集团各路进攻之敌的作战方案，下达了作战命令。

正当华野准备对敌人发起攻击的时候，南线的敌人于1月31日首先向解放军发动进攻。敌人为防止被各个歼灭，在进攻中采用了"集中兵力，稳扎稳打，齐头并进，避免突出"的战术，推进速度每日平均不到10公里，占一地巩固一地，然后再同时进击。针对这种情况，毛泽东当即电示华野："我军方针，似宜诱敌深入，不但不先打陇海路，即敌至郯、马地区，是否就打，亦值得考虑"，"诱敌深入。敌不动我不打，敌不进到有利于我、不利于敌之地点我亦不打，完全立于主动地位"，"目前敌人策略是诱我早日出击，将我扭打消耗后再稳固地进占临沂，你们切不可上当，必须等待敌进至郯城、临沂之中间地带（比较接近临沂），然后打第一仗方为上策"。华东野战军坚决执行了这些指示，当敌人进到重坊、郯城、桃林地区时，华野第三纵队对中路之敌展开了顽强的阻击，目的是要造成敌人左右两路比较突出，以利于寻机先歼灭敌人两翼中的一路，而后再各个击破其他各路。敌人遭到我阻击后，各路均停滞不前。为了创造战机，确有把握地歼灭敌人，华野决心放敌人进至郯城、临沂地区再进行歼击，并调北线第九和第十纵队迅速南下参战。

这时，北线的敌人已进到莱芜地区，威胁到华野战区后方安全，华东野战军鉴于南线的敌人兵力集中，行动谨慎小心，不易分割等情况，便开始考虑改变保卫临沂的作战方针。于2月5日向军委提出三个作战方案：第一方案，以1个纵队进攻白塔埠附近的郝鹏举部，吸引右路之敌北援或调动中路和左路之敌北进，造成各个歼敌的战机。第二方案，如第一方案未能奏效，除以1个纵队位于临沂以南监视敌人外，主力均集结到临沂以北地区休整待机。第三方案，如果南线敌人仍不北进或北进时不便歼灭，除以1个纵队留临沂地区与敌人纠缠外，其余主力急行北上，彻底解决北线敌人，平毁胶济线，威胁济南，以吸引南线敌人进入临沂以北山地或增援胶济线，然后进行全力反攻，各个歼灭。报告侧重讲了第三方案的好处。毛泽东于第二天复电："完全同意五日十五时电第三方案，这可使我完全立于主动地位，使蒋介石完全陷于被动。"

2月6日夜晚，野战军二纵遵照陈、粟首长命令，以突然迅猛的动作向东南挺进，7日在白塔埠、驼峰地区，一举歼灭了敌人右路军侧翼的第四十二集团军郝鹏举部主力，并生擒了郝鹏举。在攻打郝鹏举部时，欧震集团未敢增援和北进，左路军反而向后收缩。2月8日，北线的敌人也进占新泰。毛泽东依据战况的发展，于9日电示："解决郝鹏举部很好，但就全部战略方针来说，如你们方针是解决南面，则似乎打得早了一点，可能影响敌各部进得更谨慎。打了郝鹏举后你们似应按兵不动（要有极大耐心），让敌各部放手北进，然后各个歼灭之。如你们方针是先解决北面，则打郝鹏举部并无妨碍。你们需在两个方针之间首先有所抉择。”

2月10日，华东野战军根据当时情况，最后决定，集中53个团的兵力，首先解决第七十三军及第十二军的1个师，然后再转移兵力，解决进占新泰的第四十六师，并向胶济线进攻，以彻底解决北线问题。毛泽东同意了这一决定。于是，华东野战军主力，除留下三纵队和二纵队在南线继续阻击和迷惑敌人外，迅速放弃临沂连夜回师北上，直向李仙洲集团扑去。

临沂，是华东解放区的首府。保卫临沂，是全区军民的愿望。如今一旦放弃，许多人思想不通。敌人则得意忘形，狂妄不可一世。国民党宣传部长陈学沛在南京叫嚣：“攻占临沂为国军在鲁南决战的空前大胜。”陈诚更是大吹大擂：“陈毅残部已无力与国军作战，欲与刘、邓会合，国军正追剿中。山东大局指日可定。”

其实，这时华东野战军主力在毛泽东的部署下日夜兼程开往莱芜、新泰一带。

坐镇济南的第二绥靖区司令官王耀武发觉我军主力有北上莱芜、新泰的迹象，即令刚进占新泰的李仙洲部急速回师。但陈诚却被地方武装在西线运河上架桥和主力迅速西进北上之举迷惑住了，他断定：“华东共军迭经重创，无力与国军决战，企图偷渡运河与刘、邓部会师。”因此不顾王耀武的主张，要李仙洲坚决重占新泰，向蒙阴进击，断切华东野战军西退之路，叫嚣说：“歼灭华东共军主力在此一举。”李仙洲无奈，不得不再命四十六军和七十三军重新赶回新泰和颜庄地区。正当敌人六七万人往返“游行”之际，华野大军已由远道赶来，包围了新泰、莱芜之敌——李仙洲集团。

20日夜，华野八纵、九纵首先在何庄地区消灭了由博山南下归建的敌七十三军的第七十七师，切断了通往博山的退路；21日晨，一、四、七、八、九纵队以迅雷不及掩耳之势包围了莱芜城及其以北地区，李仙洲率领的七十三军和刚从颜庄撤回的四十六军成了瓮中之鳖。当夜，华野六纵歼灭莱芜以北吐丝口的敌十二军新三十六师；李仙洲逃往济南的后路也断了。

经过连日激战，莱芜城东、南、西面的重要高地皆被解放军占领。敌人虽然不断抵抗，但越来越无望了。王耀武也感到济南空虚，命李仙洲率部向北突围，向济南靠拢。敌人统帅部也觉悟到所谓“陈毅残部已无力再战”，是自欺欺人的胡说，只好让空军总司令周至柔亲自指挥大批飞机轰炸、扫射，妄图为李仙洲打开一条生路。

2月23日早晨，李仙洲率七十三军和四十六军的人马，乱纷纷地离开莱芜，分成三路钻进南北不到20里、东西有五六里的山沟里。事先埋伏在西侧的解放军战士，以最大的克制，一直等到敌人全部离开莱芜城，指挥员一声令下，华野各纵队的大炮、机枪、步枪、手榴弹，一齐开火。敌人的先头部队在吐丝口附近又遭到我六纵的迎头痛击。敌人顿时骡马乱窜，车辆狂奔，建制混乱，再也不能有组织地抵抗了。解放军乘机从四面发起攻击，将敌人截成数段。经过6个多小时的激战，全歼突围之敌。这次战役，我军歼灭了敌人两个军又一个师，李仙洲本人也被生俘。这时，被华野三纵拦阻在南线的敌人，生怕解放军“围城打援”，在临沂以北踏步不前，华野趁此机会解放了新泰、莱芜、博山、淄川等13个县城，胶济路南北连成了一片。敌人40天不敢出战，山东局势暂时稳定了。

毛泽东在指导莱芜战役中，表现了高度的灵活性。本来，一开始就确定了保卫临沂的作战方针，并准备集中兵力歼灭南线欧震集团，以部分兵力阻击北线之敌。但由于南线敌人兵力集中，一时难以调动和分割。此时北线之敌已进入莱芜、新泰，如果让敌人长期占领，必然影响华东战区以后的作战。同时对于北线冒进分散之敌，也便于我集中兵力各个歼灭。因此，毛泽东从全局出发，不惜放弃华东解放区首府临沂，不怕打破坛坛罐罐，果断地批准了华东野战军移师北上的计划。其结果不仅共歼敌6万余人，还收复了13座城市。毛泽东全局关照的用兵策略显示出了巨大的威力。

毛泽东在与敌人较量中有着高超的掌握作战主动权的胜敌智慧。其中，他最大的诀窍就是能够把握战争的突破情况，不拘于原来模式，灵活机动地采取各种战略战术。

十五、关门打狗合围钳形

“关门打狗”，是毛泽东创造的一种将敌封闭于既定战场，就地加以歼灭的歼灭战打法。毛泽东亲自指挥的辽沈战役，即是典型的一例。

辽沈战役，是解放战争中进行战略决战的三大战役中的第一个战役，是东北人民解放军于1948年9月12日至11月2日在辽宁西部和沈阳、长春地区进行的一次空前规模的大歼灭战。这一战役，是由中共中央军委和毛泽东运筹决策并直接指挥的。其间，根据战役进程，毛泽东先后发出电示46份。此役历时50多天，全歼东北战场国民党军队47万余人，解放了东北全境，加速了全国解放的进程。

解放战争的第三年，人民革命战争已进入一个新阶段。在东北，国民党卫立煌集团遭到解放军1947年夏、秋、冬三次强大攻势打击后，被迫龟缩于长春、沈阳、锦州3个孤立之点，共55万人，处于负隅顽抗和内撤关内均举棋不定的困境。这时，人民解放军东北野战军主力在东北有14个纵队另17个独立师，约70万人，加上地方武装有103万人之多，在兵力与战局态势上，均处于优势地位。中共中央军委和毛泽东着眼于全国政局和战局的发展，在1948年2月，向东北野战军提出封闭蒋军在东北加以各个歼灭的预想。毛泽东指出：如果让卫立煌集团南撤与华北傅作义集团靠拢，或撤防华中，对解放军而后的作战都是极为不利的。在随后的数月之内，毛泽东又一再强调这一方针的必要性和可能性，并提出发起辽沈战役的一些设想。在2月7日给东野首长的电报中明确指出："你们应准备对付敌军由东北向华北撤退之形势。对我军战略利益来说，是以封闭蒋军在东北加以各个歼灭为有利。"

此后，毛泽东和中共中央军委就先打长春还是南下作战等问题，与东北局及东北野战军领导进行了反复磋商，批评并纠正了林彪不敢南下首先攻打锦州的错误。随后，在9月7日的电报中，明确指出：必须"在9、10两月或再多一点时间内歼灭锦州至唐山一线之敌，并攻克锦州、榆关、唐山诸点"。为此，应该准备使用主力于该线，而置长春、沈阳两敌于不顾，并准备在打锦州时歼灭可能由长、沈援锦之敌。同时要求东北部队必须确立攻占锦、榆、唐三点，并全部控制该线的决心和打空前规模的大歼灭战的决心。

当时，在北宁线锦榆段上，敌范汉杰集团以6个师守锦州，以1个师位于义县，以1个师位于高桥，以4个师位于锦西、葫芦岛和兴城之线，以3个师位于绥中、山海关和秦皇岛之线。

根据毛泽东和中共中央军委提出的战役方针和上述敌情，东北地区解放军决定，以第三、四、七、八、九、十一，6个纵队另4个独立师，对付锦州范汉杰集团，分别包围歼灭义县和北宁线锦州至昌黎段各孤立据点之敌，相机攻取两锦（锦州、锦西）、山海关或承德；以第一、二和第十三个纵队位于沈阳以西地区；以第五、六两个纵队位于沈阳以北地区，共同对付沈阳卫立煌集团，并阻止长春敌人突围；以第十二纵队和9个独立师继续围困长春之敌，并阻其南逃。

1948年9月12日，辽沈战役按计划发起。战役分三阶段进行。

第一阶段：攻打锦州，封闭蒋军在东北，造成关门打狗之势。

9月12日，第十一纵队在冀、热、辽骑兵师等部队配合下，自建昌营地区出发，以突然奔袭行动攻占了昌黎及其以西地区。热河独立第四、六和第八师自热河东部地区出发，以突然奔袭行动包围了兴城、沙后所、绥中之敌，切断了敌锦州、唐山之间的联系。16日，第四和第九纵队分别由鞍山、台安出发，插入义县、锦州之间，经两天战斗，第四纵队完成包围义县的任务。第三纵队和第二纵队第五师从北丰、四平地区车运南下，于20日在阜新下车后继续南进。24日，第四纵队在兴城东北歼敌一部，切断了兴城与锦西之敌的联系。25日，第八和第九纵队攻占锦州以北及东北之敌之重要外围据点。同时，第七纵队也从四平南下渡过大凌河，迂回到锦州西南地区，并会同第四纵队1个师于27日攻占了塔山、高桥、西海口。28日，热河3个独立师攻占绥中。29日，第四纵队攻占兴城。10月1日，第三纵队和第二纵队第五师，在炮兵纵队主力配合下攻克义县，夺下了锦北屏障。至此，辽西走廊除锦州、锦西两孤立之点外，其余均被攻克，锦州之敌完全陷入解放军重围之中。

当解放军奔袭北宁线逼近锦州时，范汉杰向蒋介石告急求援。蒋介石一面令范坚守，一面令卫立煌和傅作义派兵出援。10月2日，蒋介石飞到沈阳，不顾卫立煌反对，决定以11个师和3个骑兵旅组成"西进兵团"，由第九兵团司令廖耀湘指挥，从新民出彰武，新立屯，企图切断解放军的后方补给线，迫其撤退。另以锦西、葫芦岛原有的4个师及华北运来的3个师共7个师（后增至11个师）组成"东进兵团"，由第十七兵团司令侯镜如指挥，沿铁路北犯，妄图于10月10日开始攻击塔山，救援锦州之敌。

10月3日，中共中央军委和毛泽东电示东北野战军："你们应利用长春之敌尚未出动，沈阳之敌不敢单独援锦的目前紧要时机，集中主力，迅速打下锦州，对此计划不应再改。""只要打下锦州，你们就有了战役上的主动权，而打下长春并不能帮助你们取得主动，反而将增加你们下一步的困难。"东野据此指示，又从长、沈方面抽调两个纵队参加北宁线作战，并为改变平分兵力重新作了部署。

10月9日，东野对锦州外围阵地开始攻击。10日，南北两路援锦之敌开始了援锦作战行动，形势十分紧张。这天，毛泽东又致电

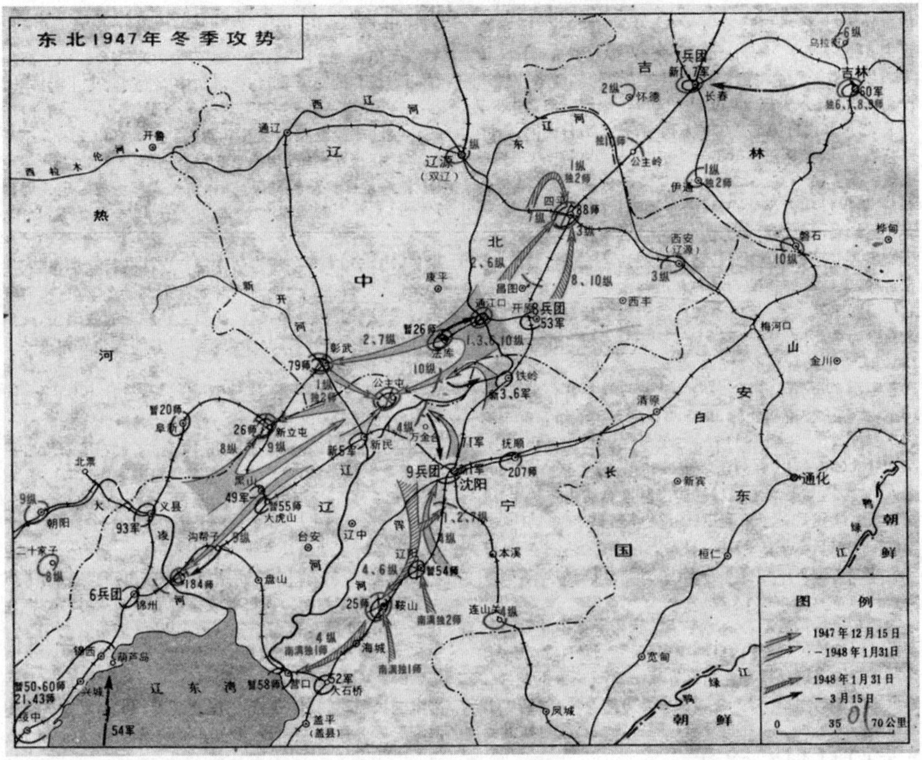

辽西走廊形势图

东北野战军："你们的中心注意力必须放在锦州作战方面，求得尽可能迅速地攻克该城。即使一切其他目的都未达到，只要攻克了锦州，你们就有了主动权，就是一个伟大的胜利。"14 日 11 时，解放军对锦州发起总攻，迅速突破城防，割裂敌防御体系。经过 31 小时激战，共歼敌 10 万余人，活捉敌东北"剿总"副司令范汉杰及敌第六兵团司令卢浚泉、辽西行署主任贺奎等。

为配合主力攻取锦州，解放军阻援部队同敌人展开了英勇顽强的战斗。10 月 10 日至 15 日，敌"东进兵团"每天以 3 至 4 个师的兵力，轮番向塔山阵地猛烈炮火袭击，企图经此援锦。我第四纵队在第十一纵队及2个独立师的密切协同下，依托地形同敌人激战六昼夜，给敌人以重大杀伤，阵地屹立未动。这就是有名的塔山阻击战。它对保障主力全歼锦州之敌起了决定性作用。

在解放军迅速攻克锦州的胜利影响下，10月17日，长春国民党守军第六十军军长曾泽生率部宣告起义；19日敌新七军被迫投降，长春遂告解放。战役第一阶段胜利结束。

在第二阶段，转入辽西会战，消灭廖耀湘兵团；第三阶段，夺取沈阳，肃清残敌。11月2日，彻底解放了东北全境，辽沈战役胜利结束。战役进行过程中，由于林彪未能执行毛泽东关于先敌占领营口的指示，致使敌1个军部、1个师部、3个团得以从营口乘船南逃。这是一失。

辽沈战役的伟大胜利，在战役战斗方法上，得力于毛泽东的“关门打狗”之法。

与“关门打狗”相似，“合围钳形”战术，是毛泽东用歼灭战战胜敌手的又一种重要打法。其基本的方式是四面合围钳形攻势，分割围歼。其中，有迂回，有分割，有穿插，有围歼，如“暗设口袋”、“围三缺一”、“网开一面”、“虚留生路”等。

作为一位杰出的军事巨人，在用兵实践中，毛泽东又从战争实际出发，把合围钳形战术从战役、战斗范围用到了战略范围。灵活机动，不拘一格，达到了出神入化的地步。例如，1947年7月，毛泽东根据敌我力量的变化，在指挥人民解放军粉碎蒋军对山东和陕北两战场重点进行钳形攻势，将全国解放战争由防御转入反攻的作战中，采取两翼后缩态势来钳制敌人，保证了鲁西南战役的中央突破。在中央突破中，又实行各战役阶段对敌分割围歼，夺取全胜，从而把解放战争由防御转入了反攻。渡江战役后的大迂回、大包围、大跃进、大歼灭战是战略和战役范围的合围钳形。其中，在毛泽东亲自指导下，由刘伯承、邓小平、陈毅等具体组织指挥的淮海战役，则使“合围钳形”战术的使用达到了高峰。

淮海战役从1948年11月6日开始到1949年1月10日结束，历时65天，是在人民解放军刚刚取得辽沈战役伟大胜利，平津战役即将开始之时，在中共中央军委和毛泽东亲自指导下，由华东野战军（三野）和中原野战军（二野）在以徐州为中心，东起海州，西至商丘，北至临城，南达淮河的广大地区进行的一次战略性战役决战。

淮海战役开始时，国民党军队已由战争开始时的430万人下降为365万人，而能用于机动作战的不到200万人。人民解放军则由120万人发展到280万人，战场上机动作战的兵力已经超过敌人，技术装备有了极大的改善，并有了打攻坚战的经验。在战略态势上，蒋军已退入线对面的战略防御；解放军则对敌变成了面对点、线线切断、点点包围的分割围歼局势。淮海战役开始前，辽沈战役的胜利，东北全境解放，及各解放区战场捷报进一步推动了解放军打大歼灭战、大规模围歼敌人的形势，大大加速了解放战争在全国胜利的进程。战役前，蒋军的兵力部署是以徐州“剿总”刘峙、杜聿明为中心的长蛇状防御。黄伯韬兵团位于徐州东北的新安镇；李弥兵团位于徐州东南的灵璧；邱清泉兵团位于徐州西北的砀山；孙元良兵团位于徐州西南的蒙城；黄维兵团开到太和、阜阳地区集中；第三“绥区”冯治安部位于临城、台儿庄一线；第四“绥区”刘汝明部在蚌埠。以上共5个兵团3个“绥区”，计34个军，共60万人。解放军的兵力部署是：在整个战略态势上，当时蒋军以徐州为中心的淮海防御体系，已处于解放军华东野战军与中原野战军主力及广大解放区的战略包围中。解放军的参战部队，为二、三两野战军的主力22个纵队及两个军区的一部分地方武装力量，共计60余万人。敌我兵力数量基本相等，但解放军素质则处绝对优势，加上有解放区广大民兵与人民群众的全力支援，是完全的有利态势。解放军的总方针是在此战略包围的有利态势下，对敌实施分割围歼的“合围钳形”作战，一股一股地相机围歼敌军。为统一指挥，组成了以邓小平为书记，由刘伯承、邓小平、陈毅、粟裕、谭震林参加的总前委，统筹淮海前线一切事宜。战役于11月6日开始，分为三个阶段。

11月6日在毛泽东和中央军委的命令下，解放军开始了强大攻势，华野第一、六、九纵队和鲁中南纵队以及苏北兵团向新安镇方向急进，围歼黄伯韬兵团；担任隔断该敌与李弥兵团联系的华野第四、八纵队，攻占邳县和官湖后，先头部队于11月8日开始渡过运河；第十一纵队和江淮2个独立旅由皂河向北急进；山东兵团攻占韩庄和万年闸，包围台儿庄，并渡过运河南进。此时，敌第三“绥靖”区副司令何基沣和张克侠率2个军3个半师起义。11月7日中野则以第一、三、四、九纵队及华野第三、两广纵队一部于张公店歼敌第一八一师后，继续东进，向徐州进逼。

9日后，华野山东兵团渡过不老河，进逼徐州东北之贺村，占领大许家、曹八集车站，歼黄伯韬兵团西撤的先头部队，封闭了黄兵团退路。向西围歼黄兵团的华野各纵队，歼灭敌后，迅速渡过运河，于11月11日将黄伯韬兵团主力合围于碾庄及其周围的狭小地区内，并在窑湾歼灭其左翼第六十三军。另外，经阿湖向徐州东南迂回的华野苏北兵团，在大王集歼敌第一〇七军。华野第三纵队和两广纵队、冀鲁豫军区2个旅，已逼近徐州西面和南面。

与此同时，中野主力向徐蚌线出击。其第四纵队于夹沟地区截歼北开徐州的孙元良兵团后尾第四十一军之第一二二师等部，随后又于三堡围歼敌军第三十七师残部，从南面逼近徐州。11月12日第三纵队包围宿县，于11月15日攻克，切断了徐、蚌的连接，豫皖苏独立旅等部进占固镇，并破坏道路约百公里。

随后，华野按照毛泽东"先打弱敌，后打强敌，攻其首脑，乱其部署"的指示，以5个纵队围歼黄伯韬兵团。各纵队又对被围之敌实行再分割，再包围，层层剥皮，各个歼灭。至11月16日，歼敌第四十四、第一〇〇和第二十五、第六十四军各一部后，于当日夜向碾庄发起总攻，战至22日，占领碾庄，全歼该敌，黄伯韬自毙身死。与此同时，中野攻占了战略枢纽宿县之后，并阻敌援兵于宿县西南之南坪集地区，孤立了徐州之敌。至此，战役第一阶段胜利结束。

11月23日至25日，中野在华野一部配合下，将增援徐州之敌黄维兵团包围于马家楼、双堆集等地区。随后，压缩包围圈歼敌一部；28日后，黄维调整部署，采取环形防御，等待南北增援。中野则取"持久围歼"战法，在外围分割围歼一村，巩固一村，并积极准备总攻。

11月30日，徐州“剿总”副司令杜聿明率其驻防徐州的部队并裹胁部分青年学生，共约30万人，由徐州经肖县、永城西逃。12月1日，华野占领徐州，并以主力11个纵队采取多层多路的尾追，以及平行追击和迂回截击战法，于12月2日在肖县和永城间的孟集、大回村等地，追上和堵住了敌人，随即发起猛攻。

12月3日上午，杜聿明秉蒋介石旨意，采取三面掩护、一面攻击、逐次前进的战法，改向濉溪口方向前进，妄图取捷径解救黄维兵团。华野乘势向敌压缩，于12月4日将敌全部合围于陈官庄、李石林、青龙集狭小地区内。

在黄、杜兵团先后于11月25日与12月4日分别被围后，遵照中共中央军委和毛泽东指示，华野主力继续围困杜集团；中野主力及华野4个纵队首先歼灭黄维兵团。12月6日，中野分3个集团向敌发起总攻，于12月15日攻克双堆集，将敌分割围歼于双堆集地区，生擒黄维、吴绍周等正副司令，胜利完成了战役第二阶段任务。

黄维兵团被歼后，杜聿明集团已成孤军。总前委遵照毛泽东和中共中央军委指示，为稳住平津之敌，中原野战军集结于宿县、蒙城、涡阳地区，进行战备休整：华东野战军停止对杜聿明集团的围攻，转入战场休整，并开展强大的政治攻势，敦促杜聿明投降。此间，争取了万余名敌人投诚。

杜聿明集团拒绝投降，在平津之敌已被分割包围的情况下，华野调整了部署，集中10个纵队和冀鲁豫军区两个旅，于1949年1月6日16时，对杜集团发起总攻，用合围钳形战法，对被包围之敌进行再分割、再包围，激战至10日上午10时，将敌全歼，生俘杜

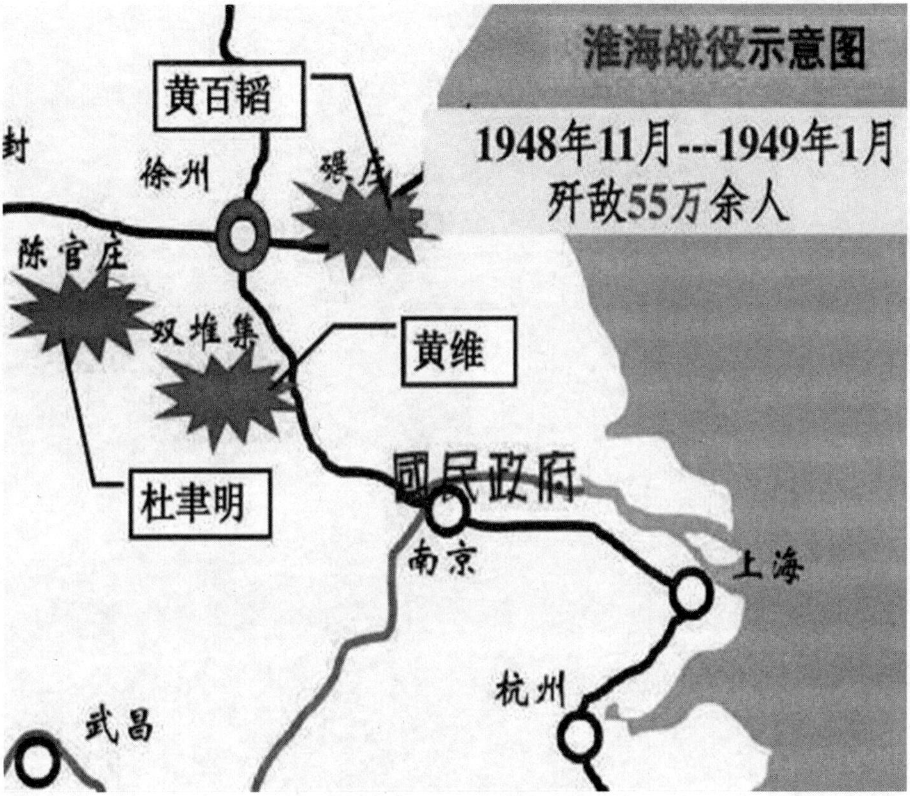

淮海战役形势图

聿明，击毙邱清泉，仅李弥等少数人潜逃，历时 65 天的淮海战役胜利结束。此役共歼敌 55. 5 万余人，解放了长江以北的广大地区，为解放军以后的渡江作战创造了极为有利的条件。

淮海战役中，人民解放军在战略战术原则和战役战斗方法的运用上，是以“合围钳形”见长的。在淮海战役中，人民解放军用 60 余万人的兵力和地方武装在解放区人民的配合下，围歼了 55 万余人的敌军，从而创造了战争史上的奇观。